Bhima

Adipati karno

Krieger-Figur

Kresna

Die Tanzkunst Indonesiens

Eberhard Rebling

Die Tanzkunst Indonesiens

Henschelverlag
Kunst und Gesellschaft
Berlin 1989

Fotonachweis

Koninklijk Instituut van de Tropen, Amsterdam: Umschlagfotos sowie Abb. 56, 57, 61, 65, 67, 74
Bodrogi: Abb. 20
Foto Ata Kando: Abb. 18
Foto Schefold: Abb. 2
Archiv Rebling: Abb. 1, 3–17, 19, 21–36, 48–54, 58–60, 62–64, 66–71, 75–85
Yara Brusse: 89–93
Barbara Meffert: 37–47
Gabriele Senft: 76–78, 86–88

Zeichnungen: Sigrun Pfitzenreuter

ISBN 3-362-00253-6

Lizenz-Nr. 414.235/25/89
LSV-Nr. 8401
Lektor: Renate Lerche
Gestaltung: Claudia Schauß
Printed in the German Democratic Republic
Gesamtherstellung: INTERDRUCK Graphischer Großbetrieb
Leipzig, Betrieb der ausgezeichneten Qualitätsarbeit, III/18/97
625 853 3
03600

Dem Andenken unseres Freundes
Subronto Kusumo Atmodjo (1930–1982)

Inhalt

Vorwort

Schon vor genau fünfzig Jahren, im Sommer 1937, als ich während einer Konzertreise von Holland aus durch das damalige Niederländisch-Ostindien auch die klassische javanische Tanzkunst in ihrer reinsten Gestalt an den Fürstenhöfen von Yogyakarta und Surakarta (Solo) persönlich kennenlernte, nahm ich mir vor, später einmal, nach gründlichem Studium der Volks- und klassischen Tänze Indonesiens, ein Buch über diese einzigartige Kunst zu schreiben, zumal mein verehrter Lehrer Curt Sachs in seinem bahnbrechenden Buch »Eine Weltgeschichte des Tanzes« (Berlin 1933) nur recht allgemein darüber berichten konnte. Der Weltkrieg und viele dringende Tätigkeiten danach verhinderten jedoch eine Realisierung dieser Absicht.

Erst im Sommer 1965 konnten meine Frau Lin Jaldati und ich auf Einladung der LEKRA eine mehrwöchige Konzert- und Studienreise nach Indonesien machen, die uns durch ganz Java, nach Bali und Nordsumatra führte. Wir sahen nicht nur die verschiedensten klassischen Tänze auf Java und Bali, sondern auch sehr viele alte und neue Volkstänze in Städten und Dörfern, vor allem während allabendlicher Aufführungen anläßlich eines großen allindonesischen Bauernkongresses in Jakarta. Ferner besuchten wir den Borobudur, den Tempelkomplex Prambanan, zahlreiche andere historische Stätten und machten viele Fotos.

Um jedoch die Einflüsse der indischen Tanzkunst auf den klassischen javanischen Tanz während des hindu-javanischen Zeitalters genauer untersuchen und analysieren zu können, war zuvor ein umfassendes Studium des klassischen indischen Tanzes erforderlich, dessen Ergebnisse ich 1981 in dem Buch »Die Tanzkunst Indiens« zusammengefaßt habe. Nun war es mir auch möglich, anhand der bildkünstlerischen Zeugnisse auf Java aus dem 9. und 10. Jahrhundert die Gemeinsamkeiten und Unterschiede beider Tanzkulturen, vor allem aber die spezifischen Eigenarten des klassischen javanischen Tanzes zu ergründen. Deshalb konnte ich meine Absicht aus dem Jahr 1937 erst jetzt verwirklichen.

Ein solcher Vergleich zwischen dem indischen und indonesischen Tanz existiert bisher ebensowenig wie eine Gegenüberstellung mit den ebenfalls vom Buddhismus und Hinduismus geprägten Tanzkulturen in anderen Ländern Südostasiens, vor allem in Kampuchea, Laos, Vietnam, Thailand und Burma. Diesem Thema soll in Zukunft eine dritte Studie gewidmet werden.

Ebenso wie »Die Tanzkunst Indiens« richtet sich auch die vorliegende Arbeit nicht nur an Fachleute des Tanzes und Kenner der indonesischen Kultur, sondern sie will vor allem dazu beitragen, einem möglichst breiten Kreis von Interessenten Einblick in die faszinierende Vielfalt und Eigenart des indonesischen Tanzes zu geben und die Kenntnis der kulturellen Traditionen dieses südostasiatischen Archipels zu bereichern. Sie konnte nur mit der bereitwilligen Hilfe und Unterstützung zahlreicher Institutionen und Persönlichkeiten zustande kommen.

Unser Dank gilt in erster Linie dem Ministerium für Kultur der DDR und der fortschrittlichen Kulturorganisation LEKRA in Indonesien, die uns die Studienreise im Jahre 1965 ermöglichten. Vor allem danken wir unserem Freund Subronto Kusumo Atmodjo, der als ein bereits in seiner Heimat sehr bekannter Liederkomponist von 1962 bis 1965 an der Musikhochschule »Hanns Eisler« Berlin ein gründliches Studium absolvierte und uns anschließend während unserer ganzen Reise durch Indonesien ständig begleitete. Er vermittelte uns umfassende Einsichten in die Traditionen, die Tanzkunst und die Musik Indonesiens. Viele andere Persönlichkeiten wie D. N. Aidit, Vorsitzender der Kommunistischen Partei Indonesiens, Njoto, damals Minister ohne speziellen Aufgabenbereich, Utomo Ramelan, Bürgermeister von Solo, Samandjaja, Sekretär der LEKRA in Jakarta, der Filmschaffende Basuki Effendi, der Komponist Arief in Banyuwangi, der Maler Phermady Liosta in Denpasar, der Musiker Iskandar in Medan und zahlreiche andere haben uns mit der indonesischen Kultur vertraut gemacht und mit ihren Ratschlägen sehr geholfen. Nach dem Militärputsch vom 1. Oktober 1965 sind viele von ihnen dem grausamen Terror zum Opfer gefallen. Aidit, Njoto und Utomo wurden noch im gleichen Jahr ermordet, Arief nur wenig später. Subronto wurde inhaftiert und zusammen mit vielen anderen für zehn Jahre nach dem berüchtigten Konzentrationslager auf der Insel Buru verbannt; wenige Jahre später starb er 1982 in Jakarta im Alter von zweiundfünfzig Jahren.

Ferner danken wir den Mitarbeitern des Koninklijk Museum voor de Tropen in Amsterdam und Dr. Ernst Heins, dem Betreuer der Sammlung Dr. Jaap Kunst bei der Fakulteit der Letteren der Universität Amsterdam, für ihre bereitwillige Unterstützung. Besonderer Dank gebührt auch Agam Wispi für viele gute Hinweise und die Übersetzung wichtiger Texte aus dem Indonesischen.

Bezüglich der Schreibweise von Fachtermini und Eigennamen wurde in der Regel die seit Anfang der siebziger Jahre verbindliche indonesische Orthographie anstatt der noch aus der niederländischen Kolonialzeit stammenden Rechtschreibung verwendet, also
y statt früher j – Yogyakarta (einst Jogjakarta), Surabaya (einst Soerabaja),
j statt früher dj – Jakarta (einst Djakarta), Joged (einst Djoged),
c statt früher tj – Aceh (einst Atjeh), Cirebon (einst Tjirebon).

Manche Indonesier, wie z. B. Soedarsono, haben die niederländische Schreibweise oe für den Vokal u beibehalten, andere, wie Subronto K. Atmodjo, wählten schon früher die neue Orthographie. Das s ist im Indonesischen immer stimmhaft. Um das Schriftbild nicht zu komplizieren, wurde bis auf wenige Ausnahmen auf die Unterschiede in der Aussprache von é und è sowie die Kennzeichnung langer Vokale wie ā und ī verzichtet. Bei einigen bekannten Eigennamen wurde die übliche Schreibweise beibehalten, wie z. B. die Molukken statt Maluku, Westirian statt Irian Barat.

Berlin, September 1988 Eberhard Rebling

I

Vielfalt, Spezifik und Entwicklung der Tanzkunst Indonesiens

Indonesien verfügt über einen schier unerschöpflichen Reichtum an verschiedenartigster Volkskultur. Trotz jahrhundertelanger kolonialer Unterdrückung ist die Volkskunst außerordentlich lebendig geblieben und entwickelt sich ständig weiter. Tanzen, Singen, Musizieren, Theaterspielen, Holz- und Maskenschnitzen, Bildhauen, Malen, Dichten, Batiken und andere künstlerische Tätigkeiten gehören zum täglichen Leben. Besucher des Landes werden wohl kaum einen Indonesier treffen, der nicht wenigstens eine oder zwei dieser Tätigkeiten beherrscht. Auf Java und Bali kann man kleine Jungen beobachten, die Steine künstlerisch bearbeiten, Mädchen und Jungen im Alter von fünf und sechs Jahren, die mit äußerster Konzentration und Grazie tanzen, kaum ältere Kinder, die nicht in einem Gamelan-Orchester zeitweilig die Plätze von erwachsenen Spielern einnehmen.

Die Landfläche des indonesischen Archipels erstreckt sich auf über 1,9 Millionen Quadratkilometer, also ein Gebiet, das vergleichsweise so groß ist wie die beiden deutschen Staaten, die Schweiz, Frankreich, die Benelux-Länder, Dänemark, Polen, die ČSSR, Österreich, Ungarn und Rumänien zusammengenommen. Diese große Fläche ist jedoch in 13677 Inseln zwischen dem südostasiatischen Festland und Australien zersplittert, von denen weniger als die Hälfte bewohnt sind. Die Ausdehnung der Republik Indonesien von der Insel Sabang an der Nordspitze Sumatras bis nach Merauke, einem Städtchen im südlichsten Zipfel Westirians entspricht einer Entfernung vom nördlichsten Punkt Schottlands quer durch Europa bis über die türkisch-iranische Grenze hinaus. Dabei sind die größten Inseln Sumatra, Kalimantan (früher Borneo) und Sulawesi (früher Celebes) nur dünn besiedelt, während über die Hälfte der mehr als 170 Millionen Einwohner auf Java konzentriert ist.

Die enorme Ausdehnung und insulare Zersplitterung des Landes ist wohl die wichtigste Ursache, daß 360 ethnische Einheiten mit etwa 250 Regionalsprachen und einigen hundert Dialekten bis in unsere Zeit erhalten geblieben sind. Der ethnischen Vielfalt entspricht die Differenziertheit und Unterschiedlichkeit volkskünstlerischer Tätigkeiten. Die günstige geographische Lage machte den indonesischen Archipel, vor allem die Küstengebiete, schon in den letzten Jahrhunderten vor unserer Zeitrechnung zur Zwischenstation im traditionellen Handel Indiens und Chinas. Er wurde zum Einfallstor verschiedenartigster Kulturen, der in Nordvietnam beheimateten Dongson-Kultur, des Hinduismus, Buddhismus und Islam aus Indien und der europäischen Kolonisatoren. Trotz dieser verwirrenden Mannigfaltigkeit sprechen die Indonesier gern von der »Einheit in der Vielfalt« ihrer Kultur. Trotz aller Unterschiedlichkeit der Stammestänze bis in die Gegenwart existierender urgesellschaftlicher Gemeinschaften, der Volkstänze verschiedenster Regionen und des starken indischen Einflusses bei der Herausbildung des klassischen Tanzes an den Fürstenhöfen besitzt die indonesische Tanzkunst ein eigenständiges, unverwechselbares Profil. Das wiederum findet seine wichtigsten Ursachen in der Verwandtschaft vieler ethnischer Einheiten, in der Stabilität der Dorfgemeinschaften aufgrund der »asiatischen Produktionsweise« (Karl Marx) und der über zweieinhalbtausendjährigen historischen Entwicklung.

Java gehört zu den ältesten Siedlungsgebieten der Erde. Spuren des Pithecanthropus und des Homo sapiens aus der Altsteinzeit, als die großen Inseln des Archipels noch mit dem asiatischen Festland verbunden waren, deuten bereits auf Verbindungen dieser Urbewohner bis nach China hin. Werkzeuge der Mittleren Steinzeit (etwa 10000–2000 v. u. Z.), als durch die Hebung des Meeresspiegels der Archipel seine jetzige Gestalt erhielt, beweisen, daß diese Kontakte erhalten blieben und weiter entwickelt worden sind. Vermutlich gegen Ende dieser Periode haben vier Einwanderungsströme das Inselreich erreicht: Negritos und Weddoiden aus dem Nordwesten, Altmelanesier aus dem Osten und australoide Protomalayen (Altindonesier) aus dem Norden vom Festland her. Als Jäger und Sammler existieren Reste der Negritos und Weddoiden, die sich später in die Gebirge und Wälder zurückzogen, bis in unser Jahrhundert auf dieser Kulturstufe: die Kubu auf Sumatra, die Toala im Südwesten Sulawesis, die Punan auf Kalimantan und einige andere. Die Altmelanesier verbreiteten sich über Westirian nach den östlichen kleinen Sunda-Inseln bis nach Flores und Sumbawa. Diese Einwanderer wurden jedoch in Anzahl und kultureller Unterschiedlichkeit bei weitem von den palämongoloiden Protomalayen übertroffen, die seit dem dritten Jahrtausend v. u. Z. über einen längeren Zeitraum vom südchinesischen Yünnan oder auch über Burma und das westliche Festland nach dem indonesischen Archipel strömten. Zu diesen Altindonesiern gehören die Dayak auf Kalimantan, die Toraja auf Sulawesi, die Batak und Gajo auf Sumatra, auch die Bewohner der Inseln Nias und Mentawai westlich von Sumatra, des Riau-Archipels und anderer kleinerer Inseln.

All diese Einwanderer brachten als Jäger, Sammler und Fischer, die Protomalayen auch bereits als Brandrodungs-Feldbauern ihre Stammesriten mit, die vor allem auf Geister- und Ahnenverehrung mit Geisterabwehrzauber, Totenkult, Schamanentum, Kopfjägerei, bei den Protomalayen auch bereits auf Anbau- und Erntezeremonien beruhten. So blieben bei den Batak Tänze des Datu (Priesters) mit dem Zauberstab, bei den Dayak Kopfjägerfeste, bei den Toraja ausgedehnte Begräbniszeremonien und viele andere Gebräuche bis in unsere Gegenwart erhalten. Bemerkenswert bei den Tänzen all dieser Früheinwanderer ist, von wenigen Ausnahmen abgesehen, der relativ beschränkte Bewegungsspielraum mit einfachem Schreiten, wenigen Sprüngen, nicht ungewöhnlichen Körperbewegungen und immer wiederkehrenden Reihen- und Kreisformen.

Einen entscheidenden kulturellen Fortschritt erzielten die in der Jungsteinzeit im zweiten und ersten Jahrtausend v. u. Z. einwandernden Deuteromalayen. Ausgehend von der Yangshao-Kultur am Mittellauf des Huanghe und der Longshan-Kultur des nordchinesischen Neolithikums, verbreiteten nach dem Süden strömende mongoloide Völkerschaften den systematischen Reisanbau und ein entwickeltes Töpferhandwerk. Zu diesen Menschengruppen gehörten die Mon Khmer, die sich im heutigen Kampuchea niederließen, und ebenfalls die Deuteromalayen, die noch weiter nach dem Süden zogen und als Jungindonesier auf vielen Inseln des Archipels seßhaft wurden. Aus diesen Deuteromalayen entwickelten sich die Javanen, die Sundanesen, die Maduresen, die Balinesen, die Aceh im Norden Sumatras, die Minangkabau im westlichen Mittelsumatra, die Rejang und Lampung in anderen Küstengebieten Sumatras, auf Sulawesi die Buginesen, Makassaren und Minahasa, auf Kalimantan die Banjaresen, auf Timor die Belunesen und Atonis, auf Sumbawa die Bima und Sumbawaner, auf Ambon die Ambonesen und viele andere. Sie bevölkerten also den größten Teil der indonesischen Inseln, gehörten der austronesischen Sprachfamilie an und waren Träger der wichtigsten indonesischen Sprachen. Viele Gemeinsamkeiten dieser Sprachen mit der Khmer-Sprache in Kampuchea, zahlreiche ähnliche Volksgebräuche wie auch Tanzbewegungen bei indonesischen Volksgruppen und Völkerschaften in den jetzigen Staaten Kampuchea, Thailand und Malaysia lassen auf das Eindringen einer neuen Kultur auf dem indonesischen Archipel noch vor der Herausbildung der ersten Formen der Klassengesellschaft schließen.

Der Reisanbau, zunächst noch auf Trockenfeldern, später aber mit ausgeklügelten Bewässerungsanlagen in Terrassenform, den Sawahs, die kunstvolle Bearbeitung von Gebrauchsgegenständen zunächst aus Stein, dann aus Bronze, Eisen und anderen Metallen, die Ornamentik, neue Textiltechniken und eine entwickelte Schiffahrt waren weitreichende Errungenschaften. Alle Arbeiten der Reiskultur, das Setzen der Pflänzchen, die Ernte, die Verteilung des Wassers, die Abwehr von Witterungsunbilden konnten nur in Verbindung mit feierlichen Zeremonien und Tänzen durchgeführt werden, denn im Bewußtsein dieser Gemeinschaften nahmen die fremden, unbeherrschbaren Naturgewalten die Gestalt von Geistern, Dämonen und anderen menschenähnlichen und zugleich menschenunähnlichen, manchmal auch tierähnlichen Wesen an, die man durch magische Beschwörungen austreiben oder günstig beeinflussen zu können glaubte. Unzählige Volkstänze, oftmals in phantastischen Kostümen und mit Masken, sind animistischen Ursprungs. Alle Ereignisse im Leben jedes einzelnen und der Gemeinschaft, wie Geburt, Initiation, Hochzeit, Begräbnis, kriegerische Abwehr von Überfällen anderer Volksgruppen, Ehrung der Ahnen, Einweihung neuer Behausungen, Opferungen für Geister und Dämonen sowie Arbeitstätigkeiten bei der Jagd, dem Fischfang, dem Landbau und der Schiffahrt waren stets mit zeremoniellen Tänzen verbunden. Diese vielgestaltige Kultur bildete den Nährboden für das spätere Aufblühen der Hochkulturen in Kampuchea, auf Java und Bali.

Auf die klassenlosen Urgemeinschaften geht auch die in verschiedenen Gebieten Indonesiens gebräuchliche Dorforganisation des Reisanbaus zurück. So hat sich – trotz der bis in unser Jahrhundert reichenden Herrschaft mächtiger Könige – auf Bali das aus der Dorfkommune entwickelte Subaksystem des Anbaus und der Bewässerung von Reisfeldern bis zum heutigen Tage bewährt. Der Subak ist ein kleinerer oder größerer Komplex von Reisfeldern, dessen Wasser aus einem Reservoir oder einer Quelle gespeist wird. Der Verantwortliche für den Subak, der Klian Subak, wird nach urgesellschaftlicher Sitte von der Dorfgemeinschaft gewählt. Ihm zur Seite stehen mehrere ebenfalls gewählte Sedahans, die für die Instandhaltung und den Ausbau bestimmter Teile des Bewässerungssystems zuständig sind. Der weitaus größte Teil der gesamten Reisanbaufläche auf Bali wird immer noch nach dem Subaksystem bearbeitet, einer spezifischen Form der asiatischen Produktionsweise.

Wie in Teilen Europas und im Vorderen Orient breitete sich auch in Südostasien und speziell in Indonesien während der Jungsteinzeit auf der Grundlage der magischen Vorstellungswelt die *megalithische Kultur*, die Herstellung monumentaler Steindenkmäler, aus. Große Opferaltäre, Steinsarkophage und -urnen, Steinsitze und Opferpfähle, die auf vielen Inseln des Archipels anzutreffen sind, deuten auf einen vielgestaltigen Ahnenkult mit umfangreichen Begräbniszeremonien hin. Kriegerstatuen zeugen davon, daß sich die gentilgesellschaftlichen Bodenbauer im Stadium der »militärischen Demokratie« (Friedrich Engels) befanden, um sich gegen die Bedrohung anderer Stämme zu schützen oder selbst am Raub von Grund und Boden zu beteiligen. Zahlreiche Tänze der Ahnenverehrung, bei Leichenverbrennungen und Bestattungen wie auch die verschiedensten Kampf- und Kriegertänze in vielen Regionen Indonesiens haben ihren Ursprung bereits im Neolithikum.

Die Megalith-Kultur erfuhr etwa seit dem 4. und 3. Jahrtausend v. u. Z. eine entscheidende Bereicherung durch das Eindringen der Metallschmiedekunst aus Südchina und dem südostasiatischen Festland. Vom Zentrum der Bronzebearbeitung in Dongson aus, einem Dorf in der Tonking-Ebene im Norden Vietnams, verbreitete sich diese Metallkunst auf dem indonesischen Archipel. Die Herstellung von Produktionsinstrumenten und Schmuckgegenständen aus Kupfer, Bronze und Eisen erreichte bald ein hohes Niveau. Zu den schönsten Erzeugnissen der *Dongson-Kultur* gehören die meist kunstvoll verzierten großen Kesselgongs aus Bronze, die nicht nur in Vietnam, sondern auch in Burma und vor allem auf den kleinen Sunda-Inseln, auf Bali und Java gefunden wurden und jahrhundertelang im Gebrauch waren. Die figürlichen Darstellungen auf diesen Musikinstrumenten bezeugen deren kultischen Verwendungszweck. Mit hohem Federschmuck verzierte Figuren auf Booten sind als Totenschiffe gedeutet worden, die mit den Seelen der Verstorbenen in Gegenwart von Schamanen in die Welt nach dem Tode fahren. Auch Reihen von Tänzern mit eigenartigem Kopfschmuck sind auf solchen Kesselgongs abgebildet. Tanzende Figuren auf einem Kesselgong aus Hanoi (Abb. 1) ähneln einem Tanz ebenfalls mit hohem Federbusch ausgestatteter Schamanen der Sakuddei auf der Mentawai-Insel Siberut westlich von Sumatra (Abb. 2).[1] Diese Instrumente hatten bei Bestattungen, Ahnenkulten, Regenzaubern und anderen Riten eine magische Bedeutung. Auf Bali wurde eine Steinform gefunden, die zur Herstellung solcher Kesselgongs aus einem Guß diente. Das größte und schönste Instrument, das je gefunden wurde, wird noch heute in einem Tempel in Pejeng auf Bali wie ein Heiligtum bewahrt.

Um die Zeitenwende wurde Java zum Zentrum des Bronze- und Edelmetall-Kunsthandwerks. Ptolemäus schrieb um das Jahr 150 u. Z., daß Java sehr fruchtbar sei und viel Gold produziert habe. Wenig später wird im indischen Epos Ramayana Sumatra als Suvarnadvipa, Goldinsel, erwähnt. Da in Indonesien kein Gold gewonnen wird, lassen diese Äußerungen auf einen Handel mit Edelmetallen und auf einen weithin gerühmten Entwicklungsstand des Kunsthandwerks auf Java und Sumatra schließen.

In den ersten Jahrhunderten unserer Zeitrechnung zerfiel die Gentilgesellschaft auf Java, im Süden Sumatras und in den am weitesten entwickelten Küstenregionen Kalimantans und anderer Inseln. Die Weiterentwicklung des Reisanbaus mit Bewässerungssystemen, die Anwendung verbesserter Pflüge, die Domestizierung von Büffeln, der zunehmende Überseehandel und die Vervollkommnung des Holz- und Schmiedehandwerks führten zu einer Differenzierung der sozialen Strukturen, die den Boden bereiteten für das Entstehen einer patriarchalischen Ausbeutergesellschaft. Die ethnische, sprachliche und kulturelle Gliederung des Archipels war seit der Einwanderung der letzten Deuteromalayen im wesentlichen ausgeprägt. Die Grundlagen für die »Einheit in der Vielfalt« der indonesischen Kultur wurden also bereits vor der Zeitenwende geschaffen.

Schon frühzeitig bildeten die indonesischen Inseln Zwischenstationen im Seehandel zwischen Indien und China. Bereits zu Lebzeiten *Ashokas*, des letzten Herrschers der *Maurya-Dynastie* im 3. Jahrhundert v. u. Z., der mit Ausnahme des äußersten Südens über den ganzen indischen Subkontinent regierte, existierten Handelsverbindungen über See nach dem Vorderen Orient, Griechenland und über die Halbinsel Malakka und Indonesien nach China. Als das Maurya-Reich nach dem Tode Ashokas zerfiel, profitierten in den folgenden Jahrhunderten vor allem die *Chola-Dynastie* im heutigen Tamilnadu, die *Chera-Dynastie* an der südwestlichen Malabarküste und das *Kalinga-Reich* im gegenwärtigen Orissa vom Überseehandel mit China.

Schon Ashoka war ein eifriger Förderer des *Buddhismus*. Sein Wirken hat auf die Verbreitung dieser Religion nach Sri Lanka, Burma, Thailand, Nepal und China entscheidenden Einfluß gehabt. Es gibt aber keine Belege dafür, daß buddhistische Missionare aus Indien schon zu so früher Zeit auch die indonesischen Inseln erreicht hätten. Unter dem Einfluß Indiens entstanden auf dem südostasiatischen Festland im 1. Jahrhundert u. Z. das nach chinesischen Quellen *Fu-nan* genannte, zunächst buddhistische, später hinduistische Reich der Khmer, das sich vom Mekongdelta über das westliche Kampuchea bis nach Thailand erstreckte, und im 3. Jahrhundert das hinduistische *Champa-Reich* in Mittelvietnam. Die ältesten Zeugnisse indischer Kultur in Indonesien sind drei Buddhastatuen, die in Südsumatra, Ostjava und auf Sulawesi gefunden wurden. Sie weisen deutliche Merkmale der *Amaravati-Kultur* des mittelindischen *Andhra-Reiches* aus dem 2. und 3. Jahrhundert auf. Die frühesten Schriftdenkmäler in Sanskrit wurden bei Kutai im Osten Kalimantans entdeckt. Auf steinernen Opferpfählen berichten sie aus der Zeit um 400 über die Dynastie eines Herrscherhauses mit hinduistischen Namen. Weitere Sanskrit-Inschriften in Westjava bezeugen die Existenz eines frühen hinduistischen Reiches *Taruma* im 5. Jahrhundert. Chinesische Quellen nennen um die gleiche Zeit ein weiteres Staatengebilde *Kan-t'o-li*, das vermutlich im Südosten Sumatras lag.

Aus diesen und anderen Zeugnissen ist zu schließen, daß sich vom 3. bis zum 6. Jahrhundert durch den zunehmenden Reichtum und die Macht der Stammesaristokratie die ersten Zentren der altorientalischen Klassengesellschaft herausbildeten. Die führenden Herrscher bezeichneten sich als Könige oder Fürsten. Ihr Herrschaftsgebiet beschränkte sich in den Küstengebieten zunächst auf die Siedlungen an Flußmündungen mit natürlichen Häfen. Im Inland dagegen erforderte der sich von Zentraljava aus nach Ost und West ausbreitende bewässerte Reisanbau, die Sawah-Kultur, eine mehrere Ansiedlungen umfassende, übergreifende sozialökonomische Struktur, so daß sich hier die ersten größeren indonesischen Fürstentümer formierten,[2] deren Rechtsprechung ganz auf dem gentilgesellschaftlichen Adat beruhte und deren künstlerische Aktivitäten, wohl auch bereits mit Maskenaufzügen und Schattenspielen, auf den überlieferten Riten des Animismus, der Magie und des Ahnenkultes fußten. In diesen, ökonomisch und politisch noch keineswegs gefestigten, oft wechselnden Staatengebilden nahmen manche Herrscher die Einflüsse aus Indien begierig auf.

Hinzu kommt, daß schon in den ersten Jahrhunderten u. Z. vielerlei Verbindungen nicht nur zwischen Indien und den hinduisierten Reichen Fu-nan und Champa sowie den Stammesaristokratien und Fürsten Indonesiens existierten, sondern auch zwischen Java und den Reichen auf dem Festland. So sollen Javaner zu den Mitbegründern des Champa-Reiches gehört haben, und umgekehrt wirkten die Erfahrungen Fu-nans und Champas bei der Übernahme indischer Errungenschaften in der Landwirtschaft und Kultur auch auf Java zurück.

Über die »Indisierung« einiger Küstengebiete des südostasiatischen Festlandes und einiger Teile Indonesiens ist viel spekuliert worden. Ein Vergleich der gesellschaftspolitischen Situation und der Kultur jener Zeit in Indien und Südostasien macht deutlich, daß in Nord- und auch Südindien die altorientalische Klassengesellschaft mit ihren beiden Hauptreligionen, dem Buddhismus und dem Hinduismus, und ihrer hoch entwickelten Kultur der Situation in Südostasien um mehrere Jahrhunderte voraus war. Mit dem Handel kamen indische Kaufleute nach Indonesien, die in günstig gelegenen Küstenregionen Niederlassungen gründeten und mit dort ansässigen Aristokraten und Fürsten Verbindungen aufnahmen. Mit den Kaufleuten wanderten auch hinduistische und buddhistische Missionare ein, die neben ihren religiösen Anschauungen auch die Kultur ihres Landes mitbrachten. Dazu gehörten Erfahrungen über den Reisanbau, über bessere Pflüge, den Schiffsbau, die zuvor in Indonesien unbekannte Schrift ebenso wie Fertigkeiten im Kunsthandwerk, in der Textilbearbeitung, der Skulptur, des Theaters und nicht zuletzt des Tanzes. Die einheimischen Herrscher werden all diese Zeugnisse einer Kultur, die der ihren überlegen war, mit Staunen aufgenommen haben. Ihr Entwicklungsstand einer sich formierenden herrschenden Klasse bedurfte neuer Einsichten, um die politische und kulturelle Fundierung ihrer Macht zu festigen. Die indische Einteilung der Gesellschaft in Kasten kam ihren Bestrebungen sehr entgegen, da sie neben den brahmanischen Würdenträgern als Kshatriya zu den weltlichen Herrschern, den Kriegern deklariert werden konnten. Sie nahmen all diese Einflüsse auf, bekannten sich zum Hinduismus, teilweise auch zum Buddhismus, legten sich indische Namen zu, entwickelten die altorientalische Klassengesellschaft, förderten den Bau zunächst hölzerner Tempel und entfalteten ein eigenes höfisches Leben mit Schattenspielen, Maskenaufzügen, Musik und Tanz.

Neben der objektiven Notwendigkeit ist jedoch die subjektive Bereitschaft, die indischen Einflüsse intensiv aufzunehmen, sicherlich überall unterschiedlich gewesen. So mag es zu erklären sein, daß sich zunächst nur in einigen Küstengebieten Ostkalimantans, Südostsumatras und Westjavas die ersten hinduistischen und buddhistischen Staatengebilde entwickelten. Die Inder sind gewiß nicht in sehr großer Zahl eingewandert, irgendwelche territorialen Eroberungen waren keineswegs ihr Ziel. Ähnlich wie sich Hinduismus und Buddhismus in Indien selbst im Laufe mehrerer Jahrhunderte vom Norden nach dem Süden ausbreiteten und zur Festigung der einheimischen Klassengesellschaft beitrugen, ist über den Handel und mit den indischen Religionen auch in Indonesien der gesellschaftliche und kulturelle Fortschritt entscheidend vorangetrieben worden. So entstand nach indischem Vorbild und Einflüssen der Khmer und Cham in den sich bildenden Höfen der ersten indonesischen Staaten auf der Grundlage ihrer eigenen gentilgesellschaftlichen Traditionen eine neue Lebensweise mit ausgiebiger Pflege der verschiedensten Künste.

Mehr als alle anderen Weltreligionen bedienten sich Hinduismus und Buddhismus künstlerischer Mittel zur Propagierung ihrer Lehren. Schon Ashoka berichtet im 4. Jahrhundert v. u. Z., daß mit Erzählungen aus dem Pali-Kanon, mit Liedern und Tänzen die humanistische Ethik Buddhas, der Dhamma, in volkstümlichen theatralischen Veranstaltungen breiten Schichten des Volkes zugänglich gemacht wurde. Ebenso sind in hinduistischen Tempeln Szenen mythologischen Inhalts von Tänzern, Musikanten und speziellen Tempeltänzerinnen, den Devadasi, aufgeführt worden. Zur Zeit der ersten Staatenbildungen in Indonesien stand die klassische Theaterkunst mit Tanz und Musik im nordindischen Reich der *Gupta* und unter der *Pallava-Dynastie* im Süden in hoher Blüte. Die hinduistischen Epen *Ramayana* und *Mahabharata* erlangten ihre vollendete Gestalt, Episoden daraus wurden an den Höfen und in Tempeln theatralisch gestaltet. Das hohe künstlerische und tanztechnische Niveau dieser Aufführungen wird durch zahlreiche bildkünstlerische Abbildungen und das umfangreiche Sanskrit-Kompendium *Natyashastra* bezeugt. Die beiden Epen und ihre theatralischen Darbietungen fungierten als eines der wichtigsten ideologischen Instrumente zur Bestätigung und Festigung der indischen Klassengesellschaft. Durch ihr tiefes humanistisches Gedankengut, die Heldentaten edler, vergöttlichter Persönlichkeiten, deren Triumph über alles Schlechte, Habgierige, Despotische, Unmenschliche und vor allem durch das Hervorheben aufrichtiger menschlicher Liebe erhielten sie gleichzeitig den Charakter von Volksdichtungen.

Es ist anzunehmen, daß mit den indischen Kaufleuten und Missionaren auch Musiker und Tänzer nach Indonesien kamen, um mit geradezu perfektionierten Aufführungen ihre figuren- und bilderreiche Mythologie und Religion zu propagieren. Die drei Buddhastatuen im Amaravati-Stil des mittelindischen Andhra-Reiches, eine in Westjava gefundene Vishnu-Statue aus dem südindisch-tamilischen Pallava-Reich und eine indische Legende, der zufolge im Jahre 603 der König des westindischen Gujarat seinen Sohn und fünftausend Untertanen mit einer Flotte nach Java entsandt haben soll, bestätigen, daß der kulturelle Einfluß aus verschiedenen Gebieten Indiens nach Indonesien ausstrahlte.

Da aber bildkünstlerische Darstellungen von Tanzszenen auf Java erst seit dem 8. Jahrhundert vorliegen, ist jetzt nicht mehr nachweisbar, welche künstlerischen Einflüsse im Tanz schon in der Anfangszeit der indonesischen Staatenbildungen vorherrschten. Die Tanzfiguren am buddhistischen Borobudur und dem hinduistischen Prambanan-Komplex aus dem 8. und 9. Jahrhundert beweisen jedoch, daß der klassische Tanzstil des südindischen Tamilgebietes, später Bharata natyam genannt, nicht aber der ganz anders geartete Chakyar kuthu aus dem südwestindischen Kerala nach Indonesien gedrungen ist.

Da sich der Handel Südostasiens überwiegend zwischen Indien und China vollzog, ist die Frage berechtigt, weshalb in Indonesien und auf dem Festland der indische Einfluß in jenen Jahrhunderten so stark dominierte, während Zeugnisse eines Eindringens der chinesischen Kultur so gut wie ganz fehlen, obwohl die Existenz einiger früher Staatengebilde auf Sumatra und Java vor allem durch chinesische Quellen bezeugt wird und der Kan-t'o-li-Staat in Südostsumatra im 5. und 6. Jahrhundert mehrfach Gesandtschaften nach China schickte, die sich jedoch vor allem mit Fragen des Handels befaßten. Sicherlich gibt es dafür verschiedene politische und ideologische Gründe. Nach dem Niedergang der Han-Dynastie im 2. Jahrhundert u. Z. folgte bis zum 6. Jahrhundert in China eine Periode der politischen Zersplitterung, die Macht der Großgrundbesitzer nahm zu, es gab verschiedene große Bauernaufstände, die wohl auch eine Ursache für die Auswanderung zahlreicher Thai-Stämme aus Yünnan nach dem Süden waren. In Nordvietnam kam es zu mehreren Volksaufständen gegen die chinesische Fremdherrschaft. Diese politischen Wirren mögen verhindert haben, daß die Herrscher der frühen indonesischen Staaten im entstehenden chinesischen Feudalismus ein Vorbild für ihre eigenen Bestrebungen fanden.

Viel bedeutsamer als diese politischen Gründe ist jedoch die enorme Anziehungskraft der indischen Erlöserreligionen gewesen, in deren vielgestaltigen Mythen die jungen herrschenden Klassen wie auch die Handwerker und Bauern Indonesiens ihre eigenen humanistischen Ideale widergespiegelt fanden. Dem hatte die chinesische Kultur nichts Vergleichbares entgegenzusetzen, Konfuzianismus und Taoismus drangen kaum über China hinaus. Im Gegenteil, während der Zeit der politischen Zersplitterung erlebte der bereits zur Han-Zeit eingedrungene Buddhismus einen Siegeszug durch ganz China, überall entstanden buddhistische Klöster, im Toba-Reich der nördlichen We machte sich der Kaiser im 5. Jahrhundert sogar zum Schutzherrn des Buddhismus.

Buddhismus und Hinduismus waren in Indien soziale Reformbewegungen in religiösem Gewande, beide richteten sich gegen das orthodoxe Brahmanentum und entsprachen dem Bedürfnis breiter Volksmassen nach sichtbaren Darstellungen, Götterbildern und

1 Tanzfiguren auf einem Kesselgong der Dongson-Kultur aus Hanoi

2 *Tanzender Schamane der Sakuddei auf der Mentawai-Insel Siberut*

3–8 Tanzszenen auf Borobudur-Reliefs

4, 5

6

7

8

9 Legong-Tanz auf Bali

10–13 Tanzszenen auf Borobudur-Reliefs

11

12

13

14–17 Tanzszenen auf Prambanan-Reliefs

15

17

18 Ostjavanische Statuette Vajparani

19 Panataran-Relief: Hanuman besiegt einen Vasallen Rahwanas

20 *Dämonenmaske der Dayak auf Kalimantan*

21 *Gong-Tanz der Dayak auf Kalimantan*

22 *Gong-Tanz der Dayak auf Kalimantan*

23 Maengket-Tanz der Minahasa in Nordsulawesi

24 *Aus einem Réog-Aufzug der Sunda in Westjava*

25 Opfertanz Rejang auf Bali

26 Barong keket auf Bali

27 *Tari piring – Kerzen- oder Tellertanz der Minangkabau in Westsumatra*

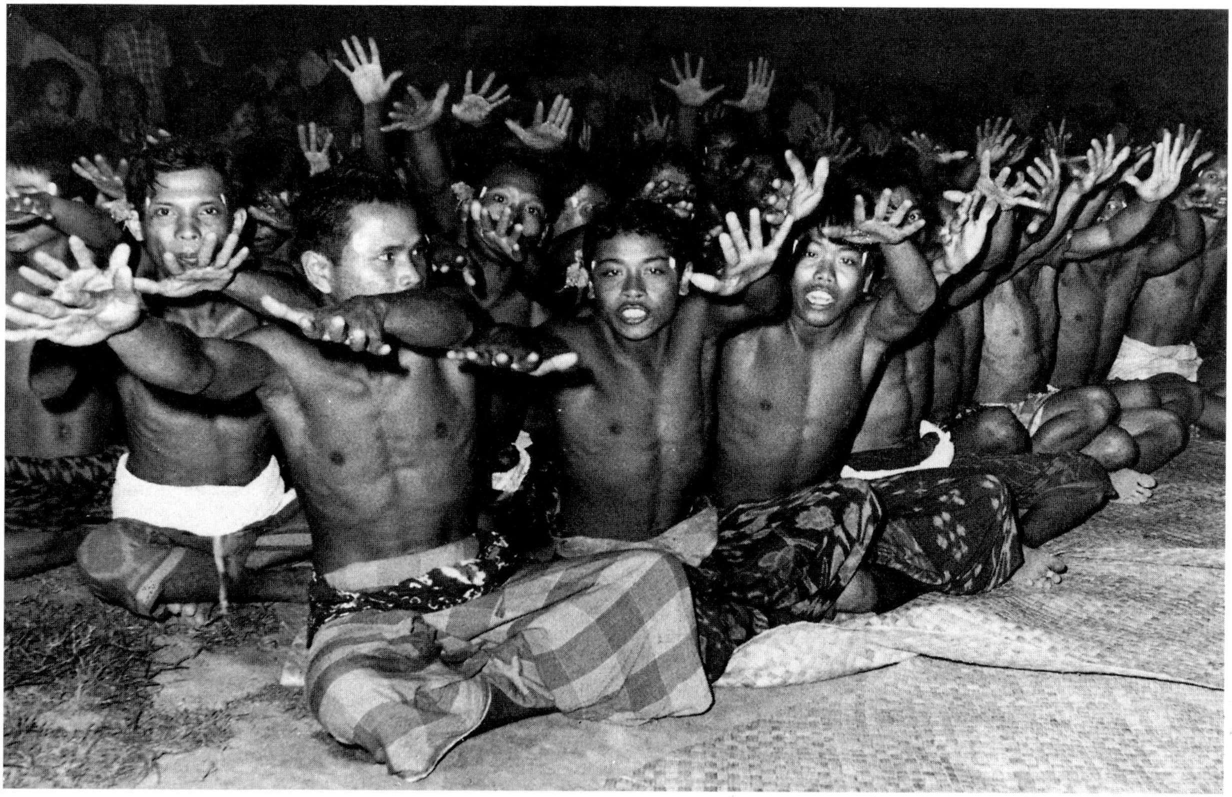

28–32 Kecak-Tanz auf Bali

29

33 *Kampftanz der Dayak auf Kalimantan*

34 *Kampftanz Cakalélé auf Ambon*

35–36 Tari Srivijaya in Sumatra

Tempeln. Beide Religionen breiteten sich seit dem 5. Jahrhundert v. u. Z. in ganz Indien aus und waren durch einen durchaus unorthodoxen Synkretismus charakterisiert. In das vielgestaltige Pantheon des Hinduismus sind viele vorarisch-gentile Götter eingegangen, ebenso ist der ausgedehnte Reliquien- und Tempelkult des Buddhismus auf altorientalische gentile Gebräuche zurückzuführen. Viele regionale Stammesgötter mit all ihren Eigenheiten wurden in Indien zu Shiva, Vishnu, Krishna, Rama, Durga, Buddha und anderen mythologischen Figuren umfunktioniert. Und so konnten auch in Südostasien und Indonesien Hinduismus und Buddhismus in die verschiedensten gentilen, vor allem animistischen Stammesreligionen integriert werden. Außerdem befehdeten Hinduisten und Buddhisten einander nicht, sie zeichneten sich durch ein hohes Maß an Toleranz und Friedfertigkeit aus. So kam also die indische Kultur mit ihren fortgeschrittenen Produktionsmitteln, ihrer attraktiven Götterwelt und ihren hochentwickelten Künsten, auch dem Tanz, den Bedürfnissen der jungen altorientalischen Staaten Südostasiens in vorbildgebender Weise entgegen. Sie bildeten den Nährboden für das Aufblühen der durchaus eigenständigen *hindu-javanischen Kultur* im 8. und 9. Jahrhundert.

Leider gibt es überhaupt keine schriftlichen oder bildkünstlerischen Zeugnisse über das Entstehen und Werden dieser klassischen javanischen Kunst. Der erstaunlich hohen Kunstfertigkeit der vielen Reliefs am *Borobudur* und dem *Prambanan* muß eine vierhundertjährige Entwicklung in den verschiedenen Zentren der politischen Macht vorausgegangen sein. Die Herrscher von Taruma, Kan-t'o-li und anderen frühen Staaten haben vermutlich mit den indischen Religionen und ihrer Mythologie auch die Lebensweise indischer Raja und Maharaja übernommen. An ihren Höfen werden wohl in zunehmendem Maße Tänzerinnen, Tänzer und Musikanten nach indischem Vorbild Episoden aus den großen Epen theatralisch gestaltet haben. Und als mit dem Niedergang des Fu-nan-Reiches auf dem Festland im 7. Jahrhundert das erste indonesische Großreich *Srivijaya* mit dem Zentrum in der Nähe des heutigen Palembang in Südostsumatra entstand, müssen dort auch die Künste bereits in hoher Blüte gestanden haben. Davon ist leider nur sehr wenig überliefert. Bekannt ist nur, daß Srivijaya gegen Ende des 7. Jahrhunderts seine Macht auf das benachbarte *Malayu-Reich* in Ostsumatra und – nach den frühesten Urkunden der altmalaiischen, in Pallava-Schrift abgefaßten Sprache – auf ein javanisches Reich unter dem Fürsten *Jayasena* ausdehnte. Im 8. Jahrhundert erweiterte Srivijaya seine Herrschaft auf den größten Teil Sumatras, Teile West- und Mitteljavas sowie die Halbinsel Malakka. Unter der *Shailendra-Dynastie*, die sich zum Buddhismus bekannte, wurde Srivijaya bis zum 10. Jahrhundert zum mächtigsten Staat in ganz Südostasien. Dabei handelte es sich jedoch nicht um ein einheitliches Herrschaftsgebiet mit einem zentralen Verwaltungssystem, sondern um einen altorientalischen Staat, der mit militärischer Überlegenheit andere Könige und Fürsten zu Vasallen machte, so daß kriegerische Auseinandersetzungen der mächtigen Aristokratie Srivijayas mit kleineren Machthabern und Seepiraten unvermeidlich waren.

In Zentraljava haben im 8. und 9. Jahrhundert einige andere Dynastien existiert. So ist aus einigen Inschriften ersichtlich, daß ein Fürst *Sanjaya* ein Reich *Mataram* in Zentraljava begründete, dessen Herrscher sich zum Shivaismus bekannten. Von einem Reich *Ho-ling* wurden Missionare nach China geschickt. Und auf dem Dieng-Plateau, nordwestlich vom gegenwärtigen Magelang, sind kleine shivaitische Tempel gefunden worden, die ältesten auf Java erhaltenen steinernen Bauwerke. In welchem Zusammenhang oder welchen Rivalitäten Mataram, Ho-ling, die Tempelanlagen auf dem Dieng-Plateau und das mächtige Srivijaya-Reich gestanden haben, ist unbekannt. Ebensowenig bekannt ist, ob diese Tempel das Zentrum eines sakralen Herrschaftsgebietes gewesen sind und ob dort wie in den vielen Tempelstätten Indiens hinduistische Riten mit Gesang, Musik und Tanz vollzogen wurden. Eine gewisse Übereinstimmung dieser Tempelbauten mit den Resten ähnlicher Bauwerke des Champa-Reiches in Mittelvietnam läßt vermuten, daß nicht nur direkte Einflüsse aus Indien, sondern auch solche vom südostasiatischen Festland aus wirksam waren. Entscheidend ist, daß in dieser Zeit die beiden monumentalsten Bauwerke der hindu-javanischen Kultur nicht weit voneinander entstanden sind: der buddhistische *Borobudur* und der hinduistische *Prambanan*. Auf deren Reliefs sind viele Tänzer und Musikanten abgebildet, die uns einen ersten Einblick in die frühe Tanzkunst Javas geben.

Der *Borobudur* ist der größte Terrassenstupa des Buddhismus überhaupt. Nordwestlich von Yogyakarta gelegen, wurde er um das Jahr 800 während der Herrschaft des Königs Samaratunga der Shailendra-Dynastie auf einem Hügel errichtet. Über sechs quadratisch angelegten Terrassen und drei weiteren kreisförmigen Galerien, die durch Treppen miteinander verbunden sind, erhebt sich bis zu einer Gesamthöhe von vierzig Metern der größte Stupa, von dem aus man einen wunderbaren Blick auf die umgebenden Berge und Täler hat. Beim Rundgang von den unteren Terrassen erblickt der Betrachter auf etwa sechzehnhundert steinernen Reliefs Szenen aus dem damaligen Leben, den Werdegang Buddhas, Bilder aus dessen mythischen früheren Existenzen und gelangt über die oberen Galerien mit einer Vielzahl kleinerer Stupas und Buddha-Figuren schließlich bis zur Spitze, damit die Lehre Buddhas bis zur Vollendung und Erlösung nachvollziehend.

Während der Borobudur vollständig erhalten geblieben ist und in seiner ganzen Schönheit restauriert werden konnte, ist der nordwestlich von Yokyakarta gelegene gewaltige hinduistische *Prambanan*-Tempelkomplex, der etwa ein halbes Jahrhundert später, vermutlich unter einem Herrscher des Mataram-Reiches, erbaut wurde, bei einem Erdbeben im Jahre 1549 beinahe vollständig zerstört worden. Erst 1937, noch unter der niederländischen Ägide, begann der Wiederaufbau. Da viele Steine inzwischen gestohlen oder zum Fabrik- und Brückenbau verwendet worden waren, mußten sie mühsam nachgebildet werden. Die junge indonesische Republik sorgte dafür, daß der zentrale, 47 Meter hohe Shiva-Tempel *Lara Jonggrang* 1953 wieder ganz hergestellt werden konnte. Er wird von zwei kleineren, Brahma und Vishnu gewidmeten Tempeln flankiert. Um diese drei Bauwerke gruppieren sich noch eine große Zahl kleinerer, nur zum Teil erhaltener Tempel in streng geometrischer Anordnung. Auf der unteren Balustrade des Shiva-Tempels sind in 42 steinernen Reliefs Szenen aus dem Ramayana-Epos abgebildet. Es ist kaum daran zu zweifeln, daß der Prambanan-Tempelkomplex seinerzeit Schauplatz einer ausgiebigen Tanztheaterpflege gewesen ist und über eine beträchtliche Anzahl von Künstlern, darunter auch Tempeltänzerinnen, verfügt hat.

Erstaunlich an beiden Bauwerken ist die trotz indischer Einflüsse ganz eigenständige Architektur und die außerordentliche Kunstfertigkeit der Reliefs, zumal es in Indonesien dafür kaum Vorbilder gab. Tausende von Architekten, Bildhauern, Steinmetzen und Steine transportierenden Bauern, wohl auch Sklaven, müssen an dem Bau beteiligt gewesen sein, vermutlich auch Spezialisten aus Indien oder auch aus dem Champa-Reich. In Mittel- und Südindien begannen die Tempel seit dem 7. Jahrhundert mit dem zunehmenden Einfluß des Hinduismus immer größere Dimensionen anzunehmen, so daß schließlich ganze Tempelstädte entstanden. Die fortschreitende Feudalisierung, die jedoch in Indien wie in Indonesien bei der anhaltenden Stabilität der Dorfgemeinschaften nicht zur Leibeigenschaft führte, und der wachsende Reichtum der herrschenden Dynastien erforderte eine spektakuläre Repräsentation weltlicher und geistlicher Macht durch imponierende Bauwerke. Gleichzeitig gelang es mittels eines sehr bildhaften, auf alten volkskünstlerischen Traditionen fußenden, attraktiven buddhistischen oder hinduistischen Zeremoniells, den Glauben der Bevölkerung an die Göttlichkeit der Könige zu stärken und die Beständigkeit der herrschenden Klassengesellschaft zu festigen. Der Borobudur und Prambanan sind imponierende Beweise für die Macht der damals herrschenden Dynastien und die Blüte der hindu-javanischen Kultur, in der Tanz und Musik einen wesentlichen, unverzichtbaren Platz einnahmen.

Auf einigen Reliefs mit Tanzszenen ist die Verschiedenartigkeit der gesellschaftlichen Funktionen und der Formen des damaligen Tanzes auf Java deutlich ablesbar. Auf der untersten Terrasse des Borobudur sind einige Straßenszenen mit fröhlich tanzenden und musizierenden Menschen abgebildet. Das sind unzweifelhaft reine Volkstänze. So sehen wir auf einem Relief drei Straßenmusikanten, von denen zwei auf vorwiegend in Vietnam, Kampuchea und auf Kalimantan verbreiteten Mundorgeln blasen. Die Mittelfigur, mit einer am Lendenschurz befestigten Mundorgel, führt einen lebhaften Tanzschritt aus: Das linke Standbein ist gebeugt, das rechte Spielbein halb gestreckt etwas erhoben und nach außen gedreht, der rechte Arm in rascher Bewegung über dem linken gekreuzt. Die Figur rechts daneben klatscht mit den Händen, und ein Straßenverkäufer klopft mit dem linken Fuß den Takt dazu. Die Figur des tanzenden Mannes ist keineswegs schön, eher korpulent, aber er scheint freudig zu lächeln, das kann nur ein recht einfacher, temperamentvoller Volkstanz gewesen sein (Abb. 3). In einer anderen Straßenszene schauen einige Betrachter neugierig einer nur mit Lendenschurz bekleideten Tänzerin zu, die mit weit nach außen gedrehten Beinen, angewinkelten Knien und erhobenen Fersen recht ernst dreinschaut. Sie blickt auf einen Jongleur neben sich, der auf seinem Unterkiefer ein großes Stück Holz balanciert, dabei ebenfalls mit nach außen gedrehten Beinen tanzt. Ein Trommler und zwei Spieler mit kleinen Becken, auch in tanzender Haltung, musizieren dazu (Abb. 4). Auf einem dritten Relief ist ein Kriegstanz zu sehen. Solche Tänze gibt es auf vielen Inseln Indonesiens, sie gehen meist auf die Gentilgesellschaft im Stadium der militärischen Demokratie zurück. Die beiden rechten Männer mit Speeren und Schilden haben das Spielbein rechtwinklig erhoben, die Füße sind parallel zum Oberschenkel hochgezogen. Das ist eine Angriffshaltung, die für den klassischen javanischen Tanz sehr charakteristisch ist. Die Abwehrhaltung der beiden linken Tänzer, mit beiden Füßen fest auf dem Boden, das eine Bein gestreckt, das andere im Knie angewinkelt, ist ebenfalls typisch javanisch. Auch hier sieht eine Gruppe von Zuschauern mit großer Anteilnahme, teils neugierig, teils etwas ängstlich, zu (Abb. 5). Ein weiteres Bild zeigt vier bärtige ältere Männer in ähnlicher Angriffshaltung wie bei dem Kriegstanz, mit ganz hochgezogenem Spielbein und gebogenem Knie des Standbeins, aber ohne Speer und Schild. Die nicht präzis übereinstimmende Körperhaltung der vier Männer zeigt zweifelsfrei, daß es nichtprofessionelle Volkstänzer sind (Abb. 6).

Bei allen Tanzenden auf diesen vier Reliefs ist die Außendrehung der Beine aus den Hüften auf meist 180 Grad charakteristisch. Diese Haltung kommt auch im klassischen indischen Tanz häufig vor. Da es sich hier aber eindeutig um Volkstänze handelt, ist mit Sicherheit anzunehmen, daß diese Tanzhaltung indonesischen Ursprungs ist. Außerdem ist auf all diesen Reliefs ein schön gewachsener Baum zu sehen. Ursprünglich galt der Baum als Symbol der Fruchtbarkeit und Weisheit, im Buddhismus wurde dieses Symbol zu einem wahren Baumkult ausgeweitet. Damit wird auf diesen Bildern der buddhistische Charakter der Darstellungen verdeutlicht. Wahrscheinlich handelt es sich bei all diesen Straßenszenen und Tänzen um Darbietungen bei buddhistischen Propagandaveranstaltungen, die es ja schon zu Ashokas Zeit, also rund tausend Jahre zuvor, gegeben hat.

Wenn wir uns nun einige Tanzhaltungen auf den Reliefs der oberen Terrassen des Borobudur anschauen, so springt der grundsätzlich andere Charakter sofort ins Auge. Da tanzen zwei junge, schöne Mädchen in völlig gleicher, abgezirkelter Bewegung vor Siddharta als Bodhisattva, der danach strebt, durch eine vorbildliche Lebensweise ein »Erleuchteter«, Buddha, zu werden. Die Tänzerinnen versuchen vergebens, ihn zu verführen. Ihre Haltung stellt die Swastika dar, das Sonnensymbol (Abb. 7). Im Sanskrit-Theaterkompendium Natyashastra werden 108 Karana, grundlegende Körperhaltungen, exakt unterschieden und beschrieben. Sie wurden im 11. Jahrhundert in den Tanzskulpturen des Brihadesvara-Tempels in Tanjore und im 12. Jahrhundert in dem berühmten Nataraja-Tempel in Chidambaram vollständig dargestellt. Im klassischen indischen Tanzstil Bharata natyam bilden diese Karana bis heute eine unverzichtbare Grundlage. Die Beinhaltung dieser beiden Tänzerinnen entspricht dem 22. Karana Ardha Swastika (Zeichn. 1), nur die Armhaltungen sind anders als in Indien. Diese Tänzerinnen, auf Java Ronggeng genannt, gleichen den indischen Tempeltänzerinnen, den professionellen Devadasi.

Zwei Tänzerinnen in paralleler Haltung finden wir noch auf zwei weiteren Borobudur-Reliefs. Die zur Seite geneigte Körperhaltung der Tänzerinnen auf der dritten Terrasse und die weiche, runde Bewegung der rechten Arme, während die linken in Schulterhöhe angewinkelt sind (Abb. 8), entsprechen keinem indischen Karana, sie ähneln vielmehr dem klassischen Legong-Tanz auf Bali (Abb. 9). Ein bärtiger Mann, den die Tänzerinnen anblicken, feuert sie offensichtlich rhythmisch an. Eine ähnliche Praxis hat sich im klassischen javanischen Tanz in Surakarta bis in unser Jahrhundert hinein erhalten.

Die beiden Tänzerinnen auf der vierten Terrasse dagegen haben das linke Bein hoch angezogen, ähnlich wie bei dem männlichen Kriegstanz (Abb. 10). Im späteren klassischen Tanz auf Java kommt eine solche Beinbewegung bei Frauen nicht mehr vor, sie ist dagegen im

1 Karana 22 Ardha Swastika

2 Karana 25 Urdhva Janu

25. Karana Urdhva Janu des Natyashastra vorgegeben (Zeichn. 2).

Einer professionellen Ronggeng mit fürstlichem Kopfschmuck begegnen wir auf einem anderen Relief, sie tanzt bei Hofe vor dem Prinzenpaar Sudhana und Manohara und wird von zwei Querflöten, einer Trommel und zwei kleinen Becken musikalisch begleitet. Die Haltung der Füße, der eine mit erhobener Ferse, der andere fest auf dem Boden, entspricht dem 89. Karana Sinha Vikridita (Zeichn. 3), die die Nachahmung des Schlages einer Löwenpranke bedeutet. Die Haltung der Arme, der linke über die Brüste nach rechts gestreckt, der rechte in Schulterhöhe stark angewinkelt, unterscheidet sich dagegen in Details vom indischen Vorbild (Abb. 11).

Eine weitere Abbildung einer höfischen Tänzerin gehört zu den interessantesten Tanzreliefs des Borobudur. Ihre Haltung ist charakteristisch für den klassisch-javanischen Stil: nach außen gedrehte Beine, das linke gestreckt seitwärts gespreizt, das rechte im Knie rechtwinklig gebeugt, die Zehen etwas erhoben, der rechte Arm seitwärts etwas nach unten gestreckt, der linke im Ellenbogen ebenfalls rechtwinklig, aber nach oben gehalten. Hier spornen sogar zwei ältere Männer die Tänzerin durch rhythmisches Klatschen an (Abb. 12).

Außer diesen Tanzszenen sind auf dem Borobudur verschiedentlich Apsara, nach hinduistischer Vorstellung verführerische Tänzerinnen im himmlischen Reich Indras, abgebildet. Diese sehr sinnlich dargestellten überirdischen Wesen symbolisieren in der Körperhaltung das Fliegen, das linke Bein wird mit stark angewinkeltem Knie weit nach hinten gestreckt, das rechte seitlich nach vorn so hoch gezogen, daß die Ferse den Schoß berührt (Abb. 13).

Auch auf den Reliefs des hinduistischen Prambanan-Komplexes sind einige Tanzfiguren erhalten geblieben. Eine männliche Figur offenbart den indischen Einschlag sehr deutlich: Die Haltung mit den zur Swastika gekreuzten Beinen, dem vor dem Körper nach links gehaltenen rechten Arm und der zum Kopf erhobenen linken Hand entspricht genau dem 23. Karana Anchita (Zeichn. 4), der mit dem kraftvollen Tandava-Tanz Shivas als Nataraja, des Herrn der Tänzer, identisch ist (Abb. 14). Eine Tänzerin mit beidseitig geschlagener Trommel bewegt sich ebenfalls nach indischem Vorbild (Abb. 15).

Andererseits ist auf einem Prambanan-Relief Prinz Rama in einer typisch javanischen Haltung zu sehen: Der Fuß des im Knie gebeugten Standbeins ruht auswärtsgedreht fest auf dem Boden, das Spielbein ist seitwärts gestreckt, die Zehen hoch erhoben (Abb. 16). Auf einem weiteren Relief sind der bogenschießende Rama und Laksmana im Kampf gegen die Dämonen Subaru und Marica gleichfalls in ausgesprochen javanischer Pose dargestellt (Abb. 17). Diese Haltungen entsprechen keiner der 108 indischen Karana.

3 Karana 89, Sinha Vikridita

4 Karana 23, Anchita

Diese Bildzeugnisse beweisen unzweifelhaft, daß die Einwirkungen der indischen Kultur auf die ältesten Staaten Indonesiens auch maßgeblich zur Herausbildung des klassischen javanischen und später auch balinesischen Tanzes beigetragen haben. Wie in Indien tragen all diese Tanzfiguren keine Masken. Es wäre jedoch falsch zu behaupten, der indische Tanz sei in Indonesien nachgeahmt oder einfach übernommen worden. Es waren vor allem die gesellschaftlichen Funktionen und die mythologischen Inhalte, weniger jedoch die Formen, die in Indonesien adaptiert wurden. Die Praxis der indischen Fürsten, an ihren Höfen zur eigenen Ergötzung und zur Repräsentation ihrer Macht ganze Scharen von vorzüglich ausgebildeten jungen, schönen Tänzerinnen, Rajadasi, zu halten, kam den Bedürfnissen der Könige in den ersten indonesischen Staaten gewiß sehr entgegen. Ebenso stimmte die hinduistische Mythologie mit ihren Bestrebungen überein, als unumschränkte Herrscher in ihrem Machtbereich mit guten Göttern wie Shiva, Vishnu, Buddha oder Rama identifiziert zu werden. So konnten die Fürsten die Schilderungen der indischen Epen auf ihre eigenen Vorfahren und sich selbst beziehen.

Die einheimischen Tänzerinnen und Tänzer an den indonesischen Höfen und Tempeln haben offensichtlich bei der Übernahme indischer Vorbilder aus ihren spezifischen volkskünstlerischen Traditionen soviel Eigenes eingebracht, daß sie zu Trägern einer unverwechselbar indonesischen klassischen Tanzkunst wurden. Ein Vergleich der indischen Tanzstile, vor allem des Bharata natyam, mit dem klassischen Tanz auf Java und Bali zeigt ganz wesentliche Unterschiede. Das gilt in ähnlicher Weise auch für die Tanzkunst in Kampuchea, Thailand und Burma, deren Eigenarten auf sehr unterschiedliche ethnisch-kulturelle Traditionen zurückzuführen sind.

Im indischen Tanz ist die Symbolik der Körperbewegungen, Handhaltungen und der Gesichtsmimik so stark ausgeprägt, daß Tänzer – vor allem im Kathakali-Stil aus Kerala – auch ohne Worte inhaltreiche Gespräche miteinander führen können. Bis auf wenige Ausnahmen fehlt im indonesischen Tanz diese Symbolik. Im südindischen Bharata natyam werden nicht weniger als 28 einhändige und 32 beidhändige Handhaltungen, Hasta, unterschieden, die schon im Natyashastra mit eigenen Bezeichnungen kanonisiert worden sind. Im klassischen Tanz auf Java und Bali gibt es, wie wir noch sehen werden, nur ganz wenige Handgesten mit konkreter Bedeutung, sie haben beinahe ausschließlich ästhetischen Wert. In den klassischen indischen Schriften werden neun Arten des Gesichtsausdrucks exakt beschrieben, dazu gehören genau festgelegte Bewegungen des Augapfels, der Augenlider und -brauen, der Wangen und Lippen. Im Gegensatz dazu ist der Gesichtsausdruck im indonesischen klassischen Tanz meistens beinahe unbeweglich, ja maskenhaft starr. Das hängt mit der gerade auf Java tief verwurzelten Tradition des Maskentanzes, Wayang topeng, zusammen. Ferner ist dem indonesischen Tanz ein fest umrissenes System von 108 grundlegenden Fuß-, Bein- und Körperhaltungen fremd. Die klare Abgrenzung von konkret darstellendem Nritya und nicht-erzählendem Nritta im indischen Tanz ist in Indonesien ebenso unbekannt wie die im Natyashastra festgeschriebene Ästhetik der Rasa, psychischen Grundhaltungen des Tänzer-Schauspielers, durch die entsprechende Bhava bei den Zuschauern erzeugt werden müssen. Auch die Parallelität von gesungenen Texten und erzählendem Tanz in Indien ist wie in ganz Südostasien auch in Indonesien kaum gebräuchlich, es gibt zwar auch im Tanz dargestellte Texte, aber stets nur kurzzeitig und nicht zu wiederholten Malen. Außerdem wird in Indien die Fußarbeit mit begleitenden Trommelrhythmen gleich- oder entgegengesetzt, das gibt es im indonesischen Tanz nicht. Und schließlich hat der indische Einfluß in der indonesischen Musik kaum Spuren hinterlassen. Das komplizierte indische System verschiedenartiger Raga und metrischer Tala ist der Musik Indonesiens völlig fremd. Dort gibt es nur zwei Tonsysteme: das siebentönige *Pelog*, das schon die Deuteromalayen vom Festland aus nach Java und Bali mitgebracht haben, und das fünftönige *Slendro*, das wahrscheinlich erst viel später, wohl erst während der Shailendra-Herrschaft im 8. Jahrhundert, aus Ostasien eingeführt wurde. Auch indische Musikinstrumente sind auf dem indonesischen Archipel kaum übernommen worden.

All diese Tatsachen beweisen, daß die klassische javanische Tanzkunst zwar indische Einflüsse adaptiert, aber einen völlig eigenen Charakter entwickelt hat. Auf welche gentilgesellschaftlichen Traditionen die Spezifik des klassischen Tanzes auf Java zurückzuführen ist, läßt sich nur recht allgemein und lückenhaft rekonstruieren, so etwa bei dem Wayang-Schattenspiel, den Maskenaufzügen und einigen Kriegertänzen, denn sicherlich sind viele Volkstänze seit der Zeit des Borobudur und Prambanan verlorengegangen oder starken Veränderungen unterworfen gewesen. Umgekehrt offenbart die außerordentlich vielgestaltige Tanzkunst auf Bali, daß der klassische Tanz der Höfe sehr stark auf den Volkstanz zurückgewirkt hat, so daß die Grenze zwischen diesen beiden Arten des Tanzes sehr fließend geworden ist. In manchen Fällen ist eine solche Unterscheidung kaum mehr möglich, der klassische Tanz wurde in die magischen Riten integriert. Auch das ist im Unterschied zu Indien ein Spezifikum der indonesischen Tanzkunst.

Seit dem 10. Jahrhundert nahm die überragende Machtposition Srivijayas allmählich ab, das mitteljavanische Mataram-Reich verlor sogar sehr rasch an Bedeutung, beide scheinen einander heftig bekämpft zu haben. Kennzeichnend für die weit ausstrahlende Kultur Javas noch zu Beginn des 10. Jahrhunderts ist die längere Anwesenheit *Jayavarmans II.*, des Begründers der kampucheanischen Angkor-Dynastie, am javanischen Hof. Die Herrscher des Angkor-Reiches errichteten die nach dem Borobudur und Prambanan größten und schönsten Bauwerke Südostasiens, vor allem den im 12. Jahrhundert geschaffenen Tempel Angkor Vat. Die Macht des Angkor-Reiches überflügelte vom Norden her den Einflußbereich Srivijayas, der jedoch in Südsumatra und Westjava noch bis zum Ende des 12. Jahrhunderts wirksam blieb.

Diese Machtveränderungen bewirkten einen einschneidenden Wendepunkt in der javanischen Kultur und Kunst, auch im Tanz. Die noch stark indisch geprägten Tänze während der Srivijaya- und Mataram-Reiche verloren an Bedeutung. Seit dem 10. Jahrhundert sind keine Tanzfiguren mehr dargestellt worden wie in den Reliefs des Borobudur und Prambanan. Statt dessen entwickelte sich das ganz auf javanischer Tradition beruhende Maskentanztheater, Wayang topeng.

Schon im 10. Jahrhundert verlagerte sich das politische und kulturelle Schwergewicht auf Java deutlich nach dem Osten. Von den ostjavanischen Fürsten, die auch mit den ersten Königreichen auf Bali in Verbindung standen, erreichte schon *Sindok* im 10. Jahrhundert großen Einfluß. Ein Nachkomme aus seinem Geschlecht, die Prinzessin *Mahendradatta*, wurde die Mutter des balinesischen Prinzen *Erlangga*, der von 1019 bis 1042 über ein großes Reich von Bali bis nach Malang, Kediri und Madiun in Ost- und Mitteljava einschließlich der Häfen an der javanischen Nordküste herrschte. Unter seiner Regierung erreichte die ostjavanische und balinesische Kultur ihre erste große Blüte. Auf Bali wurde Erlangga als der erste bedeutende Herrscher dieser Insel zu einem legendären Idol, während seine Mutter Mahendradatta zum Inbegriff des Bösen gemacht wurde. Vermutlich war sie es, die eine Javanisierung des balinesischen Hoflebens anstrebte. Als Hexe *Rangda* ist sie in die balinesische Mythologie eingegangen. Auf ihrem Grabmal in der Nähe des Dorfes Gianyar hat man sie als sechsarmige Todesgöttin Durga, auf einem Stier tanzend, dargestellt.

In Ostjava sind aus dieser Zeit eine Reihe von Tempeln, *Candi*, sowie Reliefs und kleinere Statuen erhalten geblieben, die sich wesentlich von denen der mitteljavanischen Kultur des 8. und des 9. Jahrhunderts unterscheiden. Da ist einmal die Verschmelzung von Buddhismus und Hinduismus bemerkenswert, vor allem aber die Einbeziehung autochthoner, besonders animistischer Vorstellungen. Charakteristisch für diesen zweifachen Synkretismus ist eine kleine ostjavanische Statuette aus jener Zeit: Sie stellt Vajparani, einen der Begleiter Buddhas, nach hinduistischen Traditionen mit vier Gesichtern, einem fünften Dämonengesicht auf dem Kopf, einem dritten Auge und acht Armen dar. Die Haltung der nach außen gedrehten Beine, das rechte gestreckt, das linke im Knie rechtwinklig gebeugt, ist mit der Abwehrhaltung der tanzenden Krieger des Borobudur-Reliefs (Abb. 5) identisch und ausgesprochen javanisch (Abb. 18). Außerdem sind die ostjavanischen Reliefs nicht mehr nach indischem Vorbild von starker Tiefenwirkung geprägt, sondern viel flacher, ähnlich dem einheimischen *Wayang-Schattenspiel* gestaltet.

Für die Tanzkunst Indonesiens ist der Einfluß des Schattenspiels von herausragender Bedeutung. Das Agieren und Tanzen von mythologischen Helden und Dämonen in Gestalt von Schatten, Puppen oder Menschen mit oder ohne Masken weist in Indonesien nur Unterschiede der Genres auf, die Inhalte und gesellschaftlichen Funktionen sind nahezu identisch. Eine Steininschrift aus dem Jahre 907 in Zentraljava bezeugt bereits die Aufführung eines Wayang-Spiels *Bimmaya kumara*, also wohl einer Episode aus dem Leben des Pandawa-Helden Bhima nach dem Mahabharata-Epos. Seit dieser Zeit, vermutlich aber schon lange vor dem Einfluß der indischen Kultur, gehörte das Wayang-Spiel zu einer der verbreitetsten Kunstformen Javas und Balis.

Obwohl über die Ursprünge und die frühe Entwicklung des ost- und südostasiatischen Schattenspiels kaum etwas bekannt ist, kann nicht bezweifelt werden, daß es mit den Initiationsriten und dem Ahnenkult der Gentilgesellschaft zusammenhängt. Bei der Aufnahme in die Gemeinschaft der Erwachsenen mußten sich die Jünglinge verschiedenen Prüfungen unterziehen, sie wurden auch durch Maskentänze und Schattenspiele in die Stammesmythen eingeweiht, Maskentänzer und Schattenfiguren wurden mit Ahnen identifiziert. Nach einer altchinesischen Legende war die Lieblingsgemahlin des Kaisers Wu (140–87 v. u. Z.) gestorben; um ihn zu trösten, hob der Puppenspieler Shao Wong eine der Verstorbenen ähnliche Figur zwischen eine Lampe und einen Vorhang und ließ ihren Schatten lebendig werden[3]. Alle Schattenspiele aus China, Indien, dem südostasiatischen Festland und Indonesien erwecken bei den Zuschauern die Illusion, daß die dargestellten Ahnen, historischen oder mythologischen Figuren noch lebendig sind und unter ihnen weilen.

Aber während heute noch in Indien, Thailand und Kampuchea jede Figur von einem Spieler bedient wird und in China ein Spieler mehrere Mitarbeiter leitet, wird das Wayang-Spiel in Indonesien, Südthailand und Malaysia nur von einem einzigen Spieler, auf Java und Bali dem *Dalang*, ausgeführt, der in einer Person die Texte spricht oder singt, alle auftretenden Figuren führt und die begleitenden Musiker dirigiert. Der ursprünglich rituelle Charakter einer solchen Vorstellung blieb noch bis in unser Jahrhundert erhalten, der Dalang fungierte also stets als Schamane, als Mittler zwischen dem Reich der Verstorbenen und den Lebenden. Das Wayang-Schattenspiel ist vor allem auf Java und Bali, aber auch in Südsumatra und Südkalimantan bis heute außerordentlich populär geblieben.

Der technische Ablauf ist sehr einfach. Vor einer großen, an Bambusstangen befestigten Leinwand sitzt der Dalang, über seinem Kopf brennt eine Öllampe, in zwei Behältern rechts und links von ihm liegen die Wayangpuppen griffbereit, in dem einen die großen, bösen Dämonen, in dem anderen die kleineren positiven Helden. Das Publikum sitzt zu beiden Seiten der Leinwand, die Männer auf der Seite des Dalang, auf der anderen die Frauen, die also nur die Schatten sehen können. Vor Beginn der Vorstellung werden in zwei bereitstehenden Schalen Opfer dargebracht, danach spricht der Dalang

Indonesien

ein Gebet und stellt die Figuren einzeln vor, indem er sie zwischen Öllampe und Leinwand hält, so daß sie große Schatten werfen. Die Figuren sind kunstvoll meist aus Rinder- oder Büffelhaut hergestellt. Die Haut wird ganz dünn geschabt, ausgeschnitten, mit einem Meißel perforiert und an beiden Seiten bemalt. Um die dargestellten Figuren als Schatten deutlich voneinander unterscheiden zu können, geben die Kunsthandwerker jeder Gestalt in der Form des Gesichts, der Haltung des Kopfes, der Kleidung, des oftmals phantastisch ausgestalteten Kopfschmucks ein unverwechselbares Profil und in den – allerdings nur den männlichen Zuschauern sichtbaren – verschiedenen Farben ein charakteristisches Aussehen. Wegen der Lederpuppen heißt diese älteste Form des Wayang-Spiels *Wayang kulit* (= Leder, Fell). Die Vorstellungen beginnen in der Regel abends gegen neun und dauern meist bis zum Morgengrauen. Seit dem 10. Jahrhundert wurden wohl vorwiegend Episoden aus dem Ramayana und Mahabharata gespielt, der Schauplatz ist nach Java verlegt, und die Zuschauer betrachten die auftretenden Figuren als ihre eigenen Ahnen. Später entwickelten sich noch verschiedene an-

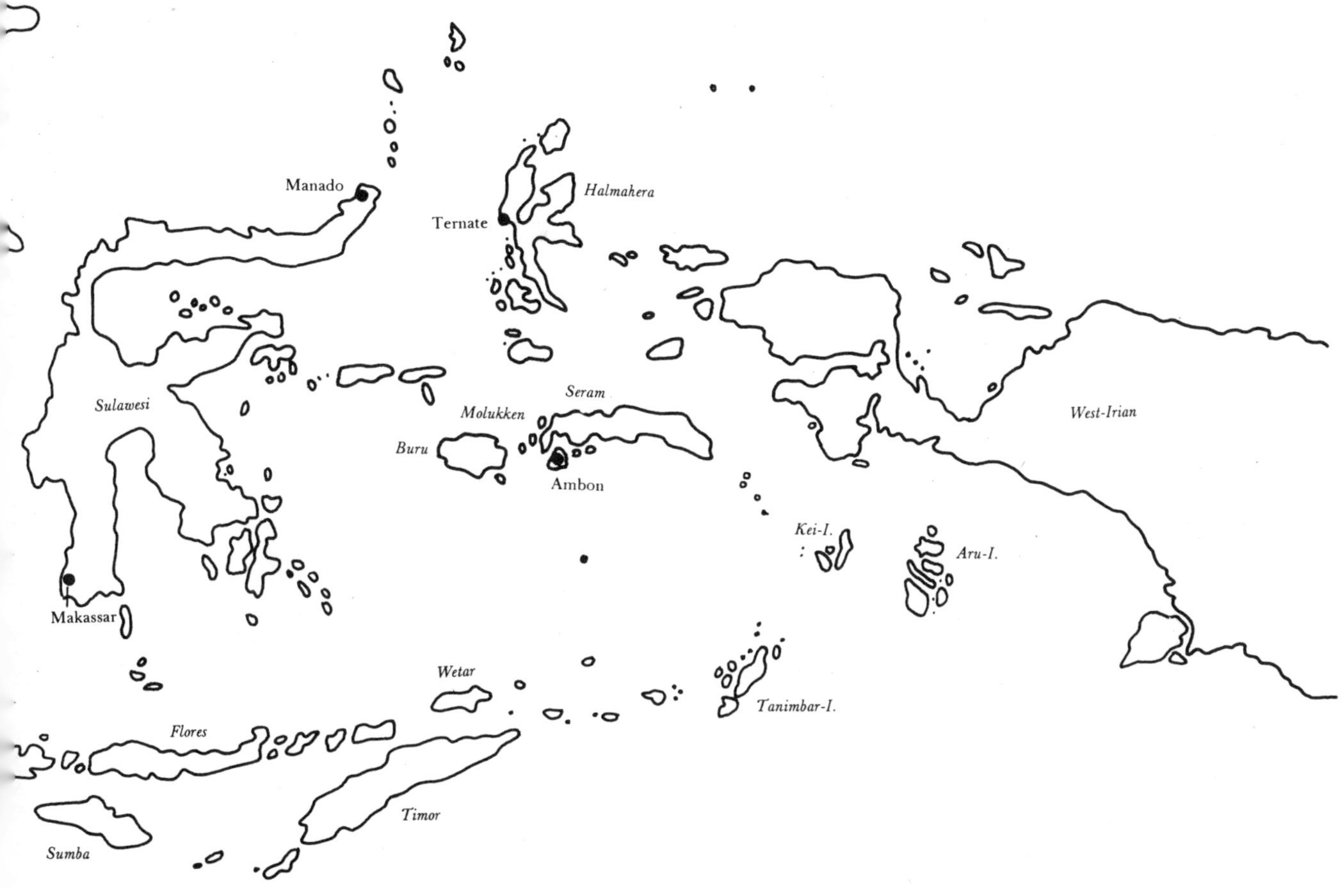

dere Formen des Wayang-Spiels, über die noch zu sprechen sein wird.

Aus der ersten kulturellen Blütezeit Ostjavas im 10. und 11. Jahrhundert stammen auch die ersten überlieferten altjavanischen Sprachdenkmäler, während die Bedeutung des Sanskrit rasch zurückging. Während Erlanggas Regierungszeit entstand die lyrische Versdichtung *Arjuna-Wiwaha*, eine poetische Adaption einiger Episoden des Mahabharata. Darin wird erzählt, wie in Indras Reich wunderschöne Widadari, die javanische Bezeichnung für Apsara, verführerisch tanzen. Im Mittelpunkt dieses Gedichts (Kakawin) steht die Hochzeit des streitbaren Kämpfers Arjuna mit der Widadari Suprabha. Arjuna, ein Sohn Indras, besiegt mit seinen vier Pandawa-Brüdern die feindlichen Korawa.

Aus Erlanggas Zeit stammt auch die Legende von der bösen Witwe *Calonarang*, die mit ihren Zauberkräften Krankheit und Tod über Bali brachte. Im Schattenspiel und im Tanztheater versetzen auch jetzt noch Calonarangs Taten das Publikum in große Erregung. Aus einer altjavanischen Beschreibung[4] geht jedoch hervor, daß manche Tänze damals viel leidenschaftlicher, ungezügelter ausgeführt wurden als in späteren Zeiten. So setzte sich eine von Calonarangs Gehilfinnen auf den Boden, klatschte in die Hände, machte wilde Drehungen, eine zweite, mit offenem Haar, nackt, bewegte sich wie ein angreifender Tiger, eine dritte machte hohe Sprünge, eine weitere tanzte auf Zehenspitzen mit kleinen Sprüngen, noch eine andere, auch nackt, bewegte sich vornübergebeugt, ängstlich um sich schauend, und eine letzte schließlich tanzte mit den Beinen fest aneinandergedrückt, lief plötzlich auf Händen und steckte zitternd ihre Zunge heraus. Ganz offensichtlich handelt es sich hier um exorzistische Hexentänze aus gentilgesellschaftlicher Zeit, die später unter dem Einfluß des klassischen höfischen Tanzes und des Hinduismus vereinheitlicht und stilisiert wurden. Im Calonarang-Tanztheater auf Bali tanzen in jüngerer Zeit nur vier gleich gekleidete Gehilfinnen zwar in magischer Verzückung, aber mit abgezirkelten Bewegungen, rechtwinklig gebeugten Armen, stets drehenden Handbewegungen, trippelnden Schritten, dann wieder mit lebhaften Sprüngen, beschwörend nach unten gerichteten Armen, mal in schnellen Kreisen einander anblickend, dann wieder Rücken an Rücken, aber stets in strenger Linienführung und genau aufeinander abgestimmt.[5] Dieses Beispiel beweist eindeutig, daß ursprünglich magische Stammes- oder Volkstänze durch den Einfluß der klassisch-hinduistischen Tanzkunst in stilisierte Theatertänze umfunktioniert und verwandelt worden sind. Da uns aus älterer Zeit sonst keine solchen Beschreibungen von magischen Tänzen vorliegen, ist bei vielen, heute auf Bali und Java theatralisch-klassisch stilisierten Tänzen der magische Ursprung nur noch zu vermuten, nicht aber exakt nachzuweisen.

Nach Erlanggas Tod spaltete sich sein Reich in die Königreiche *Kediri* (1045–1222) in Zentraljava und *Singhasari* in Ostjava, Bali erhielt seine Selbständigkeit zurück. Unter *Kertanagara* (1268–1292) erreichte das Singhasari-Reich den Höhepunkt seiner Macht, Bali wurde ihm einverleibt. Schon zu Lebzeiten genoß Kertanagara als Shiva/Buddha legendäres Ansehen. An den Höfen (Kraton) beider Königreiche standen die Künste, auch der Tanz, in hoher Blüte, Wayang kulit und Tanztheater wurden ausgiebig praktiziert. Dieses Tanztheater unterschied sich jedoch wesentlich von der Tanzkunst des Srivijaya- und frühen Mataram-Reiches, die uns in den Reliefs des Borobudur und Prambanan deutlich vor Augen geführt wurde. Dieser stark indisch beeinflußte Tanzstil verschwand und machte einer neuen, auf den javanischen Traditionen des Schattenspiels und der Maskenaufzüge beruhenden Tanzkunst Platz. In einer altjavanischen literarischen Quelle, dem *Sumanasantaka* aus dem 12. Jahrhundert, wird zum ersten Mal diese neue Art des Tanztheaters erwähnt, *Wayang wwang*, das von Menschen (wong) mit Masken dargestellte und getanzte Spiel von Episoden aus dem Ramayana und Mahabharata.

Maskentänze sind in vielen Teilen Indonesiens verbreitet. Schon im Jahre 1058 wurden auf einer Palmblattinschrift Aufführungen von Maskentänzen erwähnt. Wie der Dalang im Wayang kulit durch die tanzenden Schatten seiner Puppen längst verstorbene, legendäre, vergöttlichte Persönlichkeiten als im Jenseits Lebende vor den Zuschauern agieren und sprechen läßt, so war das Tragen von Masken bereits in der Gentilgesellschaft ein kultisches Mittel, um Ahnen, Götter, Geister und Dämonen in der sichtbaren Wirklichkeit wiedererscheinen zu lassen. Der Maskentänzer identifiziert sich mit dem von ihm dargestellten überirdischen Wesen, er bricht aus der Gemeinschaft aus und wird selbst Geist oder Dämon. So fungiert er wie der Schamane als Mittler zwischen den Menschen und der jenseitigen Welt. Daher glaubte man, durch Maskentänze auf die Überrealität Einfluß nehmen zu können, sei es, um Tiere im Kampf zu erlegen, um sich vor den unbeherrschbaren Naturgewalten zu schützen, Regen zu erbitten, feindliche Kräfte zu besiegen oder Ahnen günstig zu stimmen. Masken, Maskentänzern und -schnitzern wird daher in manchen Gegenden Indonesiens bis in unsere Zeit eine magische Kraft zugesprochen. Dabei gibt es zwei verschiedene Arten von Masken, solche, die bei gewisser Abstraktion doch der Wirklichkeit entsprechen, wie vor allem Tiermasken, und andere, die bewußt unreal, phantastisch, manchmal auch abscheuerregend gestaltet sind, besonders bei überirdischen bösen Geistern und Dämonen.

Auf Java hat es schon in früher Zeit bei Totenfesten Maskentänze und Maskenaufzüge gegeben, in denen längst verstorbene Ahnen der Trauergemeinde als gegenwärtig anwesend erschienen. Und bei Initiationsriten gehörten Maskenaufzüge zum kultischen Zeremoniell. Derartige größere und kleinere Maskenaufzüge sind in späteren Jahrhunderten zu Volksbelustigungen mit mehr oder weniger magischem Gehalt umfunktioniert worden. Im Gegensatz zu den maskenlosen Tänzen des Srivijaya- und frühen Mataram-Reiches traten nun im Kediri-Königreich Rama, Arjuna, Bhima und andere Helden der hindu-javanischen Mythologie im Wayang wwang mit Masken auf. Damit wurde die alte einheimische Tradition des Volksmaskenspiels in neuer Gestalt, als höfisches Tanztheater, weiterentwickelt. Wayang wwang wurde später *Wayang topeng* (= Maske) genannt, im Unterschied zum Wayang wong, dem Tanztheater maskenloser Darsteller, das vermutlich schon im 14. Jahrhundert in Ostjava unter dem Namen *Raket* oder *Wayang orang* (Menschenspiel) existiert hat, jedoch erst seit dem 18. Jahrhundert in Zentraljava nachgewiesen werden kann. Tatsache bleibt jedoch, daß der Wayang wong aus dem Wayang topeng hervorgegangen ist.

Im Jahre 1292 ging das Singhasari-Reich zugrunde. Als Kertanagara den größten Teil seines Heeres zu einem Eroberungsfeldzug nach Sumatra geschickt hatte, nutzten die Fürsten von Kediri und Madura die Situation, eroberten den kaum beschützten Kraton und ermordeten den Herrscher. *Raden Wijaya* jedoch, ein Heerführer Kertanagaras, konnte entkommen. Anfang 1293 wurde Java von einer großen chinesischen Armee der mongolischen Yüan-Dynastie überfallen. Raden Wijaya machte sich diese Aggression zunutze, um den Fürsten von Kediri zu besiegen, richtete sich dann aber direkt gegen die Invasoren. Es gelang ihm, sie bald wieder zu vertreiben. So wurde Raden Wijaya zum Begründer des mächtigen Hindu-Reiches *Majapahit.* Er und sein Sohn *Jayanagara* (1309–1328) festigten die Macht des Reiches, die unter dem Ersten Minister *Gajah Mada* von 1331 bis zu dessen Tode 1364 und unter dem Fürsten *Hayam Wuruk* (1350–1389) ihre größte Entfaltung erreichte. 1343 unterwarf Majapahit Bali, eroberte 1350 das westjavanische Sunda-Reich *Pajajaran*, dehnte gegen Ende des Jahrhunderts seinen Einfluß über große Teile Sumatras aus und beherrschte auch Küstengebiete Kalimantans, Sulawesis sowie die kleinen Sunda-Inseln Sumbawa, Sumba, den Osten Flores' und den Süden Timors. Damit gelang es Majapahit zum ersten Mal in der Geschichte des Archipels, den größten Teil des heutigen Indonesiens unter seine Herrschaft zu zwingen. Dennoch war dieses Reich noch altorientalischen Charakters und keineswegs ein Einheitsstaat. Das Zentrum lag in Ostjava, verschiedene Provinzen wurden von Gouverneuren verwaltet, eigenständige Fürstentümer erkannten die Oberhoheit Majapahits an und zahlten Tribute, andere wiederum widersetzten sich von Zeit zu Zeit. Und obwohl Bali endgültig unterworfen wurde und die Javanisierung besonders unter Gajah Mada teilweise mit Gewalt durchgesetzt werden mußte, behielt diese kleine Insel ihre kulturelle Eigenständigkeit. Gajah Mada ist als Eroberer in die balinesische Mythologie eingegangen.

Die Könige von Majapahit hielten einen Hofstaat von luxuriöser Repräsentanz. Darüber berichtet der Hofpoet *Prapanca* 1365 in seiner Dichtung *Nagarakertagama.* So kamen an wichtigen Festtagen die Gouverneure und andere Oberhäupter der Provinzen und Distrikte des ganzen Reiches zusammen. Diese Feste erstreckten sich über mehrere Tage, ja Wochen. Daran wirkten Künstler aller Art mit. Dichter, Sänger, Tänzer, Schattentheaterspieler, Bildhauer, Holzschnitzer, Zauberkünstler und Clowns wetteiferten miteinander, dem ganzen Volk die Macht und den Edelmut des von den Göttern Brahma, Vishnu und Shiva gesandten Herrschers zu preisen. Manchmal machten die Majapahit-Könige auch monatelange Reisen in reich verzierten Karossen durch das Land. Dabei wurden sie von ihrem Hofstaat und auch von den Künstlern begleitet. Maskentanzspiele und Schattentheater, Wayang topeng und Wayang kulit, nahmen im höfischen Kunstleben einen zentralen Platz ein.

Außer Episoden der javanisierten indischen Epen Ramayana und Mahabharata gehörten auch Heldengedichte aus der javanischen Geschichte in altjavanischer Kawi-Sprache zu den beliebtesten Sujets der Wayang-Spiele, vor allem ein Zyklus von Geschichten um die Liebe zwischen dem Prinzen *Panji* vom Königreich Janggala und der Prinzessin Candrakirana vom Königreich Kediri (Daha) aus dem 11. Jahrhundert sowie die Erlebnisse *Damarwulans*, des Sohnes eines Gouverneurs Majapahits, der in einem Krieg den bösen Fürsten Menakjingga von Blambangan besiegt, dadurch die Liebe der Prinzessin Anjasmara gewinnt und schließlich König von Majapahit wird. Diese historischen Geschichten von Panji und Damarwulan in der Darstellung verschiedener Formen des Tanz- und Schattentheaters erfreuen sich bis heute großer Popularität.

Schon im Singhasari-Reich, dann aber vor allem in Majapahit wurden die guten Taten und Charaktere bedeutender Prinzen und Könige überirdischen Fähigkeiten zugeschrieben. Nach ihrem Tod konnten diese Herrscher in das Pantheon der Hindu-Gottheiten aufgenommen werden. So gilt Raden Panji nach javanischer Überlieferung als ein Nachfahre Arjunas. Der traditionelle Ahnenkult verschmolz mit dem Hinduismus zu einer mythologischen Einheit.

Das Maskentanztheater erreichte zur Zeit der größten Machtentfaltung Majapahits eine Hochblüte. In der altjavanischen Dichtung *Pararaton* wird erwähnt, daß der bedeutendste Majapahit-Herrscher, Hayam Wuruk, selbst ein hervorragender Maskentänzer war, zu seinen Lieblingsrollen gehörten der König Klana, Rivale des Prinzen Panji, und der Clown Peret, eine charakteristische Figur in vielen Tanzspielen. Die im javanischen Tanztheater so wichtigen Spaßmacher, die in freier Improvisation witzige Anspielungen auf das Leben im Dorf und aktuelle politische Ereignisse machen, sind auf alte gentilgesellschaftliche Traditionen der Initiationsriten zurückzuführen.

Auf Bali ist *Gambuh* die wohl älteste, im Süden der Insel bis in die Gegenwart überlieferte Form des Tanztheaters. Das Spiel beginnt um neun Uhr abends, dauert bis zum Morgengrauen, und zwar eine Woche lang. Darin sind die altjavanische Sprache, die Kostüme und Bewegungen des Tanztheaters der ostjavanischen Höfe des 14. Jahrhunderts bewahrt geblieben. Gambuh wird mit großem Glanz, einem umfangreichen Aufgebot an despotischen Herrschern, zauberhaften Prinzessinnen und Prinzen, ihrem Gefolge und ihren Heerscharen aufgeführt. Die Handlungen beschränken sich auf Episoden legendärer Ereignisse aus der javanischen Geschichte, auch aus dem Panji-Zyklus. Im Mittelpunkt stehen vielfältige höfische Tänze, die oft nur geringe Beziehung zur Handlung haben, aber jede der auftretenden fürstlichen Persönlichkeiten weist einen eigenen Bewegungsduktus auf.

Zur Zeit Majapahits entstand auch die Zusammenstellung von Musikinstrumenten zu ganzen Orchestern. Das Wort *Gamelan* wird zum ersten Mal 1365 im Nagarakertagama erwähnt. Während auf den Borobudur-Reliefs nur kleine Gruppen von Spielern verschiedener Instrumente – Oboen, Flöten, Doppeltrompeten, mit oder ohne Plektrum gespielte Lauten, Stabzithern, Trommeln, kleine Becken und Gongs – abgebildet sind, besteht ein Gamelan-Orchester überwiegend aus Idiophonen – großen Gongs, serienweise angeordneten kleineren Gongs, Metallophonen, Xylophonen – und nur einer Flöte (suling) sowie dem zweisaitigen Streichinstrument Rebab, insgesamt etwa zwanzig bis fünfundzwanzig Instrumenten. An den Kraton des 19. Jahrhunderts gab es sogar Prachtgamelans mit bis zu fünfundsiebzig Instrumenten. Vermutlich wurden die Maskentanzspiele und Schattenspiele am Hofe Majapahits bereits von größeren Gamelan-Orchestern begleitet. Man unterschied damals zwei Gamelan-Typen, das stark, forte musizierende Gamelan für Aufführungen vor großem Auditorium im Freien und das leise, piano spielende Gamelan in kleineren Räumen. Erst im 16. Jahrhundert wurden beide Typen zu einem Orchester vereinigt. Noch heute wird das Forte- und Pianospiel neben längeren oder kürzeren Crescendi und Decrescendi im Gamelan deutlich unterschieden.

Zweifellos hat das Gamelan-Spiel in dem großen Kesselgong der Dongson-Kultur einen wichtigen Vorläufer gehabt. Das Metallhandwerk war in Indonesien schon frühzeitig entwickelt. Die Herstellung ganzer Serien von kleinen oder großen Gongs und Metallplatten in den beiden Tonsystemen Slendro und Pelog aus Bronze, einer Legierung von Kupfer und Zinn im Verhältnis zehn zu drei, erforderte jedoch eine noch weitaus vollkommenere Metallbearbeitung.

Daß auch die Baukunst zur Zeit Majapahits einen selbständigen Charakter trug, zeigen die Überreste zahlreicher Tempel in Ostjava und Bali. An dem monumentalen Tempelkomplex *Panataran* befinden sich 93 kleinere Reliefs mit Szenen aus dem Ramayana. Diese im Vergleich zum Borobudur flachen Reliefs weisen deutlich eine Verwandtschaft zu den Figuren des Wayang kulit auf (Abb. 19).

Leider sind die schriftlichen und bildlichen Zeugnisse über das kulturelle Leben jener Zeit sehr lückenhaft, so daß wir uns von der Pflege des Tanzes kein umfassendes Bild machen können. Die Dorfgemeinden hatten auch im Majapahit-Reich ihren Charakter der asiatischen Produktionsweise mit althergebrachter Rechtsprechung bewahrt und trotz der Hinduisierung ihre traditionellen, regional und ethnisch recht unterschiedlichen Riten und Gebräuche mit Tanz und Musik beibehalten und weiterentwickelt. Die herrschende Klasse mit dem gottgleichen König oder Fürsten an der Spitze gliederte sich in eine differenzierte Schicht von Provinzgouverneuren, abhängigen kleineren Fürsten, Heerführern, Beamten und Priestern. Vor allem in den Küstenstädten entwickelte sich jedoch neben dieser Aristokratie eine breite Schicht von Kaufleuten, Schiffseigentümern, Handwerkern und vielen Ausländern. Es ist anzunehmen, daß nicht nur im Kraton der Majapahit-Herrscher, sondern auch an den Höfen anderer Könige, in den Häusern mancher Provinzgouverneure und großen Kaufleute sowie in der breiten Öffentlichkeit der Städte und Dörfer das beliebte Schattenspiel, das Maskentanzspiel und verschiedene Arten der Volksbelustigung mit Tanz, Gesang und Musik vielfältig ausgeübt wurden. Es steht außer Frage, daß es viele Berufstänzerinnen, Ronggeng, an den Höfen, bei den großen Tempeln und ganze Gruppen von weiblichen und männlichen Tänzern, Musikern, Schauspielern, Spaßmachern und Akrobaten in Städten und Dörfern gegeben hat. Die Verquickung des an den Höfen und Tempeln entwickelten klassischen Tanzes vor allem auf Java und Bali mit den vielfältigen Volkstanztraditionen war wohl bereits damals weit fortgeschritten. Anzunehmen ist auch, daß bei diesem Umwandlungsprozeß viele ursprünglich gentile Tanzgebräuche und -formen abgewandelt worden oder ganz verlorengegangen sind.

Seit Beginn des 15. Jahrhunderts begann Majapahits Reich zu zerbröckeln. Der Luxus des Hofstaates erforderte höhere Abgaben, Steuern und Tribute der Vasallen, die sie wieder auf die Bauern abwälzten. Es kam zu Bauernaufständen, zahlreiche regionale oder örtliche Machthaber machten sich selbständig. Vor allem in den Küstengebieten entstanden neue Zentren wirtschaftlicher und politischer Macht. Der Überseehandel entwikkelte sich vom Warenaustausch mit Indien und China zu einem verstärkten Export einheimischer Erzeugnisse, vor allem der über Ägypten bis nach Europa sehr begehrten Gewürze. Auf der malaiischen Halbinsel erwuchs Malakka zu einem blühenden Handelszentrum, das der malaiischen Sprache und Literatur starken Auftrieb verlieh. An den Nordküsten Sumatras und Javas errangen zahlreiche Hafenstädte ihre Unabhängigkeit, und in Zentraljava erstand in dem Fürstentum *Demak* dem Hindu-Reich Majapahit ein gefährlicher Widersacher. Vom zunehmenden Handel profitierten auch die Makassaren und Buginesen im südlichen Sulawesi, und durch den Pfefferanbau erhielten zum ersten Mal die Molukken-Inseln Ternate und Tidore im Osten Indonesiens einen hohen wirtschaftlichen Rang.

Mit der Zunahme des Handels verbreitete sich der *Islam.* Schon der Venezianer Marco Polo, der auf der Rückreise von China 1292 auch in Nordsumatra anlegte, berichtete über den blühenden Handel in den Küstenstädten Sumatras und bezeugte, daß zahlreiche Fürsten dieses Gebietes zum muslimischen Glauben übergetreten waren. Von Indien aus über das mächtige Malakka und Nordsumatra setzte sich der Islam entlang der Handelswege bis zu den kleinen Sunda-Inseln und den Molukken durch. Auch die Herrscher des zentraljavanischen Fürstentums Demak gingen zum Islam über, einer von ihnen proklamierte sich im 15. Jahrhundert sogar zum Sultan.

Im Gegensatz zum mythenreichen Hinduismus fanden nach den arabischen und indischen Kaufleuten auch die indonesischen Händler, Schiffsunternehmer und die vom Handel profitierenden Fürsten bei ihrer auf die Steigerung der Profite orientierten Lebenshaltung im Islam ihre adäquate Ideologie. Die Einfachheit des islamischen Dogmas und seiner Riten begünstigte seine rasche Verbreitung. Entsprechend der asketischen Lebenshaltung bot der Islam keine Möglichkeit sinnenfreudiger Götterverehrung. Er vertrat vielmehr das strikte Verbot, den einzigen Gott Allah bildlich darzustellen oder auch lebende Wesen, Tiere wie Menschen, nachzubilden.

Als der Islam im 14. und 15. Jahrhundert auf dem indonesischen Archipel zur vorherrschenden Glaubenslehre wurde, bedeutete dies das Ende des nahezu tausendjährigen hindu-javanischen Zeitalters. Die Macht Majapahits beschränkte sich immer mehr auf das Landesinnere Ostjavas, bis die muslimischen Fürsten unter der Führung des Herrschers von Demak um 1527 das einst so mächtige Hindu-Reich stürzten. Viele gläubige Hinduisten, vor allem Dichter, Tänzer, Musiker und Kunsthandwerker, wanderten nach dem Osten, nach

Bali, aus. Da diese kleine Insel keinen bedeutenden Hafen hat, für den Handel unergiebig blieb und der Anbau von Pfeffer und anderen Gewürzen sich nicht lohnte, hatte dort auch der Islam so gut wie gar keinen Einfluß. So wurde Bali zu einer Zufluchtsstätte der hinduistischen Kultur, ihres Tanzes, ihrer Musik und ihres Kunsthandwerks. Und dennoch, wie in Indien die islamischen Eroberer, die dort anfänglich als fanatische Bilderstürmer auftraten, von den Eroberten kulturell erobert wurden, so hatte der Hinduismus mit seiner synkretistischen Verquickung mit einheimischen Glaubenslehren, Sitten und Gebräuchen auch auf Java so tiefe Wurzeln geschlagen, daß die klassische hindu-javanische Kunst, besonders die verschiedenen Arten des Theaters mit Tanz und Gamelan-Musik, von den regionalen Fürsten trotz ihres muslimischen Glaubens wie in Städten und Dörfern weiterhin gepflegt wurde.

Obwohl das Fürstentum Demak zeitweilig die Oberhoheit über weite Gebiete Javas erlangte und auch das westjavanische Hindu-Königreich *Banten* eroberte, konnte es seine Macht nicht lange behaupten. Um die Mitte des 16. Jahrhunderts existierten mehrere kleine, einander bekämpfende Fürstentümer, bis ein Heerführer des Reiches Pajang um 1577 in Kuta Gede unweit des heutigen Yogyakarta eine neue Residenz errichtete und das neue islamische *Mataram*-Reich in Zentraljava begründete, das unter dem Herrscher Senapati (1584–1601) unabhängig wurde, zahlreiche kleinere Fürstentümer unterwarf und schließlich unter dem mächtigen Sultan *Agung* (1613–1645) die Vorherrschaft über fast ganz Zentral- und Ostjava erlangte.

Die Islamisierung Javas und die Überwindung der staatlichen Zersplitterung durch das Mataram-Reich, dessen politische und militärische Macht sich auf das Innere der Insel konzentrierte, wurde durch die Bedrohung eines ganz neuen gemeinschaftlichen Feindes enorm beschleunigt: Die *Portugiesen* hatten 1511 das mächtige Malakka erobert, im Osten des indonesischen Archipels die politische Oberhoheit über die Molukken-Inseln Ternate und Tidore errungen, um in den Besitz der gewinnbringenden Gewürze zu gelangen, und sie bemühten sich ständig, ihre Positionen auszubauen. Auch die *Spanier* faßten in den Molukken Fuß. Portugiesen und Spanier verbündeten sich mit einheimischen Fürsten, konkurrierten aber heftig miteinander. Mit aggressivem Missionseifer versuchten sie, die Bevölkerung in den von ihnen beherrschten Gebieten zu christianisieren. Das erweckte zusätzlich die Widerstandskraft in den islamischen Fürstentümern. Auf Sumatra widersetzten sich die Sultanate Aceh und Johore allen Expansionsversuchen der Portugiesen von Malakka aus. Und auch auf Java hatten die iberischen Kolonisatoren keine Chancen.

Portugiesen und Spanier mußten jedoch bald vor den *Niederländern* weichen. Seit der Unabhängigkeitserklärung der nördlichen Niederlande von Spanien 1581 und dem Untergang der spanischen Armada 1588 nahm auch der Einfluß Spaniens in Indonesien rapide ab, während sich die Portugiesen nur im Osten der Insel Timor und bis Mitte des 17. Jahrhunderts auf der Halbinsel Malakka behaupten konnten. 1596 landete die erste niederländische Flotte im westjavanischen Hafen Banten. In den folgenden Jahren drangen die Niederländer an verschiedenen anderen Orten vor, 1605 vertrieben sie die Engländer von der Molukken-Insel Ambon. Schritt für Schritt rissen sie durch Gewalt, durch das Ausspielen der Gegensätze zwischen einheimischen Fürstentümern, durch Betrug, Bestechung und die Ausrottung ganzer Volksstämme die Macht über die wichtigsten Gebiete des gesamten Archipels an sich. Verschiedene niederländische Handelsgesellschaften verbündeten sich 1602 zur *Vereinigten Ostindischen Kompanie (VOC)*, die faktisch das Handelsmonopol des ganzen Gebietes errang.

Nachdem die Niederländer 1619 den heftigen Widerstand des Mataram-Reiches gebrochen, die Hafenstadt Jayakarta erobert und zerstört hatten, gründete Jan Pieterszoon Coen an der gleichen Stelle die Stadt Batavia als zentralen Stützpunkt und Sitz der VOC. Erst nach einer Reihe grausamer Raubzüge konnte die Gegenwehr des mächtigen Sultans Agung von Mataram überwunden werden. Sein Nachfolger *Amangkurat I.* (1646–1677) schloß 1646 einen Friedensvertrag mit dem niederländischen Gouverneur, in dem Mataram die VOC und Batavia als Kolonialzentrum, die Niederländer aber gleichzeitig die Existenz Matarams und seines Hofes anerkennen mußten. Mataram knüpfte bewußt an die indonesischen Traditionen der Staaten altorientalischen Charakters an und erwarb sich wegen seines Kampfes gegen die europäischen Eindringlinge eine hohe Autorität auch bei den Fürsten in Südsumatra und im südlichen Kalimantan.

Das *Banten*-Reich wehrte sich ebenfalls heftig gegen die Kolonialisten, die durch eine jahrelange Blockade dieses westjavanische Fürstentum in die Knie zwingen wollten. Banten war nämlich ein wichtiges Handelszentrum besonders für den dort angebauten Pfeffer, an dessen Export die VOC sehr interessiert war. Auch mit Banten schlossen die Niederländer 1645 einen Friedensvertrag ab, dennoch gelangte dieses Königreich unter Sultan *Ageng* (1651–1682) wegen seiner lukrativen Handelsbeziehungen zu beträchtlicher ökonomischer und politischer Macht, die bis nach Südsumatra reichte. 1641 eroberten die Niederländer den zuvor stärksten Stützpunkt der Portugiesen, die Malakka-Halbinsel. Das Sultanat Aceh in Nordsumatra widersetzte sich heftig, so daß die Niederländer es ebenfalls respektieren mußten. Nachdem sie auch das unabhängige Sultanat Makassar auf Sulawesi überwältigt hatten, gelang es ihnen trotz der erbitterten Aufstände in Zentraljava unter *Surapati*, ihre Macht am Ende des 17. Jahrhunderts mit militärischer Gewalt und Intrigen zu stabilisieren. Dennoch gab es beträchtliche Gebiete, die ihrem Einfluß entzogen blieben wie Aceh im Norden Sumatras und Bali.

Die grausamen Kolonialkriege des 16. und 17. Jahrhunderts und der Haß gegen die fremdländischen Eroberer förderten in hohem Maße das Bewußtsein der eigenen Identität und die Pflege der traditionsreichen einheimischen Kultur. Die Kraton der Fürstentümer Demak, Pajang und Mataram in Zentral- und Ostjava sowie die Königreiche Banten und Cirebon in Westjava waren Zentren ausgedehnter professioneller künstlerischer Aktivitäten, besonders auf den Gebieten des Theaters, des Tanzes und der Musik. Das wiederum stimulierte die künstlerischen Tätigkeiten in den Städten und Dörfern.

Aus dem 17. Jahrhundert stammen nun auch die ersten javanischen Chroniken (Babad) und niederländischen Quellen mit etwas ausführlicheren Berichten über den Tanz am Hofe Matarams. So bezeugt Rijklof van Goens, ein Vertreter der VOC, daß vor dem Susuhunan (= Herrscher) Amangkurat I. und seinem Gefolge an jedem Sonnabend Tanzvorführungen stattfanden. Zum ersten Mal werden hier Tänze genannt, die bis in die Gegenwart erhalten geblieben sind: die Mädchentänze Bedaya und Serimpi, die Männertänze Beksan und Wireng sowie Badut, ein komischer Männertanz mit Maske.

Als *Bedaya* und *Serimpi* bezeichnete man sowohl die professionellen Hoftänzerinnen als auch die von ihnen ausgeführten unterschiedlichen Tänze. Schon zu Sultan Agungs Zeit, also vor 1645, entstand der von neun jungen Mädchen ausgeführte *Bedaya Ketawang*, ein äußerst verfeinerter Tanz der Königin der Südsee, Ratu Rara Kidul, vor dem Sultan Agung. Die späteren Mataram-Fürsten propagierten diese Legende besonders, wenn ein Krieg drohte, denn man war davon überzeugt, daß die mächtigen Heerscharen der Südseekönigin Mataram zu Hilfe kommen würden. So wollten sie der Bevölkerung ihres Reiches Mut machen und die Gegner einschüchtern.[6] Der Bedaya Ketawang wurde nur zu besonderen Gelegenheiten ausgeführt, etwa bei der Krönung eines neuen Königs oder wenn das Reich in Gefahr war. Im Kraton von Surakarta (Solo) wurde dieser Tanz später wie ein Heiligtum verehrt.

Der *Serimpi* wird von vier jungen Mädchen getanzt. In äußerst beherrschten, langsamen Bewegungen stellen je zwei von ihnen einen weiblichen Krieger dar. Wie im Bedaya entstanden in der Folgezeit mehrere Varianten des Serimpi.

Beksan und *Wireng* sind kraftvolle Kampftänze der Männer. Sie gehen zweifellos auf die schon auf Borobudur-Reliefs nachgewiesene Tradition tanzender Krieger zurück. Auch komische Einlagen, wie der Maskentanz *Badut*, waren bereits unter dem Majapahit-Fürsten Hayam Wuruk sehr beliebt. Sicherlich waren auch die alten Maskentanzspiele in Mataram verbreitet.

Veränderungen im kolonialen Wirtschaftssystem, wie die zunehmenden Mengen zu produzierender und transportierender landwirtschaftlicher Erzeugnisse und die Einführung neuer Kulturen, vor allem des Kaffees im Südwesten Javas, zwangen die VOC, die einheimischen Regenten und den Adel durch Druck und Korruption mehr in ihre Machtstruktur einzubeziehen. Die immer höher geschraubten Forderungen der Niederländer wurden von den javanischen Herrschern in Form von Zwangslieferungen, Tributen und Steuern auf die Bauern abgewälzt. So nutzten sie den patriarchalisch-autoritären Charakter ihrer Staatsmacht schamlos aus.

1706 gelang es den Kolonialisten, die Aufständischen unter Surapati grausam zu unterdrücken und sich die Herrscher Matarams immer gefügiger zu machen. Schwere Auseinandersetzungen um die Thronfolge schwächten deren Position noch mehr, so daß das einst mächtige Reich 1743 vertraglich auf einen Binnenstaat ohne Zugang zum Meer begrenzt und 1755 in die beiden »Fürstenländer« Yogyakarta und Surakarta geteilt wurde. Bald darauf spaltete sich von Surakarta das kleinere Königreich Mangkunegoron ab. Der Sultan von Banten war nach heftigen militärischen Auseinandersetzungen mit den Niederländern gezwungen, sich ganz der VOC zu unterwerfen. Dem Herrscher des kleinen Königreiches Cirebon blieb ebenfalls keine andere Wahl.

Trotz ihrer äußerst beschränkten Macht bemühten sich die Fürsten dieser fünf kleinen Reiche, ihr Ansehen als angestammte Herrscher des Landes aufrechtzuerhalten. Sie führten ihr höfisch-repräsentatives Hofleben fort und weiteten es sogar aus. So wird berichtet, daß am Hofe von Surakarta 1755 nicht weniger als sieben Gruppen von je neun Bedaya-Tänzerinnen, also dreiundsechzig, existierten.[7] Dem ersten Herrscher von Yogyakarta, Sultan *Hamengku Buwono I.*, wird die Entstehung des *Wayang wong* zugeschrieben, das nicht mehr von maskierten, sondern nur von stark geschminkten Tänzer-Schauspielern ausgeführt wurde.

Wayang wong (= Mensch) entwickelte sich rasch zur vorherrschenden Gattung des javanischen Tanztheaters. Das an den Höfen der Königreiche Kediri, Singhasari und Majapahit entwickelte Maskentanzspiel Wayang topeng hatte sich inzwischen in Städten und Dörfern mit den vorhinduistischen Maskenaufzügen vermengt und große Popularität erlangt. Dem ersten Wayang-wong-Spiel in Yogyakarta, *Gandawardaya*, liegt eine Episode aus dem Mahabharata zugrunde. Kurz darauf kreierte *Mangkunegoro I.*, der erste Fürst des kleinen Mangkunegoron-Reiches, in Surakarta das erste maskenlose Tanztheaterspiel *Wijanarka*, ebenfalls auf ein Sujet aus dem Mahabharata. In diesen Wayang-wong-Spielen sprachen die Tänzer-Schauspieler ihre Texte selbst, außerdem fungierte ein vor dem Gamelan-Orchester sitzender Dalang als Erzähler und Dirigent.

Die Teilung Matarams in die Fürstentümer Yogyakarta und Surakarta führte trotz weitgehender Übereinstimmung in der theatralischen Darstellungsweise zu gewissen Varianten, die als *Yogyakarta-* und *Surakarta-Stile* unterschieden werden. Und obwohl beide Stile Zentraljavas starken Einfluß auf die Tanzkunst an den Fürstenhöfen Banten und Cirebon ausübten, entwickelten Wayang topeng und Wayang wong in Westjava einen eigenen, den *Sunda-Stil.*

Am Ende des 18. Jahrhunderts vollzogen sich große weltpolitische Veränderungen. Die Niederländer verloren ihre Vormachtstellung als Handelsnation, Großbritannien entwickelte das industrielle Kapital, vernichtete im britisch-niederländischen Krieg 1780–1783 einen großen Teil der niederländischen Flotte und eroberte die meisten niederländischen Stützpunkte in Indonesien außerhalb Javas. 1799 wurde die VOC aufgelöst, da sie als Handelsorganisation den neuen Anforderungen an eine Kolonialmacht nicht mehr entsprechen konnte. Als die Niederlande nach der Französischen Revolution von Frankreich besetzt und von 1810 bis 1814 dem Reich Napoleons einverleibt wurden, nutzten die Briten diese Situation aus, um 1811 auch Java zu erobern. Nach Napoleons Sturz wurde auf dem Wiener Kongreß 1815 die Bildung des Königreiches der Niederlande neu festgelegt und durch die Londoner Konvention 1814 die Rückgabe des ehemaligen niederländischen Kolonialbesitzes in Indonesien verfügt.

Der britische Gouverneur Thomas Raffles setzte sich energisch für eine straffe Kolonialherrschaft ein, entmachtete die einheimischen Fürsten, löste das Sultanat Banten auf, ließ den Kraton von Yogyakarta stürmen, den Kronschatz plündern, spaltete von diesem Fürstentum das kleine Königreich Pakualaman ab, so daß nun in Zentraljava vier Fürstenländer existierten, und schränkte auch das Gebiet und die Befugnisse Surakartas ein. Größte Schwierigkeiten rief die Einführung einer Grundabgabe hervor, die im Widerspruch zu der traditionellen asiatischen Produktionsweise des Landes stand. Gleichzeitig aber legte Raffles den Grundstein zur vielseitigen wissenschaftlichen Erforschung Javas.

Als die Niederländer 1816 die Macht in Indonesien wieder übernahmen und neue Verwaltungsformen einführten, wurden sie mit antikolonialen Aufständen konfrontiert. In Palembang, im westsumatranischen Minangkabau und in Westkalimantan kam es zu schweren Auseinandersetzungen. Der große javanische Volksaufstand 1825–1830 unter dem Prinzen *Diponegoro* konnte zwar blutig unterdrückt werden, Diponegoro aber wurde zum Symbol nationalen Selbstbewußtseins und antikolonialen Widerstandes. Nur das Sultanat Aceh in Nordsumatra konnte eine gewisse Selbständigkeit bewahren. Ebenso blieben niederländische Expeditionen nach Bali, Lombok, Kalimantan und Sulawesi sehr lange ohne wesentliche Resultate.

Die niederländische Kolonialpolitik konzentrierte sich vor allem auf Java. Die Niederwerfung von Aufständen ging einher mit immer härteren Methoden der kolonialen Ausplünderung. Die Erträge des Zwangsanbausystems, die steigenden Abgaben der Bauern, die zunehmenden Profite der Zinn- und Kohlegewinnung in Bangka, Belitung, Mittelsumatra und Ostkalimantan brachten den Niederländern immense Einkünfte.

Unter diesen Bedingungen erhielt die kontinuierliche Weiterentwicklung der kulturellen Traditionen eine wachsende Bedeutung zur Festigung des nationalen Selbstvertrauens und auch des Widerstandswillens. Neben dem Sieg des Guten über die Mächte des Bösen in den theatralischen Darstellungen des Ramayana und Mahabharata nahmen die mythologisierten Sujets aus der eigenen Geschichte einen wichtigen Platz in den verschiedenen Arten des Tanztheaters und Schattenspiels an den Fürstenhöfen in Yogyakarta und Surakarta wie auch im Volkstheater ein. So wurde im *Bedaya Bedah Madiun* die Unterdrückung einer Rebellion des Regenten von Madiun durch das Mataram-Reich in perfektionierter Stilisierung auf die Bühne gebracht. Die Heldentaten Damarwulans aus dem Majapahit-Reich bildeten das Sujet einer neuen Form des Wayang wong, des *Langen driya*, in dem die Texte von den Tänzer-Schauspielern nicht mehr gesprochen, sondern gesungen werden. In Surakarta wurde der Langen driya nur von Mädchen getanzt.

Die Konzentration der ökonomischen und politischen Macht auf Java hatte zur Folge, daß wir aus javanischen und niederländischen Quellen bis ins 19. Jahrhundert beinahe ausschließlich über die Tanzkunst Javas informiert sind, während über die künstlerischen Aktivitäten etwa an den Höfen in Aceh, Palembang, in Südsulawesi und Kalimantan bisher so gut wie gar keine Berichte vorliegen. Gewiß war der Einfluß der javanischen Tanzkunst nicht gering. Unbeeinflußt vom Islam und vom Kolonialismus konnte sich die eigenständige Variante der hindu-javanischen Kunst nach wie vor ungebrochen nur auf Bali bis in unsere Zeit weiter entfalten.

Unter dem Einfluß liberaler Politiker in Holland wurde das Zwangsanbausystem in den kolonialen Gebieten schrittweise gelockert. Eine neue Agrargesetzgebung im Jahre 1870 unterschied deutlich zwischen Landgebieten, die von Indonesiern bebaut wurden, vor allem also den seit Urzeiten bestehenden Dorfgemeinschaften, und Regierungsdomänen, in denen sich das Plantagensystem als bedeutendstes Mittel der Ausbeutung entwickelte. Während in den Dorfgemeinschaften das einheimische Adat-System als Rechtsgrundlage und die traditionellen kulturellen Anschauungen und Praktiken bestehen blieben, wurden auf den Zucker-, Tee-, Kaffee-, Tabak- und anderen Plantagen meist ortsfremde »Kontraktkulis« als Lohnarbeiter eingestellt. Indonesiens Bedeutung als Rohstofflieferant an Kohle, Zinn, anderen Erzen und seit 1890 auch Erdöl nahm stark zu. Das Privatkapital errang eine vorherrschende Position, die durch den Übergang zu monopolkapitalistischen Ausbeutungsformen noch mehr gestärkt wurde. Die Kolonialmacht bemühte sich nun, möglichst alle Inseln des Archipels zu besetzen und zu beherrschen. Große Teile von Sumatra, Kalimantan, Sulawesi und viele kleinere Inseln wurden okkupiert. Einheimische Herrscher, Fürsten, Dorfälteste und Stammeshäuptlinge mußten sich dem massiven Druck der Eindringlinge fügen. Aber es gab auch außerordentlich ungestümen und zähen Widerstand, vor allem in Aceh, wo von 1873 bis zur Kapitulation des Sultans im Jahre 1903, danach aber noch weitere zehn Jahre lang in einem für die Holländer zermürbenden Guerillakrieg äußerst hartnäckig gekämpft wurde. Als die niederländischen Streitkräfte 1908 die Fürstentümer Badung und Klungkung auf Bali unterwerfen wollten, zogen die Herrscher, deren Familienangehörige und viele Gefolgsleute den Tod einer demütigenden Ergebung vor. Mit äußerster Gewalt und unter schrecklichen Opfern machten sich die Niederländer das gesamte Inselreich, jetzt unter imperialistischen Bedingungen, untertan.

Die wachsende koloniale Ausbeutung, die dadurch bedingte Verschlimmerung der Lebensbedingungen für den weitaus größten Teil der Bevölkerung und die Zunahme komplizierter Klassengegensätze bewirkten seit dem Ende des 19. Jahrhunderts das Entstehen und rasche Wachsen einer *nationalen Befreiungsbewegung*, deren Träger zunächst der relativ kleinen Gruppe einer jungen Intelligenz entstammten. Unter dem Einfluß des japanischen Sieges über das zaristische Rußland, der russischen Revolution 1905, der chinesischen Revolution 1911–1913, des Voranschreitens der indischen Unabhängigkeitsbewegung, dann aber vor allem der Großen Sozialistischen Oktoberrevolution 1917 formierten sich in Indonesien die verschiedensten nationalen Organisationen: 1905 die erste Gewerkschaft der Eisenbahner, 1908 die bürgerliche Reformbewegung Budi Utomo (Edles Streben), 1911 die Vereinigung islamischer Kaufleute, die sich rasch zu einer nationalen Massenorganisation ausweitete, 1914 die Indische Sozialdemokratische Vereinigung und schließlich 1920 die Kommunistische Partei Indonesiens (PKI). Die Kolonialregierung zog alle Register zur Unterdrückung dieser Befreiungsbewegung von den verschiedensten Versuchen der Spaltung und Korrumpierung bis zur blutigen Niederschlagung des von der PKI geförderten nationalen Aufstandes 1926 auf Java, in Teilen Sumatras und Kalimantans.

Nach der Zerschlagung der PKI gründete der junge Ingenieur *Sukarno* die Nationale Partei Indonesiens (PNI), die er zu einem Sammelbecken der drei ideologischen Hauptrichtungen, des Islam, des bürgerlichen Nationalismus und des Marxismus, machen wollte. Sukarno und andere Führer der Befreiungsbewegung wurden viele Jahre lang inhaftiert, trotzdem breitete sie sich bei dem zunehmenden Elend während der kapitalistischen Weltwirtschaftskrise und trotz drakonischer Unterdrückungsmaßnahmen weiter aus, bis Indonesien 1941 von Japan besetzt wurde. Erst als Japan nach der Zerschlagung des Hitlerfaschismus und den Atombombenabwürfen auf Hiroshima und Nagasaki kurz vor der Kapitulation stand, konnte am 17. August 1945 die Unabhängigkeit Indonesiens durch Sukarno und Hatta verkündet werden.

Die nahezu ein halbes Jahrhundert währende Befreiungsbewegung bewirkte in der Bevölkerung des Archipels ein rasch anwachsendes Nationalbewußtsein. Seit Beginn der zwanziger Jahre setzte sich die Bezeichnung Indonesien für das gesamte Gebiet durch, doch die niederländische Regierung behielt auch nach 1940 den längst überholten Begriff Niederländisch-Indien bei. Die malaiische Sprache entwickelte sich als Bahasa Indonesia zu einem einigenden Kommunikationsmittel. Seit etwa 1920 erblühte vor allem im realistischen Roman eine eigenständige indonesische Literatur. Auch die Maler und Bildhauer besonders auf Java und Bali bemühten sich um eine unverwechselbar nationale Kunst.

Die Tanzkunst Indonesiens erlebte ebenfalls einen großen Aufschwung. An den Fürstenhöfen in Yogyakarta und Surakarta wurde die klassische Tanzkunst in höchster Perfektion fortgeführt. Neben dem traditionellen Wayang wong und dem Langen driya hatte Prinz *Danureja VII.* von Yogyakarta schon vor der Jahrhundertwende den *Langen mandra wanara* geschaffen, eine spezielle Form des Tanztheaters mit Gesang auf Sujets aus dem Ramayana, speziell die Episoden des Affenkönigs Sugriwa und seines Heerführers Hanuman (wanara = Affe). In Städten und Dörfern entstand daneben eine beträchtliche Anzahl von Tanzgruppen, die den Wayang wong verbreiteten.

Der Sultan *Hamengku Buwono XVIII.* von Yogyakarta förderte diese Bewegung, indem er seine beiden Brüder, die Prinzen *Suryadiningrat* und *Tejakusuma*, bei der Gründung der ersten Vereinigung javanischer Tänzer, *Krida Beksa Wirama*, im August 1918 unterstützte. Ziel dieses Verbandes war es, den klassischen javanischen Tanz aus der Isolierung bei Hofe zu lösen und weiten Kreisen der Bevölkerung zugänglich zu machen. Auch der schon seit dem 18. Jahrhundert sehr populäre Wayang topeng gelangte durch die pädagogischen Aktivitäten dieses Verbandes auf ein höheres künstlerisches Niveau. Die bahnbrechenden Leistungen dieser beiden Prinzen wurden im Jahre 1961 durch die Verleihung der höchsten Auszeichnung der Republik Indonesien gewürdigt.

Eine weitere Art des Tanztheaters, *Ketoprak*, 1908 von *Raden Mas Wreksadiningrat* in Surakarta initiiert, wurde innerhalb sehr kurzer Zeit außerordentlich populär. Anfänglich nur von einem Stock (lesung) zum Stampfen des Reises oder einem Bambusinstrument rhythmisch begleitet, war der Ketoprak ein Spiel, in dem der Gesang und der Dialog javanischer Prosa im Mittelpunkt standen. Bald jedoch entwickelte er sich zu einem volkstümlichen Tanztheater mit Gamelan-Begleitung.

Die Sujets stammten vorwiegend aus der javanischen Geschichte, teils auch aus den Volksepen. Die Heldentaten Arjunas, Damarwulans und vieler anderer legendärer Gestalten, die tiefe menschliche Liebe vor allem der beliebten Figuren aus dem Panji-Zyklus, dargestellt in den verschiedenen Formen des Tanztheaters und des überaus beliebten Schattenspiels, trugen in hohem Maße dazu bei, das nationale Selbstbewußtsein, den Stolz auf die eigene Vergangenheit zu stärken und die Bestrebungen der Befreiungsbewegung zu fördern.

Mit der Gründung des *Java-Instituuts* 1919, das sich um die Erforschung, Förderung und Weiterentwicklung der javanischen, balinesischen und maduresischen Kunst bemühte, gelangte auch die Volkskunst zu höherem Ansehen. Während bis zum Beginn unseres Jahrhunderts nur Fürsten und Prinzen als Schöpfer neuer Tänze und neuer Formen des Tanztheaters in die Geschichte eingegangen sind, erscheinen nun auch einzelne herausragende Persönlichkeiten des indonesischen Tanzes als Neuerer. So schuf der junge Tänzer *I Mario* bei einem Gamelan-Wettbewerb 1915 auf Bali den Solotanz *Kebyar*, der bald von seinem Schüler *Gusti Rakar* variiert wurde. Und von Holland aus machte der javanische Tänzer *Raden Mas Jodjana* seit dem Ende der zwanziger Jahre den klassischen indonesischen Tanz in Europa bekannt.

Außer zahlreichen Artikeln in Fachzeitschriften erschienen dann in den dreißiger Jahren eine Reihe von Büchern, deren Autoren die indonesische Tanzkunst gründlich studiert hatten. Hier seien als wichtigste nur genannt: De Javaansche Danskunst von Th. B. van Lelyveld, Amsterdam 1931; Javaansche Volksvertoningen von Th. Pigeaud, Batavia 1938; Island of Bali von Miguel Covarrubias, New York 1937; Dance and Drama in Bali von Beryl de Zoete und Walter Spies, London 1938; Dance Quest in Celebes von Claire Holt, Paris 1939. Vor allem der deutsche Maler Walter Spies, der von 1923 bis zu seinem Tode beim Untergang eines japanischen Internierungsschiffes 1942 vorwiegend auf Bali lebte, hat in vielfältiger Weise dazu beigetragen, den indonesischen Künsten, auch dem Tanz, weltweite Anerkennung zu verschaffen. Er war auch maßgeblicher Berater des Tonfilms »Insel der Dämonen«, der seit 1931 in vielen Ländern Aufsehen erregte.

Mit der Errichtung der Republik Indonesien 1945 entstand eine völlig neue Situation, die auch der Tanzkunst neue Entwicklungsmöglichkeiten bot. Allerdings mußte sich der junge Staat zunächst einer Invasion der Briten, dann zweier als »Polizeiaktion« deklarierten Kolonialkriege der Niederländer und einer Aufspaltung des Archipels in eine Förderation mehrerer staatlicher Einheiten erwehren. Der starke Widerstand des Volkes, eine große internationale Protestbewegung und Resolutionen der UNO zwangen die reaktionären Kräfte jedoch zum Rückzug, so daß 1950 die Republik Indonesien als einheitlicher Staat unter Sukarnos Leitung konstituiert werden konnte. Auch innenpolitisch waren die ersten Jahre von schweren Kämpfen gekennzeichnet. Zwar wurde schon 1945 das Allindonesische Gewerkschaftszentrum (SOBSI) gegründet, doch waren die linken Kräfte trotz aller Bemühungen der PKI noch zersplittert. Eine schwere Provokation der bürgerlichen Rechten veranlaßte die Führung der PKI, 1947 in Madiun einen Aufstand zu unterstützen, bei dessen Niederschlagung hunderte Kommunisten den Tod fanden und zehntausende inhaftiert wurden. Es dauerte mehrere Jahre, ehe sich die PKI und die linken Kräfte von diesem Aderlaß erholten.

Erst in den fünfziger Jahren konnten die nationale Unabhängigkeit und das internationale Ansehen Indonesiens soweit gefestigt werden, daß 1955 in Bandung die Konferenz von 29 Staaten Asiens und Afrikas gegen Imperialismus und Kolonialismus stattfand, von der starke progressive Impulse ausgingen. Sukarno und die Nationalpartei (PNI) erstrebten mit Unterstützung der PKI durch die Zusammenarbeit aller Klassen und Schichten des Volkes eine »gerechte und wohlhabende Gesellschaft« auf der Grundlage einer Bewältigung der komplizierten ökonomischen Probleme. Das mußte sich auf die Dauer als eine kleinbürgerliche Illusion erweisen, denn die Klassengegensätze zwischen den früher mit den Kolonialisten verbundenen rechten Kräften, der neuen Beamten- und Handelsbürokratie, der riesigen Bauernschaft und der immer noch relativ kleinen Arbeiterklasse spitzten sich immer mehr zu. Konterrevolutionäre Militärputsche auf Sumatra und Sulawesi, der Terror orthodox-islamischer Kräfte, die einen theokratischen Staat anstrebten, und der Kampf um das widerrechtlich von den Niederlanden besetzte Westirian verhinderten eine Konsolidierung der Wirtschaft. Seit 1963 belasteten die Konfrontationspolitik gegen das benachbarte Malaysia, die steigenden Verteidigungsausgaben und zunehmende Korruption die wirtschaftliche Lage noch mehr. Durch die vom imperialistischen Ausland gesteuerte ökonomische Destabilisierung und die wachsende Inflation verschlechterte sich die Lage der Bevölkerung. Dem enorm gestiegenen Ansehen der PKI, die sich immer mehr dem Einfluß der chinesischen Partei Mao Zedongs verschrieb, widersetzten sich rechts orientierte Militärs, besonders des Heeres, die nach dem mißglückten Putsch des Oberstleutnants Untung am 1. Oktober 1965 die Macht an sich rissen, Sukarno entmachteten und einen unvorstellbar grausamen Terror entfachten, dem viele Hunderttausende fortschrittlicher Menschen, vor allem Kommunisten, zum Opfer fielen.[8]

Mit der Zerschlagung der PKI, der Ausschaltung der anderen demokratischen Kräfte und dem Verbot ihrer Kulturorganisationen verfolgte die neue Militärdiktatur unter der Leitung des Generals *Suharto* mit massiver Unterstützung des ausländischen Monopolkapitals eine staatskapitalistische Entwicklung. Das allmählich zunehmende Wirtschaftswachstum bei sinkender Inflationsrate vertiefte den Gegensatz zwischen arm und reich, führte aber keineswegs zu einer politischen Stabilisierung. Unruhen bei verschiedenen Schichten der Bevölkerung von der Intelligenz über die muslimische Geistlichkeit und sogar die Armee bis zur Arbeiterklasse beantwortete die Militärregierung mit Repressalien und einer verstärkten Kontrolle aller Gebiete des gesellschaftlichen Lebens. Außenpolitisch änderte das militärbürokratische Regime als Mitglied der Vereinigung südostasiatischer Staaten (ASEAN) seinen proimperialistischen Kurs nach der vernichtenden Niederlage der USA in Vietnam zugunsten einer behutsamen Verbesserung der Beziehungen zu den sozialistischen Staaten. Dieser Prozeß setzt sich bis zum heutigen Tage fort.

In diese widerspruchsvolle Entwicklung sind nun auch die Veränderungen der Künste eingebunden. Seit dem Beginn der Augustrevolution 1945 erfaßte eine gewaltige Welle des Nationalstolzes, des Selbstbewußtseins und der zukunftsgewissen Lebensfreude breite Massen der Bevölkerung. Die Künstler sahen sich vor die Aufgabe gestellt, die vielfältigen eigenen Traditionen zu bewahren, den neuen Gegebenheiten anzupassen und Neues zu entwickeln. In den fünfziger und Anfang der sechziger Jahre erlebten die Künste einen gewaltigen Aufschwung: In Romanen, Kurzgeschichten, in Lyrik und Schauspielen standen die komplizierten Probleme der Überwindung des Kolonialismus und die Bewältigung der Kriegs- und Revolutionserlebnisse im Vordergrund, die Maler behandelten vor allem Themen des Kampfes um die nationale Unabhängigkeit und bemühten sich um eine eigenständige indonesische Kunst, überall schossen Volkstanzgruppen, Chöre, Angklung- und Gamelan-Orchester wie Pilze aus dem Boden, zahllose Tanzschulen wurden gegründet. Die Kulturorganisationen der PKI, LEKRA (Lembaga Kebudayaan Rakyat, Institut für Volkskultur), und der PNI, LKN (Lembaga Kebudayaan Nasional, Institut für Nationalkultur), förderten diesen kulturellen Aufschwung durch die Gründung von Laiengruppen in vielen Landesteilen, die Organisierung von zentralen und regionalen Kongressen, Ausbildungskursen und Wettbewerben. Es entstanden sehr viele neue Tänze, Lieder, Musiken, in denen der Elan der indonesischen Revolution und die neue, jugendfrische Lebensfreude künstlerische Gestalt gewannen. Große Verbreitung fanden Arbeitstänze, darunter ein Bauerntanz, in dem das Säen, Pflanzen, Ernten und Stampfen des Reises stilisiert dargestellt wurde, ein Fischertanz, ein Webertanz, ein Tanz der Teepflückerinnen, ferner ein Pfauen- und ein Schmetterlingstanz und viele andere. Ältere Volkstänze wurden umfunktioniert, so entstand aus dem traditionellen Kampftanz Pendet ein zeremonieller Begrüßungstanz. Einige junge Tanzensembles entwickelten neue Tänze und Tanzsuiten, in denen sie Elemente von Volks- und klassischen Tänzen, teils auch im Agitprop-Charakter, verarbeiteten, um dem neuen revolutionären Lebensgefühl Ausdruck zu verleihen. Viele dieser neuen Tänze wurden von Laiengruppen aus allen Landesteilen während eines nationalen Bauernkongresses im Juli 1965 in Jakarta aufgeführt. Der Staatsstreich der Militärs und die darauf folgende Hexenjagd bereitete dieser breiten Bewegung zur Entwicklung einer neuen Volkskultur ein jähes Ende. Die LEKRA und LKN wurden verboten, viele fortschrittliche Berufs- und Laienkünstler ermordet oder auf die KZ-Insel Buru verbannt. In den darauf folgenden Jahren überschwemmte die amerikanische Vergnügungsindustrie auch den indonesischen Archipel.

Die 1918 gegründete Krida Beksa Wirama entfaltete in den fünfziger Jahren eine große Aktivität zur Verbreitung des klassischen Tanzes. 1963 wurde außerdem in Yogyakarta eine Indonesische Tanzakademie gegründet, deren Leitung der erfahrene Tänzer und Tanzpädagoge *Soedarsono*, ein Enkel des Prinzen Suryadiningrat, übernahm. Die Tanzakademie widmet sich der Weiterentwicklung und Popularisierung aller Arten und Genres der klassischen Tanzkunst. Auf Bali entstand eine Abteilung dieser Akademie, die sich speziell um die Weiterführung der balinesischen Tanztraditionen bemüht.

Zu den wichtigsten Neuerungen gehörte seit Beginn der sechziger Jahre die Umwandlung des Wayang wong, des gesungenen und gesprochenen Tanzdramas, in große *Sendratari*, eine Abkürzung von Seni = Kunst, Drama = Schauspiel und Tari = Tanz, also künstlerisches Tanztheater. Im Gegensatz zum Wayang wong, in dem meist nur Episoden aus klassischen Epen sowie aus der javanischen und balinesischen Geschichte gestaltet sind, werden in den Sendratari diese vielgestaltigen Sujets in verkürzter, komprimierter Weise ohne gesprochene Dialoge aufgeführt. So wurde seit 1961 in dem Sendratari *Ramayana* in der Choreographie von *Kusumo Kesawa* die Haupthandlung dieses Epos an vier Abenden zusammengefaßt. Die Aufführungen finden seit dieser Zeit in einem Amphitheater innerhalb des Prambanan-Tempelkomplexes jeweils bei Vollmond während der Monate Juni bis Oktober statt. Ähnlich werden im ostjavanischen Pandaan-Amphitheater der Sendratari *Wilwatikta* mit Sujets des Damarwulan und anderen ostjavanischen Helden dargeboten. Ferner entstanden viele andere Tanztheaterspiele, so der Sendratari *Gajah Mada* nach einem historischen Ereignis des Majapahit-Reiches, der Sendratari *Jakatarub* auf eine Legende des Mataram-Reiches oder der Sendratari *Diponegoro* auf den Helden des antikolonialistischen Aufstandes des 19. Jahrhunderts.

Diese und andere neue Tanzspiele waren zunächst nur für die einheimische Bevölkerung und gerade anwesende ausländische Gäste bestimmt. Als jedoch seit dem Ende der sechziger Jahre mit der proimperialistischen Politik des Militärregimes dem ausländischen Tourismus Tür und Tor geöffnet wurde, entwickelten sich diese Tanzvorführungen zu Attraktionen für Besucher aus Japan, Australien, Amerika und Westeuropa. In vielen neuen Hotels, die allenthalben emporwuchsen, stellen größere und kleinere Tanzgruppen den Touristen die verschiedensten klassischen Tänze vor. Bei der zunehmenden Arbeitslosigkeit bedeutet das für viele Tänzerinnen, Tänzer und Musikanten eine willkommene Einnahmequelle, andererseits bewirkt die Rücksichtnahme auf die Bedürfnisse der Touristen ein Absinken der künstlerischen Qualität. So kommt es vor, daß ein ganzes Ramayana-Tanzspiel bis auf eine, ja sogar eine halbe Stunde verkürzt wird. Daß dabei die Vielgestaltigkeit der Tänze und die Charakterisierungskunst der Tänzer auf der Strecke bleiben müssen, liegt klar auf der Hand.

Zahlreiche traditionsbewußte Choreographen und Tänzer, vor allem die Pädagogen und Choreographen der Tanzakademie, bemühen sich nach Kräften, diesem künstlerischen Verfall entgegenzuwirken. Drei große professionelle Ensembles auf Java pflegen die traditionelle Kunst des Wayang wong mit Gesang und gesprochenem Wort auf hohem Niveau: Wayang wong *Sriwedari* in Surakarta, Wayang wong *Ngesti Pandawa* in Semarang und Wayang wong *Cipta Kawedar* in Malang. Außer in ihren Heimatstädten geben sie häufig Gastspiele in anderen Landesteilen. Auch andere Einrichtungen, wie das Kulturzentrum *Taman Ismail Marzuki* in Jakarta mit dem Choreographen *Kusumo Sardono*, fühlen sich der Weiterführung der nationalen Traditionen verpflichtet.

Da die Regierung nur relativ wenig Mittel zur Förderung der Künste zur Verfügung stellt, ist es im Gegensatz zu zahlreichen anderen, ehemals kolonialen Nationalstaaten Asiens und Afrikas bisher noch nicht gelungen, ein zentrales indonesisches Tanzensemble zu formieren, das den ganzen Reichtum der Tanzkunst des Landes im Ausland repräsentieren könnte. Nur wenigen kleineren javanischen und balinesischen Gruppen war es bislang möglich, auf Gastspielreisen auch in Europa und Amerika von der unerschöpflichen Vielfalt und Schönheit der indonesischen Tanzkunst zu künden.

Anmerkungen

1 Reimar Schefold: Spielzeug für die Seelen, Kunst und Kultur der Mentawai-Inseln. Zürich 1980, S. 14 f.

2 W. F. Wertheim: Indonesian Society in Transition. 2. überarbeitete Auflage, Den Haag 1956, S. 53

3 Clara B. Pink-Wilpert: Das indonesische Schattentheater. Baden-Baden 1976, S. 9

4 Calong-arang, aus dem Altjavanischen übersetzt von Dr. R. Ng. Purbatjaraka, in Bijdragen tot de Land-, Taal- en Volkenkunde van Nederlandsch Indie, Teil 82, 1, Den Haag 1926

5 Beryl de Zoete und Walter Spies: Dance and Drama in Bali. London 1938, S. 119

6 Soedarsono: Dances in Indonesia. Jakarta 1974, S. 30 f.

7 Soedarsono a. a. O. S. 31

8 Neue Erkenntnisse über die Vorbereitungen und die Durchführung dieser schrecklichen Ereignisse in W. F. Wertheim: Indonesie, De Waarheid omtrent 1965. Amsterdam 1985

II

Stammes- und Volkstänze

Während es in Indien möglich ist, dank vielfältiger systematischer Forschungen einen Einblick in den Tanz zahlreicher ethnischer Gruppen und Stämme zu gewinnen, die noch bis in die jüngste Vergangenheit in urgesellschaftlichen Verhältnissen lebten, so daß gewisse Verbindungen zwischen diesen urtümlichen Sitten, Gebräuchen und Tänzen zu einigen auf viel höherer gesellschaftlicher Entwicklung entstandenen klassischen Tanzstilen – vor allem des Kathakali in Kerala – aufgedeckt werden konnten, ist ein solcher Nachweis in Indonesien nur schwer zu erbringen. Das hat verschiedene Gründe. Seit den zwanziger Jahren haben sich zwar Tanzforscher und Musikwissenschaftler eingehend mit dem klassischen Tanz auf Java und Bali beschäftigt, aber über die Tänze der vielen kleinen und kleinsten ethnischen Einheiten in abgelegenen Gebieten sind wir ausschließlich durch die mehr oder weniger konkreten Beschreibungen einzelner Ethnologen, Linguisten, Kunst- und Musikwissenschaftler, Missionare oder europäischer Reisender informiert. Ein Institut zur Erforschung der Kulturen und speziell des Tanzes der vielen Stämme und Völkerschaften des Archipels existiert in Indonesien noch nicht. Das ist besonders bedauerlich, weil ein beträchtlicher Teil dieser Volkskulturen bereits durch die Islamisierung und Christianisierung, in den letzten Dezennien jedoch vor allem durch die Überschwemmung auch abgeschiedener Gebiete der großen Inseln und abseits gelegener kleiner Inseln mit einer Pseudokultur amerikanischer Herkunft stark zurückgedrängt oder bereits völlig vernichtet worden ist. So berichtete der hervorragende niederländische Musikforscher Jaap Kunst schon 1946, daß auf der westlich von Sumatra gelegenen Insel Nias die »Rheinische Mission« traditionelle Tänze ausgerottet hat, weil sie die Ausführung dieser Tänze mit dem Ausschluß vom heiligen Abendmahl bestrafte.[1] Und jetzt interessiert sich besonders die Jugend vieler Gebiete mehr für Pop- und Rockmusik, für Radioapparate, Kassettenrecorder und Jeans als für die angestammten Traditionen ihrer Vorfahren.

Aufgrund der veränderten gesellschaftlichen Verhältnisse sind außerdem viele Stammestänze ihrer ursprünglich magischen Funktion mehr oder weniger entkleidet und zu geselligen Volkstänzen umfunktioniert worden. Andererseits sind vor allem auf Bali in zahlreiche alte Stammestänze Elemente der höfisch-klassischen Tanzkunst eingeflossen. Daher können bei vielen noch heute gebräuchlichen Tänzen anhand ihrer gesellschaftlichen Funktionen, Inhalte und Formen zwar gewisse Rückschlüsse auf ihre frühere Bedeutung gezogen werden, historische Beweise gibt es jedoch kaum.

Trotzdem ist die tänzerische Volkskultur Indonesiens auch gegenwärtig noch so reich und vielfältig, daß ihre Erschließung als Teil der Tanzkultur der Welt dringend erforderlich ist. Wir können uns hier nur auf bereits vorhandene Zeugnisse und Beschreibungen sowie persönliche Beobachtungen stützen.

Tänze der Jagdmagie, des Regenzaubers, zur Saat und Ernte

Sowohl für die Altmelanesier, die Negritos und Weddoiden als auch für die aus dem Norden eingewanderten Protomalayen, also die ältesten Einwohner des Archipels, waren außer dem Sammeln von Pflanzen und Wurzeln das Jagen und Fischen die Haupttätigkeiten zur Erhaltung des Lebens. Zeremonien mit Gesang und Tanz vor oder nach der Jagd und Fischertänze sind daher bei den Völkerschaften Indonesiens sehr verbreitet.

Ein charakteristisches Beispiel der Jagdmagie ist der *Kondo buleng* (der weiße Reiher) eines von den Bajo herkommenden Volksstammes in Südsulawesi. Obwohl sie zum Islam bekehrt worden sind, pflegen sie noch ihre uralten megalithischen Kulte, indem sie den Geistern auf steinernen Altären ihre Opfer darbieten. Sie ernähren sich von Vögeln, Schildkröten, Fischen und treiben Piraterie auf See. Der Kondo buleng wird von zwei Männern ausgeführt, einem Jäger mit langem Stock und einem Tänzer als Reiher, der mit einem langen Tuch um die Schultern weite Flügelbewegungen macht und mit einem zweiten Tuch, das, an zwei langen am Nacken des Tänzers befestigten Bambusstangen hängend, den Kopf des Vogels mit langem Schnabel darstellt. Der Jäger verfolgt den Vogel hinkenden Schrittes, der Reiher läuft ruhig, schaut ruckartig nach links und rechts, schlägt mit den Flügeln und bleibt ab und zu stehen. Jäger und Vogel umkreisen einander mehrmals, der Jäger schießt, trifft aber nicht, der Reiher entflieht. Beim zweiten Mal trifft der Jäger, der Vogel fällt, der Jäger schneidet ihm mit Sägebewegungen den Hals, einen Flügel und ein Bein ab, da erhebt sich der Vogel von neuem, der Jäger geht erschreckt ab, der Vogel folgt ihm mit kurzen, steifen Bewegungen. Claire Holt schrieb schon 1939, daß die Umstehenden die ganze Tanzszene belustigt betrachteten.[2] Es handelt sich also offensichtlich um ein zum Volkstanz abgewandeltes Relikt einer uralten Jagdmagie. In ähnlicher Weise, jedoch nicht ins Komische verfremdet, tanzen die Kayan-Dayak in Zentralkalimantan eine Wildschweinjagd, der das Tier darstellende Tänzer trägt eine holzgeschnitzte Schweinsmaske. Wie alle anderen Zeremonien der Jagdmagie sind auch diese beiden Tänze sehr bildhaft gestaltet.

Das gilt auch für Fischer- und Rudertänze, die bei vielen an den Küsten siedelnden Stämmen und Völkerschaften gebräuchlich sind. So tanzen auf den Kei-Inseln sechs junge Männer den *Bebeen wingwud* mit Ruderbewegungen, sie halten Ausschau nach einer geeigneten Fangstelle, stechen einen Fisch, ziehen ihn zu sich herauf, rudern weiter und singen dabei. In einem anderen Rudertanz dient ein aus Bambusstöcken und Kokospalmwedeln gefertigtes Gestell als Boot in natürlicher Größe, einige Männer führen mit verzierten Riemen rhythmische Ruderbewegungen aus, einer wirft eine Harpune aus, als ob er einen Fisch fängt, andere tanzen in Hüpfschritten um das Boot herum.[3] An der Südwestküste Westirians gibt es ähnliche Rudertänze. Die Bajo-Seenomaden in Südsulawesi tanzen den *Mappuka* (puka = Fischnetz): Sechs Männer, in zwei Reihen nebeneinander, führen in Hockstellung Ruderbewegungen aus und hüpfen jedesmal ein Stückchen nach vorn, dann werfen sie ihre Netze aus, ziehen sie wieder ein und rudern weiter. Zwei Faßtrommeln (Gendang), ein kleiner Gong und eine Oboe (Pui-pui) begleiten diese Tanzpantomime ohne Requisiten.

Zu den ältesten überlieferten Tanzzeremonien Indonesiens gehören auch der Regenzauber und zahllose Rituale zur Aussaat und Ernte des Reises. Schon bei den Protomalayen gehörten diese Tätigkeiten zu den lebenswichtigen Verrichtungen. Es gibt einige Hinweise, daß in diesem Zusammenhang Traditionen der alten Dongson-Kultur bis in unsere Zeit wirksam geblieben sind. So wurde auf der nördlich von Timor gelegenen Insel Alor ein sanduhrförmiger Kesselgong bei getanzten Ritualen in der Trockenzeit zur Herbeiführung des Regens verwendet.

Auf der kleinen, Osttimor vorgelagerten Insel Ataúra gibt es sehr lebhafte, von Männern und Frauen in Gruppen von sechs oder zwölf ausgeführte Tänze bei der Saat und Ernte des Reises zur Begleitung von Gongs und Trommeln. Dabei tragen Musiker und Tänzer einen hohen Federkopfschmuck, ähnlich wie die tanzenden Figuren auf Kesselgongs aus der Dongson-Zeit (Abb. 1). Auf den Tanimbar-Inseln formieren sich Männer und Frauen tanzend zum Rotang-Tauziehen: Wenn die Frauen gewinnnen, sei Regen zu erwarten, denn die Frau gilt als Symbol der Fruchtbarkeit. Auch im Süden der Insel Nias gibt es Tänze des Regenzaubers mit Gong- und Trommelbegleitung, den bei den meisten protomalayischen Stämmen gebräuchlichen Instrumenten. Dem Klang des Gong wird die Kraft der Vertreibung unheilbringender Geister zugeschrieben; die Trommel gilt als lebenerzeugendes Instrument.[4]

Um eine gute Ernte zu erwirken, werden bei einigen Dayak-Stämmen in Zentralkalimantan, besonders den Kayan und Bahau, während der Festtage anläßlich der Reissaat böse Geister in Maskentänzen beschworen. Abschreckende Dämonenmasken tragende Männer und Frauen tanzen mit stampfenden Schritten und heftigen Schüttelbewegungen, bis sie von einem Haupttänzer mit einem langen Stock zusammengetrieben und abgeführt werden. Die Masken der männlichen Geister haben große Augen, gewaltige Hauer, mit Pantherzähnen verzierte Ohren, einen Bart aus Ziegenhaaren oder Fasern von Ananasblättern und tragen auf dem Kopf lange Fasanen- und Nashornvogelfedern. Der Unterkiefer der Maske kann vom Tänzer bewegt werden, so daß ein rhythmisches Zähneklappern entsteht (Abb. 20),[5] ähnlich der Barong-Maske auf Bali.

Vor der Reissaat tanzen aber auch Dayak-Mädchen ohne Maske den *Gong*. Wie der Baum gilt der Gong bei den Dayak als Symbol des Lebens. Mit langen Federn in den Händen und auf dem Kopf tanzt ein Mädchen in festlicher Kleidung zunächst nur auf einem Gong stehend, einige andere tanzen um sie herum, bis sie mit zierlichen Kopf-, Hand- und flexiblen Rumpfbewegungen die Reisgöttin ehren (Abb. 21). Bei einigen Dayak-Stämmen wird dieser Tanz auch ohne Gong ausgeführt (Abb. 22).

Bei den später eingewanderten Malayen in Südkalimantan ist zur Reisernte der Volkstanz *Gantar* gebräuchlich, an dessen ursprünglich magische Funktion als Dank an die Götter nur noch ein Büffelopfer erinnert, das bis vor einigen Jahrzehnten nach diesem Tanz dargebracht wurde.[6] Der Gantar wird von Frauen und Männern in Paaren getanzt. Sie tragen mit Reis gefüllte Bambusschalen, dadurch entsteht bei jedem Schritt ein eigenartiges rhythmisches Geräusch. Die Musikbegleitung beschränkt sich sonst auf ein Streichinstrument, in letzter Zeit wird auch manchmal ein Akkordeon oder sogar Klavier verwendet.

Auch auf Sulawesi gibt es verschiedene Tänze des Regenzaubers, zur Saat und Ernte. Die Toraja im zentralen Bergland pflegen noch alte getanzte Riten zur Abwehr der Dürre, aber bei vielen Zeremonien nach der Reisernte und vor der neuen Saat sind ursprünglich magische Beschwörungen zu recht simplen Volkstänzen abgewandelt worden. So bilden im *Manimbong*-Tanz mehrere Männer mit großen Federbüschen auf dem Kopf eine Reihe, die linke Hand auf der Schulter des Nebenmannes ruhend, in der rechten bewegen sie flache, mit Stoffstreifen verzierte Hüte in verschiedenen Richtungen. Mit einfachen Schritten tanzend, singen sie ein Erntelied. Im Süden Sulawesis vollführen junge Makassaren den Rundtanz *Pakarena*, Jungen und Mädchen unabhängig voneinander. Im *Pakarena banrangan* tanzen junge Männer mit einem stark nach innen gedrehten Fuß; in der rechten Hand tragen sie eine Lanze, mit der sie das Stampfen des Reises und das Graben des Bodens versinnbildlichen. Im Unterschied zu den Jagdtänzen ist dies einer der wenigen älteren Reistänze mit nachgebildeten Arbeitsbewegungen. Bei den Minahasa in Nordsulawesi ist der *Maengket*-Tanz sehr beliebt, ursprünglich ein magisches Dankritual junger Mädchen und Jungen nach guter Ernte. Jetzt ist daraus ein lebhafter Werbetanz geworden: Erst in Kreisform, dann in Reihen nähern sich die Jungen, Hand in Hand tanzend, den Mädchen (Abb. 23), schließlich legt jeder Junge einem Mädchen ein großes Taschentuch um deren Schultern; wird der Junge abgewiesen, wirft das Mädchen das Tuch ab, läßt sie es auf ihrer Schulter, bezeugt sie damit ihre Gunst.

Auch in anderen Teilen Indonesiens gibt es Tänze zur Saat und Ernte, deren magische Funktion jedoch verlorenging. So war der berühmte *Tari piring*, der Kerzen- oder Tellertanz der Minangkabau in Zentralsumatra, ursprünglich ein heiterer Erntetanz, der bei nächtlichen Zeremonien zu Ehren der Reisgötter ausgeführt wurde: Eine Reihe von Frauen, auf den Handflächen Teller und auf dem Kopf hohe Schalen mit brennenden Kerzen tragend, bewegt sich mit zierlichen Schritten und kleinen Sprüngen, dabei die Teller geschickt auf und ab, hin und her, über- und untereinander führend, ohne die Kerzen ausgehen zu lassen (Abb. 24). Bei den Minangkabau herrschte noch lange das Matriarchat, daher war dieser Erntedanktanz den Frauen vorbehalten. Erst vor wenigen Jahrzehnten ist daraus ein fröhlicher Geschicklichkeitstanz geworden, in dem mit den

Tellern, häufig auch ohne Kerzen, geradezu akrobatisch jongliert wird. Jetzt wird dieser Tanz entweder nur von Männern oder von Frauen und einem Mann ausgeführt. Dennoch ist der ursprünglich zeremonielle Charakter des Tellertanzes in einer Variante im südlichen Zentralsumatra bis in die Gegenwart erhalten geblieben: Mit zwei Tellern geschwind jonglierende junge Männer tanzen auf bloßen Füßen so lange auf glühenden Kohlen, bis das Feuer verlöscht.

Auf Bali konnten Beryl de Zoete und Walter Spies, die in den zwanziger und dreißiger Jahren die Tanzkunst dieser Insel sorgfältig erforschten, nur einen Tanz entdecken, der wohl von alten Ritualen bei der Reisproduktion abgeleitet ist, den *Joged bungbung.*[7] Sechs Frauen oder sechs Männer imitieren mit langen Bambusstangen das Stampfen des Reises in recht differenzierten Rhythmen und tanzen dabei. Hinzu kommen zwei festlich gekleidete junge Mädchen und vier etwas ältere Frauen, die in fließenden Bewegungen des klassischen Stils träumerisch vor den Reisstampfern hin und her tanzen. Hier sind offenbar zwei verschiedene Tänze zu einem Volkstanz verschmolzen, der Tanz stilisierter Arbeit mit einem neueren Volkstanz im klassischen Legong-Stil, dem Joged, einem vielgestaltigen Werbetanz unverheirateter Mädchen, die sich aus den umstehenden jungen Männern abwechselnd Partner aussuchen.

Tänze der Geisterbeschwörung, des Exorzismus und Fruchtbarkeitszaubers

Der Animismus ist in Indonesien bis heute weit verbreitet. Obwohl die verschiedenen ethnischen Gruppen, Stämme und Völkerschaften oft voneinander abweichende Vorstellungen von den die ganze Natur und Umwelt beherrschenden Geistern haben, so sind sie doch fast alle davon überzeugt, daß Meere, Seen und Flüsse, Vulkane, Höhlen, Bäume, Wälder, der Himmel, die Luft, die unsichtbare Unterwelt, ja auch Tiere, Pflanzen, der Reis, von ihnen selbst gebaute Tempel und Wohnhütten wie auch Masken und Musikinstrumente von unsichtbaren guten Geistern und bösen Dämonen beherrscht werden. Aus der Verschiedenartigkeit ihrer Vorstellungswelten ergeben sich die Unterschiede der Rituale mit den dazugehörigen Tänzen.

Selbstverständlich ist auch der Grad dieser Überzeugungen ungleich, er ist noch stärker entwickelt in den von der Islamisierung, Christianisierung und der modernen Zivilisation am wenigsten betroffenen Gebieten wie in Westirian, den Zentralgebieten Sulawesis, Kalimantans und Sumatras sowie kleineren Inseln wie Mentawai, vor allem aber auf Bali. Trotz aller Veränderungen in den vergangenen Jahrzehnten haben sich jedoch auch auf Java und in den entwickelten Küstengebieten anderer Inseln viele dieser alten Vorstellungen in Gestalt von kunstgewerblichen Gegenständen, Masken, Wayang-Spielen, Volkstänzen, festlichen Gebräuchen und auch im Aberglauben erhalten.

Um böse Geister zu wehren, gute herbeizurufen, Einfluß zu nehmen auf die von unsichtbaren Wesen erfüllte Natur und Umwelt, braucht der Mensch magische Erfahrungen und übersinnliche Kräfte. Dieses auf langer Tradition beruhende »Wissen« wird *Ngèlmu* genannt, und die Menschen, die solches Wissen in einem oft jahrelangen Eremitendasein mit Fasten, Meditationen und dem Erlernen von althergebrachten Ritualen, Sprüchen und Tänzen erworben haben und fähig sind, sich selbst in einen Trancezustand zu versetzen, also Medizinmänner, Schamanen, aber auch junge Tänzerinnen, werden in vielen Gegenden Indonesiens *Dukun* genannt, es können sowohl Männer wie Frauen sein. Von Fürsten, Prinzen, Mitgliedern alter adliger Familien und Priestern wurde als selbstverständlich angenommen, daß sie Ngèlmu besitzen. Wohl auch um diesen Glauben immer wieder von neuem zu bestätigen, haben die einheimischen Fürsten traditionelle Sitten und Gebräuche, vor allem die Beherrschung der klassischen Tanzkunst kultiviert.

Zur Beschwörung der Geister benutzen die Schamanen vielfach Zauberstäbe. Bei den Batak in Nordsumatra dienen solche, am oberen Ende mit allerlei geschnitzten Tier- und Menschenfiguren verzierte Zauberstäbe verschiedenen Zwecken, zum Regenzauber, zu Prophezeiungen, Beschwörungen gegen Epidemien und zu zahlreichen anderen Ritualen. Bei Weissagungen gehört der Tanz des Priesters (bei den Batak *Datu* genannt) mit dem Zauberstab zum Höhepunkt eines umständlichen Rituals. Er tanzt in Trance auf dem Dorfplatz um ein deutlich markiertes magisches Rechteck und wirft den Stab in die Mitte, wo ein Hühnerei vergraben wurde. Trifft er das Ei, so bedeutet das ein günstiges Vorzeichen, verfehlt er es, ist ein Unglück zu erwarten.[8] An der Nordküste Westirians werden mit ähnlichen Zauberstäben und -speeren während der Tänze die Rhythmen geschlagen.

Zauberkraft wurde auf den Molukken einem langen Bambusstab in dem magischen Tanz *Bambu gila* (der verrückte Bambus) zugesprochen. Sechs bis zehn Männer halten den hohlen Stab zwischen Unter- und Oberarm fest, ein Schamane spricht Beschwörungsformeln, bläst Weihrauch und spuckt Ingwer in den Hohlraum, mischt sich mit einem Feuertopf unter die Tänzer, die allmählich in Trance geraten, er stößt den Stab immer heftiger hin und her, vor und zurück, so daß die Tänzer mitgezogen werden und zum Teil weite Sprünge machen müssen. In letzter Zeit ist aus diesem Beschwörungstanz ein Spiel bei Tätigkeiten wie dem Sago-Dreschen, dem Fischfang und der Fruchternte geworden.

Exorzistische Tänze zur Austreibung von Krankheiten gibt es auf vielen Inseln des Archipels. So wird bei den Mon in Westirian unter der Führung eines Schamanen um ein Bambusgestell getanzt, das manchmal die Form eines Bootes hat und mit Vogelfiguren verziert ist. Auf Seram (Südmolukken) und einigen nördlicher gelegenen Inseln vollzieht ein Schamane um einen Kranken das *Soso*-Ritual: Zunächst macht er hüpfende Bewegungen mit Kniebeugen, sich dabei über die Arme streichend, um in Trance zu geraten, bis er schließlich mit heftigen Sprüngen beschwörende Bewegungen von den Beinen über den Körper und die Arme bis zum Kopf des Kranken ausführt, gleichsam den Körper ausziehend und die Krankheit mit dem Körper hinwegblasend.[9] Auch die Dayak auf Kalimantan kennen ein ähnliches Ritual. Bei den Toraja auf Sulawesi ist Bugi ein böser, Krankheit verursachender Geist, die später eingewanderten Buginesen und Makassaren waren es ja, die die Toraja von den Küsten in das Innere der Insel vertrieben. Heute noch tanzen sie den *Makbugi*, ein Ritual zur Vertreibung von Krankheiten: Zwölf bis vierzehn junge Männer mit schlichtem Kopfputz aus Palmblättern bilden einen geschlossenen Kreis, einer beginnt zu singen, die anderen antworten. Der Kreis bewegt sich hin und her, auf und ab, die Tänzer machen zunächst kurze Sprünge zur Seite, dann immer höhere Sprünge vor- und rückwärts mit lebhaftem Armschwingen.

Das Vertreiben böser Geister mit vielen verschiedenen Zeremonien ist nach Auffassung zahlreicher Völkerschaften und Stämme Indonesiens vor allem beim Bau und der Weihe eines neuen Hauses unerläßlich. Bei den Sakuddei auf den Mentawai-Inseln westlich Sumatras müssen schon während des Fällens eines großen Baumes, der als Mittelpfahl eines neuen Hauses dienen soll, bestimmte Bedingungen erfüllt werden: Wenn es plötzlich regnet, ein Hirsch schreit oder eine Schlange vorbeikriecht, muß die Arbeit niedergelegt werden. Durch Opfergaben, Zauberformeln und Tänze werden die Geister beschworen, drohendes Unheil abzuwenden. Ist dann das Haus fertig, wird ein großes Fest veranstaltet, Schweine und Hühner werden geopfert, tagelang wird im und um das Haus getanzt. Dabei werden Tierbewegungen nachgeahmt, es gibt einen Fledermaus-, einen Seeadler- und einen Hühnertanz. Die Bewegungen sind sehr einfach, so daß jedermann daran teilnehmen kann.[10] Die Batak-Karo in Nordsumatra tanzen bei der Hausweihe eine ganze Woche lang. Bei der Einweihung eines neuen Dorftempels wird im Osten von Flores gar vier Wochen lang getanzt und gesungen.[11]

Opferzeremonien, um die Geister und Götter günstig zu stimmen, sind immer mit Tänzen verbunden. Wie bei einigen Stämmen im Osten Kampucheas und im Südwesten Vietnams zelebrieren auch die Ngada- und Nagé-Stämme auf Flores ausgedehnte Büffelopfer: Die umständliche Vorbereitung des Rituals, das Fesseln des Büffels, die Tötung des Opfers mit Speeren, das Einfangen des Blutes und schließlich die Danksagung an die Geister wird von Opfertänzen begleitet, die sich vom einfachen Gehen und Hüpfen bis zu lebhaften Sprüngen steigern. Der Büffel gilt bei vielen Stämmen als Symbol der Kraft und des Lebens. Daher tragen die Toraja-Männer auf Sulawesi anläßlich des ebenfalls mit Opfern verbundenen Neujahrs-Makbua-Festes während des *Manganda*-Tanzes einen riesigen Kopfschmuck aus echtem, mit Blättern verziertem Büffelhorn, an dessen Rückseite ein langes Tuch bis zur Hüfthöhe des Tänzers hängt. Dieser Kopfschmuck ist so schwer, daß er während des Tanzens von zwei Männern abwechselnd getragen werden muß. Zweimal neun Tänzer bilden zunächst einen großen Halbkreis, bewegen sich mit kurzen Schritten und leichten Kniebeugen erst nach links, dann nach rechts, teilen sich in drei Reihen auf, schließen sich zum Kreis und wieder zum Halbkreis. Das wiederholt sich mehrere Male in unterschiedlichem Tempo. Mit dem Emporheben des linken Armes rufen die Tanzenden die segenverheißenden Geister herbei, damit die Fruchtbarkeit des Stammes, der Felder und des Viehs erhalten bleibt. Den Rhythmus unterstreichen die Tänzer nur durch kleine, hellklingende Glöckchen in der rechten Hand und Mundgeräusche wie »irr, pm, irrr, pm«.[12]

Ein anderer Opfertanz der Toraja ist der *Maktenten*, der beim Schlachten eines Büffels und anderen festlichen Gelegenheiten ausgeführt wird. Der mit einer Lanze oder einem Stock bewaffnete Tänzer kämpft mit einem imaginären verwundeten Büffel. Halb kriechend, vorwärts geneigt mit gespreizten Beinen, am ganzen Körper zitternd (tenten = zittern, schütteln) nähert er sich seinem Opfer, springt plötzlich nach links und rechts hoch auf, weicht dem Opfer aus, zieht sich wieder zurück, sticht mit der Lanze in die Luft, macht mit heftigen Schüttelbewegungen eine neue Attacke von einer anderen Seite, dabei das unsichtbare Tier stets im Auge behaltend, bis er es schließlich mit einem kraftvollen Stoß erlegt.

Bei den Nachkommen einiger Protomalayen ist der Schlangenkult bis in die Gegenwart erhalten geblieben. Die Naga-Schlange gilt ihnen als Schutzgeist und Dämon zugleich: Sie schützt vor bösen Mächten, kann aber gleichzeitig feindlichen Stämmen gefährlich werden. Da es bei den Bewohnern des südlichen Nias noch andere Gemeinsamkeiten mit Naga-Stämmen im Nordosten Indiens und in Burma gibt, vermuten manche Ethnologen, daß einige der altindonesischen Stämme aus dem Tal des Irrawaddy eingewandert sind. Schlangentänze gibt es in Südnias, auf der Insel Alor, den Kei-Inseln und bei einigen Toraja-Stämmen auf Sulawesi. Die Tänzer formieren sich in einer Reihe, gleiten oder gehen in Schlangenbewegungen vorwärts und ringeln sich zu einem geschlossenen Kreis oder einer Spirale. Auf den Kei-Inseln wird aus leichtem Material eine mehrere Meter lange Schlange hergestellt, die von den Tänzern über ihren Köpfen getragen wird, so führen sie rhythmische Zickzackbewegungen aus. Auf Flores bilden sich an den Händen festhaltende Jungen und Mädchen in dem beliebten *Gawi*-Tanz je einen an einer Seite nicht geschlossenen Kreis in Gestalt zweier Schlangen. An der Spitze schwingen je ein Tänzer und eine Tänzerin lange Roßhaarbüschel in der freien Hand hin und her; die beiden unvollständigen Kreise verändern sich durch Vor- und Rückschritte in verschiedene spiralförmige Reihen, bis sie sich zu zwei konzentrischen Kreisen formieren, innen die Jungen, außen die Mädchen.

Die Schlange symbolisiert bei manchen Stämmen wie den Ngaju-Dayak auf Kalimantan die irdische und unterirdische Welt, während einige Vögel, vor allem der Nashornvogel, die Welt des Himmels versinnbildlichen. Bei der Erzählung des oftmals phantastischen Schöpfungsmythos durch sprechende, singende und tanzende Schamanen werden während der Initiationsfeierlichkeiten verschiedene Vogeltänze ausgeführt. So tanzen Frauen des Moi-Stammes der Papua in Westirian den *Kalenkokla* in einer Reihe mit hüpfenden und springenden Bewegungen, die Arme gleichsam fliegend auf und ab schwingend, um danach in ruhiger Körperhaltung die Gesäßmuskeln erzittern zu lassen. In Merauke, ebenfalls Westirian, ahmen Frauen mit langen Blätterzweigen in den Händen tanzend den Casuaris-Vogel nach. Bei einigen Toraja-Stämmen auf Sulawesi gibt es einen Krähentanz, die Iban-Dayak auf Kalimantan verehren in Tänzen und Abbildungen den Nashornvogel. Kein Wunder also, daß der phantastische fliegende Garuda aus der hinduistischen Mythologie in die Vorstellungswelt vieler Völkerschaften Indonesiens aufgenommen wurde.

All diese und viele andere Tänze der Geisterbeschwörung, des Exorzismus oder des Stammesmythos vor allem der altindonesischen Völkerschaften sind im Bewegungsduktus und in den choreographischen Formen relativ einfach. Sie beschränken sich auf unkomplizierte Schritt-, Hüpf- und Sprungbewegungen, Nachahmungen von Tier- und Vogelbewegungen sowie Reihen-, Kreis-, Halbkreis- und Zickzackformationen. Möglicherweise sind manche dieser Tänze im Laufe der Jahrhunderte durch den Einfluß des Kolonialismus und im Prozeß der Christianisierung mancher Gebiete vereinfacht worden, so daß ursprünglich magische Riten mit komplizierteren Tanzbewegungen zu traditionellen Feierlichkeiten mit simpleren Volkstänzen abgewandelt wurden. Gewiß ist auch, daß viele alte Stammestänze für immer verlorengegangen sind. Andererseits sind bei

Stämmen, die noch bis in unser Jahrhundert auf urgesellschaftlicher Entwicklungsstufe standen und wegen ihrer Abgeschiedenheit von anderen, höher entwickelten Kulturen unbeeinflußt geblieben sind, große Unterschiede im Niveau ihrer kultischen wie auch ihrer tänzerischen und musikalischen Äußerungen vorhanden. So beschränken sich die Bewegungsformen der meisten Weddoiden auf einfachste Vor- und Seitwärtsschritte in Zweier-Metren, die Gesänge der Wedda auf Sri Lanka gingen über drei Töne nicht hinaus. Demgegenüber entwickelten vor allem die Mon-Khmer-Stämme schon vor langer Zeit eine weitaus größere Bewegungsphantasie und vielfältigere Tänze.

Diese Unterschiede sind in Indonesien deutlich ausgeprägt. Im Gegensatz zu den Nachkommen der Protomalayen auf Nias, Sumatra, Kalimantan und Sulawesi haben manche mit den Mon Khmer verwandte Deuteromalayen, so etwa die Minangkabau in Westsumatra, im Laufe der Jahrhunderte eine mannigfaltigere Volkskultur entwickelt. Dies gilt insbesondere für die Javaner und Balinesen, deren historische Entwicklung jedoch trotz vieler Gemeinsamkeiten und wechselseitiger Einflüsse sehr ungleich verlaufen ist und gerade im Tanz zu divergierenden Resultaten geführt hat.

Die autochthone Volkskultur auf Java hat zweifelsohne die unter indischem Einfluß entstandene klassische Tanzkunst des hindu-javanischen Zeitalters entscheidend geprägt. Seitdem jedoch der Islam zur vorherrschenden Glaubenslehre geworden war und der niederländische Kolonialismus Java zum Zentrum seiner Herrschaft gemacht hatte, änderte sich auch die einheimische Volkskultur, ursprünglich magisch-kultische Tänze entwickelten sich zu Volkstänzen, die auch von der höfisch-klassischen Tanzkunst beeinflußt wurden. Daher gibt es auf Java nur noch wenige Tänze aus vorhinduistischer Zeit.

Sehr populär sind die *Réog*-Aufzüge, die bei Beschneidungen und Hochzeiten, auf Jahrmärkten und bei anderen festlichen Gelegenheiten mit Tänzen vorgeführt werden. Dabei sind in West-, Zentral- und Ostjava verschiedene Formen gebräuchlich (Abb. 24). Réog ist zweifellos ein Relikt der rituellen Maskenaufzüge aus vorhinduistischer Zeit. Das Wort Réog stammt vermutlich von einer altjavanischen Bezeichnung für das Bannen von Ungeheuern und Austreiben von Dämonen.[13] Der Réog wird meist mit einem Tanz kultisch-exorzistischen Ursprungs eingeleitet. Ein Tänzer mit einer riesigen phantastischen Tiermaske, halb Tiger, halb mit Pfauenfedern geschmückter Dämon, führt eine Prozession von sechs, acht oder noch mehr Männern, teilweise in Frauenkleidern, an. Ein Magier (Patih) stellt sich dem Tierungeheuer entgegen, bekämpft im Trancezustand den Dämon mit wilden Bewegungen und schlägt ihn nach längerem Kampf nieder. Begleitet wird dieser Tanz nicht von einem Gamelan-Orchester, sondern von je zwei Angklung-Bambusinstrumenten, Gongs, Trommeln und einer Oboe.

Zum Réog gehört auch der *Kuda kepang*, der Tanz mit Pferdeattrappen, der in verschiedenen Teilen Indonesiens in allerlei Varianten existiert und vermutlich auch auf alten Initiationsriten beruht. Seitdem das Pferd von arabischen Händlern eingeführt worden war, galt es bei den Javanern als Symbol jugendlicher Kraft, Ausdauer und Fruchtbarkeit. Meist treten zwei oder vier jugendliche Tänzer auf, die ein Bambusgeflecht (Kepang) mit dem Kopf eines Pferdes (Kuda) wie ein Steckenpferd zwischen den Beinen halten und die Bewegungen des Trabens und Galoppierens nachahmen (Abb. 55). Bei längeren Kuda-kepang-Aufführungen können die Tänzer auch in Trance geraten, sie betragen sich dann selbst wie Pferde. In Yogyakarta wird der Kuda kepang auch *Jatilan* genannt, weil er im Gegensatz zum klassischen Tanz, der mit dem ganzen Körper ausgeführt werden muß, nur mit den Füßen (jatil) getanzt wird. In Ostjava ist bei Réog-Aufzügen ein ähnlicher Pferdetanz *Janaran* gebräuchlich: Der Tänzer selbst bleibt unter einem aus Bambus geflochtenen Pferd verborgen, von dessen Rumpf ein breites Tuch bis zum Erdboden reicht. Während der Réog-Aufzüge dürfen – ähnlich wie bei den altgriechischen Dionysos-Festen und heute noch beim Karnevalstreiben – Auftritte von Spaßmachern nicht fehlen, ein Relikt uralter Initiationsriten, bei denen liebestrunkene Narren die Geschlechtslust stimulierten.

Anstelle der Pferdetänze gibt es in manchen Gegenden Zentraljavas bei Réog-Umzügen den *Celang kepang*, den Tanz auf einem aus Bambus geflochtenen Wildschwein. Überhaupt sind auf Java zahlreiche Tänze mit Tiermasken überliefert, Überbleibsel alter ritueller Maskenspiele. Da ist der *Singa-Barong* mit Tigermaske, eine Gestalt früher Initiationsriten. Er gilt als aggressiver Dämon, der im Kampf besiegt und vernichtet werden muß oder als Sklave des Siegers weiterleben darf. In der javanischen Sprache bedeutet Singa Löwe, da aber auf Java keine Löwen existieren, wird Singa mit einem Tiger identifiziert. Bei Maskenaufzügen wird er von anderen tanzenden Gestalten umringt, die mit ihm kämpfen und ihn schließlich besiegen. Manchmal wird er von possenreißenden Dienern (panakawan) umgeben, die ihn nach heftiger Gegenwehr erlegen und töten. In einigen Gegenden tritt der Singa-Barong während eines Réog-Aufzuges mit Kuda-kepang-Tänzern auf. Diese tanzen zunächst ruhig im Kreis, ganz allmählich steigert sich das Tempo, Singa-Barong greift die auf Pferdeattrappen Tanzenden an, die von seinem bösen Geist besessen werden und zu Boden sinken. Während Singa-Barong wütend weitertanzt, werden die in Trance geratenen Kuda-kepang-Tänzer von einem Priester mit heiligem Wasser bespritzt, damit ihre Besessenheit weicht. Erst nach heftigem Ringen wird der Dämon schließlich besiegt.

In einer anderen Version ist Singa-Barong halb Tiger, halb Pfau mit einem langen, sich ausbreitenden Pfauenschwanz. Anfangs hockt Singa-Pfau auf dem Erdboden, langsam erhebt er sich, hüpft hin und her, springt plötzlich als Singa-Tiger wild umher, greift die inzwischen erschienenen Kuda-kepang-Tänzer an, erlegt sie einen nach dem anderen und triumphiert in einem angsterregenden Siegestanz. Wenn er sich wieder beruhigt hat, tritt der kühne Streiter Kedokan auf, greift den wütenden Singa-Barong an und zwingt ihn zu Boden. Der besiegte Dämon unterwirft sich dem Helden Kedokan, der ihn zum gefürchteten König des Waldes, Raja Rahwana, ernennt, im klassischen Tanz eine Verkörperung des Bösen.

Neben dem Singa-Barong spielt ein uralter, in der hinduistischen Mythologie mit Garuda identifizierter Vogeldämon besonders bei Beschneidungszeremonien eine wichtige Rolle. Es gibt auch Figuren mit Masken von Affen, Krokodilen und Elefanten, die in der Gentilgesellschaft als Träger bestimmter Zauberkräfte galten. Diese Aufzüge, Spiele und Tänze mit Tiermasken haben sich im Laufe der Zeit in gesellige Vergnügungen verwandelt. Die Bewegungen all dieser Tiermaskentänze sind relativ einfach, sie beschränken sich auf die Nachahmung charakteristischer Haltungen und Tätigkeiten der betreffenden Tiere. Das gilt auch für den *Kranichtanz*, in dem der Tänzer ab und zu auf einem Bein stehenbleibt, während das andere mit rechtwinklig gebeugtem Knie hochgezogen wird, – nachgewiesenermaßen ein Rudiment des Initiationsrituals.[14]

Im Gegensatz zu Java hat der Islam auf Bali nur wenig Widerhall gefunden, und die niederländischen Kolonialisten vermochten diese kleine Insel erst 1908 nach erbittertem Widerstand zu unterwerfen. Der bilderreiche und sinnenfreudige Hinduismus verschmolz hier mit der gentilgesellschaftlichen Volkskultur zu einer untrennbaren Einheit. Viele der uralten Riten, Gebräuche und Tänze blieben bis in unsere Zeit erhalten und wurden durch die höfisch-klassische Tanzkunst enorm bereichert. Tanz ist auf Bali ein unverzichtbarer Bestandteil des Lebens. Bei Opfern in Dorf- oder Haustempeln, bei Geisterbeschwörungen, Reinigungszeremonien, Krankheitsaustreibungen, bei Geburten, dem Ritual des Zähneschleifens, bei Hochzeiten, Leichenverbrennungen und Tempelfesten verschiedenster Art tanzt jung und alt. Tanzen wird von Kindesbeinen an gelehrt, früher nicht nur an den Fürstenhöfen, sondern immer auch in den Dörfern. Im Gegensatz zu Java ist der klassische Tanz auf Bali kein Privileg der Könige und Fürsten in ihren Kraton geblieben, er drang von den Höfen bis ins letzte Dorf. Jeder Teil der Insel, ja einzelne Dörfer haben ihre eigenen Tanzgewohnheiten, so werden dieselben Tänze oftmals verschieden ausgeführt. Ein schier unerschöpflicher Reichtum an Tänzen ist in ständiger Veränderung begriffen. So ist die »Insel der Dämonen« eine wohl auf der ganzen Welt einmalige Enklave einer hochentwickelten, unverwechselbaren Tanzkunst geblieben.

Von den zahllosen balinesischen Tänzen der Geisterbeschwörung und des Exorzismus sollen hier nur solche genannt werden, in denen das aus vorhinduistischer Zeit stammende Ritual ganz im Mittelpunkt steht, wenn auch in diese Tänze Bewegungsstrukturen des klassischen Tanzes eingeflossen sind. Ebenso wurde die Tanzkleidung und die Praxis der Gamelan-Orchester von den Höfen übernommen. Jedes Dorf auf Bali besitzt sein eigenes Gamelan-Ensemble.

Vor allem in den *Sanghyang*-Tänzen (Sanghyang = Gottheit) sind uralte Riten der Geisteraustreibung erhalten geblieben. Die Balinesen sind der Meinung, daß die kleine, der Südostküste vorgelagerte Insel Nusa Penida von mächtigen Dämonen mit einem ganzen Heer von bösen Geistern, den Leyak, beherrscht wird, die häufig Unglück und Krankheiten über die Menschen bringen. Um sich vor den Leyak zu schützen, werden den Göttern in Dorf- und Haustempeln Opfer gebracht und tanzende Sanghyang herbeigerufen. Das bedeutendste Wesen unter den Sanghyang, Sanghyang widi, wird übrigens als Besieger des Todes in einer klassischen Tanzpose mit Außendrehung der Beine dargestellt: das linke Standbein im Knie etwas gebeugt, das rechte Spielbein stärker gewinkelt, etwas erhoben mit dem Fuß in Kniehöhe des Standbeins – die bekannte Haltung des Shiva nataraja (vgl. auch Abb. 14).

Als eines der wirkungsvollsten Mittel gegen die bösen Leyak gilt der *Sanghyang dedari*. Zwei ganz junge Mädchen, die sich strengen Verhaltensregeln unterwerfen müssen, werden vom Dorfpriester, dem Pemangku, ausgewählt und in langen, allabendlichen Zeremonien darauf vorbereitet, die schönen himmlischen Geister (Dedari) Suprabha und Tunjung birú (blauer Lotos) in ihre Körper aufzunehmen, selbst gute Gottheiten (Sanghyang dedari) zu werden. Durch berauschende Gesänge einiger Frauen, wilde rhythmische Ausrufe einiger Männer und die hypnotische Macht des Pemangku geraten die beiden jungen Mädchen allmählich in Trance. Nach der Vorbereitungszeit werden sie zum Altar des Todestempels geführt. Sie knien darauf, der Pemangku spricht Zauberformeln, und die Frauen im Halbkreis beginnen zu singen. Die beiden Mädchen fangen an zu zittern, sie drehen ihre Körper, machen mit den Köpfen bei geschlossenen Augen immer weitere Rollbewegungen, so daß ihre langen schwarzen Haare in weitem Kreis schwingen. Jetzt gelten sie als himmlische Geister, als Dedari. Frauen legen ihnen golddurchwirkte Kleider, silberne Fußspangen, goldene Ringe, Armbänder an und setzen ihnen kostbaren, mit Blumen verzierten Kopfschmuck auf. Nun beginnen die beiden Dedari in Trance zu tanzen, sie schreiten zunächst gemessenen Schrittes vor- und seitwärts, beugen etwas die Knie, rollen die Hände, ohne daß die Arme über Schulterhöhe gelangen. Die nur mit einem Lendenschurz bekleideten Männer rufen sitzend in immer heftigeren Rhythmen »cak-cak-cak-cak«. Dann heben sie die beiden tanzenden Gottheiten auf ihre Schultern und ziehen mit ihnen in einer Prozession durch das Dorf. Als Dedari dürfen sie außerhalb des Tempels keinen unreinen Boden betreten. Auf den Schultern der Männer tanzen sie mit Rück- und Seitwärtsbewegungen ständig weiter, sie machen den Eindruck fliegender Himmelsgeister, ihr Erscheinen soll die Leyak vertreiben. Im Hof eines anderen Tempels liegt ein Stapel brennender Kokosnußschalen. Die Dedari steigen herab, tanzen um das Feuer, stoßen die brennenden Stücke mit bloßen Füßen zur Seite und werfen auch einige flammende Kokosschalen hoch in die Luft, ohne sich auch nur im geringsten zu verbrennen. Das ganze Ritual dauert zwei bis drei Stunden. Am Schluß werden die Dedari mit heißem Wasser besprenkelt, die Trance läßt nach, sie werden wieder zu jungen Mädchen.[15] Der Sanghyang dedari wurde in verschiedenen Dörfern Balis in mehreren Varianten getanzt. Soedarsono bezeugt, daß das Ritual auch jetzt noch praktiziert wird,[16] allerdings nicht vor Touristen.

In den Dörfern um den Vulkan Batur wird der *Sanghyang deling* nicht nur zur Vertreibung böser Geister und Krankheiten ausgeführt, sondern auch bei anderen Gelegenheiten, sofern die vorher im Tempel angerufenen Gottheiten zustimmen. Der Pemangku spricht Zauberformeln und holt zwei Holzpuppen mit weißer Gesichtsmaske aus einem heiligen Schrein. Die Puppen können mittels einer langen Schnur von zwei einander gegenüber sitzenden Jungen zum Tanzen gebracht werden. Nachdem zwei neben den Puppen kniende Mädchen durch Weihrauch und Hypnose in Trance gebracht worden sind, beginnen sie um die Puppen zu tanzen. Der Pemangku fleht die Götter an, in die Puppen zu kommen, um sich im Tanz mit den zu Sanghyang gewordenen Mädchen zu verbinden. Sobald die Puppen zu tanzen anfangen, bewegen sich auch die Mädchen mit raschen Schritten hin und her, sie schwanken mit dem Kopf nach verschiedenen Seiten, beugen den Oberkörper nach vorn und hinten fast bis zum Erdboden, Frauen und Männer singen und eine Flöte (suling) spielt dazu. Dann springen die Mädchen auf die Schultern zweier Männer, tanzen weiter und führen wie im Sanghyang dedari auch einen Feuertanz aus. Die ganze Zeremonie endet vor dem Opferschrein, die Puppen werden wieder eingeschlossen, die

Mädchen erwachen. Im Gegensatz zu den Sanghyang-Tänzen an anderen Orten wird der Sanghyang deling in den Dörfern zwischen dem Vulkan Batur und dem vorgelagerten Batur-See, wo die Ureinwohner Balis relativ abgeschlossen leben, zur Begleitung nur einer Flöte, einer Trommel (Gendang) und eines anderen Schlaginstrumentes (ohne Gamelan-Orchester) ausgeführt.

In einem Dorf an der Küste wird der *Sanghyang bungbung* nur in einigen Monaten bei Vollmond getanzt. Zwölf junge Mädchen bringen zunächst der Gottheit tanzend Opfer dar – Schalen mit Wasser, Weihrauch, Öl und Gebäck. Der Pemangku überreicht ihnen dann je eine Puppe aus Bambus mit goldbemalten Gesichtern. Sobald sie in Trance sind, tanzen sie mit den göttlichen Puppen in lebhaften, ja konvulsivischen Bewegungen. Der Priester und einige Männer, denen er zuvor Palmwein gereicht hatte, geraten ebenfalls in Trance und richten in einer Art Selbstkasteiung kunstvoll verzierte Dolche (Krisse) gegen sich selbst, auf die Brust, die Schulter und den Mund. Während der Gamelan schnell und laut erklingt, spielt sich eine erregende Szene aller Tanzenden ab. Einer der Männer wird von einem schwarzem Tiger besessen, einem anderen wird die Maske der Todesgottheit Rangda aufgesetzt, er tanzt bis zur Erschöpfung. Der Priester beendet das wilde Spiel, die Trance hört auf, die Puppen und Masken werden wieder eingeschreint. Der *Kristanz* wird auch bei anderen Gelegenheiten, besonders nach dem Barong-Tanz, der später zu behandeln sein wird, ausgeführt (vgl. Abb. 69).

In Südbali war schließlich noch der *Sanghyang jaran* (Pferd) zum Austreiben böser Geister gebräuchlich, einer balinesischen Variante des javanischen Kuda kepang. Um einen geschlossenen Kreis von »cak-cak-cak-cak« rufenden und hechelnden Männern – wie im Sanghyang dedari – tanzt ein Priester auf einer Pferdeattrappe aus Bambus, entweder reitend wie auf einem Steckenpferd oder auch nur mit einem am Körper befestigten Pferdekopf und -schwanz, in sehr wilden Schritten und Sprüngen. Der Priester in Trance springt durch ein Feuer, durchbricht den Kreis der rufenden Männer, eilt hinaus auf die Felder und kehrt tanzend wieder zurück. Dann benetzt er sein Gesicht mit heiligem Wasser, der Trancezustand hört auf. Ein anderes Mal tanzt nicht der Priester, sondern ein oder auch mehrere Jungen mit Pferdeattrappen, doch sie versuchen vergebens, den magischen Kreis der Männer zu durchbrechen.

Über die Herkunft und die ursprüngliche Bedeutung des *Kecak*-Zeremoniells, das im Sanghyang dedari und Sanghyang jaran überliefert ist, gibt es nur Spekulationen. Zweifellos gehört es zu uralten Riten der Geisterbeschwörung, möglicherweise auch des Fruchtbarkeitszaubers – der Tanz des Priesters im Sanghyang jaran über die Felder deutet darauf hin. Kecak ist einer der ganz wenigen rituellen Tänze, der bis in die dreißiger Jahre unseres Jahrhunderts, wie Walter Spies bezeugt, ohne jegliche Elemente des klassisch-höfischen Tanzes und ohne Gamelan-Musik oder andere Instrumente gebräuchlich war.[17]

Der Kecak wird ausschließlich nachts ausgeführt, die dunkel glänzenden Körper der nur mit einem Hüfttuch bekleideten, in mehreren konzentrischen Kreisen sitzenden, nach der Mitte schauenden Männer sind nur von einer flackernden Fackel beleuchtet. Zunächst herrscht völlige Stille. Die Männer richten die Oberkörper langsam empor, die Spannung wächst. Durch kurzes rhythmisches Hecheln erklingen unartikulierte Laute, erst leise, dann immer stärker. Die Körper beugen sich im gleichen Rhythmus ruhig vor und zurück. Die Laute werden stärker, die Männer schwenken die Oberkörper nach rechts und links, die Bewegungen werden heftiger, bis plötzlich alle mit einem wilden Schrei die Arme hochwerfen. Die Spannung läßt wieder nach, die Arme sinken, die Körper beugen sich nach vorn, erst im inneren Kreis, dann die anderen nacheinander, bis alle wieder in sich zusammensinken, die Köpfe dicht beieinander. Das wiederholt sich einige Male, jedesmal mit erhöhter Intensität, mit stärkeren Atemstößen, die Rufe »cak-cak-cak-cak« werden im Crescendo und Accellerando ständig wiederholt. Plötzlich springen alle mit erhobenen Händen und gespreizten Fingern so hoch wie möglich, die Körper kreisen hin und her, sie setzen sich wieder und fallen nach hinten zurück, so daß die inneren Kreise wie eine weit geöffnete Blume über die äußeren zu liegen kommen. Die Stimmstöße erklingen nun von verschiedenen Seiten, die Körper erheben sich unterschiedlich, einzelne schnellen hoch und fallen wieder zurück. Eine Gestalt bewegt sich durch den Kreis in die Mitte, halbe Kreise stehen auf und schützen die stehende Gestalt. Dann nimmt die Spannung wieder ab, die Mittelgestalt macht einige beschwörende Gesten, von innen nach außen stehen alle nacheinander auf, die »cak-cak«-Rufe und die Bewegungen werden stärker und schneller, bis die höchste ekstatische Erregung erreicht ist. Allmählich klingen die Rufe und die Körperspannungen ab, bis schließlich wieder völlige Stille wie zu Beginn eintritt (Abb. 28–31).

Bis etwa 1930 blieb dieses Tanzritual ein Teil der Sanghyang-Zeremonien. Der hervorragende klassische Tänzer *Limbak* in Bedulu war um diese Zeit der Initiator einer Umwandlung des Kecak in einen selbständigen Tanz, in den er eine Episode des Ramayana-Epos einfügte: Ein in der Kreismitte unter einer Öllampe stehender Erzähler schildert den Kampf des Affenkriegers Hanuman und seiner Heerscharen gegen den bösen Dämon Rahwana und sein Gefolge, um die edle Sinta, Ramas Gemahlin, aus dessen Macht zu befreien. Die sitzend tanzenden Männer sind in zwei Halbkreise geteilt, die einen bilden das Affenheer Hanumans, die anderen Rahwanas Gefolge. Die »cak-cak«-Rufe bekamen als Schreie der Affen eine ganz neue Bedeutung. Limbak tanzte selbst Rahwanas riesigen Bruder Kumbakharna (Abb. 32), der im Kampf mit einem Affen unterliegt. Als »Affentanz« wurde der Kecak seit den sechziger Jahren zu einer – auch tagsüber ausgeführten – Attraktion für ausländische Touristen – gegen Bezahlung natürlich. Seitdem nehmen örtlich verschiedene Fassungen von Episoden aus dem Ramayana einen noch größeren Raum ein, auch Sinta, Rama und dessen jüngerer Bruder Laksmana, in ihren klassischen Kostümen und im klassischen Stil tanzend, bewegen sich durch die konzentrischen Kreise der Kecak-Tänzer zum Erzähler in der Mitte. Auch in dieser modernen Version als Tanzspiel ist der Kecak ein faszinierendes, unvergleichbares Zeugnis der balinesischen Kultur.

Neben den Sanghyang-Tänzen gibt es auf Bali mehrere andere Tempeltänze vorhinduistischen Ursprungs zur Beschwörung der Götter. Die Tanzbewegungen sind allerdings unter dem Einfluß der klassischen Tanzkunst stark stilisiert und äußerst verfeinert. Diese Igel wajah, alte Tänze, wie man sie auf Bali nennt, sind stets zu einem Opferaltar oder Schrein gewandt. Das Ausgießen von Palmwein oder Milch, die Reinigung durch Wasser oder Feuer und andere Rituale im Fackelschein werden meist in ekstatischer Trance ausgeführt.

So wird der *Mabuang*, ein Trankopfertanz, in vielen Orten Balis ganz unterschiedlich zelebriert. Walter Spies beschrieb ausführlich den *Igel gajung*, den Löffeltanz, in Trunjan, einem Dorf am Fuße des Batur.[18] Viele Menschen sind nachmittags im Tempel versammelt und opfern den Göttern Nahrungsmittel. Vier alte Männer nähern sich in langsamen Tanzschritten dem Altar und setzen sich einander gegenüber. Der Priester und einige Frauen bringen den vier alten Männern je einen hohen Opferkorb mit Weihrauch und eine leere Kokosnußschale. Zwei jüngere Männer nähern sich in feierlichen Bewegungen dem Hauptschrein, sie tragen große, mit Palmwein gefüllte Löffel aus Bambus an einem langen Stock, tanzen mit weit geöffneten Augen ekstatisch um die vier alten Männer und gießen den Palmwein aus den Löffeln in die Kokosnußschalen. Die vier Alten trinken den Wein und tanzen ruhigen Schrittes. Die Gamelan-Musik wird lebhaft, junge, unverheiratete Männer springen hinzu und tanzen, zwei von ihnen tragen unter je einem Tuch einen Hahn, auf Bali ein Symbol des Himmels, wo die Götter wohnen. Ein wilder Hahnenkampf folgt. Einige der jungen Männer springen auf und heben die vier alten Männer, die jetzt in Trance sind, hoch zum Altar. Der Priester spritzt heiliges Wasser auf die Götterbilder, die alten Männer und dann auf alle anderen, die in Verehrung niederknien und die Hände nach vorn strecken. Sie haschen gierig nach den Wassertropfen, trinken sie und nässen ihr Gesicht damit. Dann formieren sich alle zu einer langen Prozession, die tanzend durch das ganze Dorf zum Batur-See führt. Nach einem Reinigungszeremoniell ziehen sie zum Berg und begrüßen die untergehende Sonne. Schließlich begibt sich der Zug freudig gestimmt zum Dorfplatz zurück, die Götterbilder werden aufgestellt, zum lebhaften Spiel des Gamelan-Orchesters werden ihnen tanzend bis tief in die Nacht Opfer dargeboten.

In dem *Mendet*-Opfertanz bewegen sich junge, mit Blumen geschmückte Mädchen und Jungen getrennt voneinander, in der rechten Hand eine Silberschale mit Reis, Früchten, Wein oder Blumen als Opfergaben tragend, die linke Hand mit rückwärts erhobenen Fingerspitzen leicht rollend, langsam mit fließend wogenden Schritten zum Opferaltar. Ein anderer ruhiger Opfertanz ist *Gabor*, doch die Mädchen schwingen ihre Körper in weiten Kurven, lassen den Oberkörper vibrieren, neigen die Hände manchmal bis zum Fußboden, führen zeitweilig ganz kleine Schritte, dann wieder plötzlich heftigere Bewegungen aus, die Augen stets weit geöffnet. Meist stehen dabei zwei Tänzerinnen im Mittelpunkt. Wenn sie in Trance geraten, bedeutet das für sie Reinigung. Sie berühren dann heilige Reliquien, tragen Götterbilder und werden Mittler zwischen Menschen und Göttern.

Sehr langsam und sanftmütig wird der *Rejang* in Bali ausgeführt, ein Beschwörungstanz, um Krankheiten auszutreiben. Die Tänzerinnen tragen einen golddurchwirkten, sehr eng gewickelten Sarong bis unter die Achselhöhlen, so daß nur sehr kleine Schreitbewegungen möglich sind (Abb. 25). Mit auswärts gedrehten Füßen führen sie zarte, kurze Schritte aus, durch leichtes Beugen und Strecken der Knie ergibt sich bei jeder Gewichtsverlagerung ein sehr ruhiges Heben und Senken der ganzen Reihe. Mit weichem Drehen der Handgelenke werden die Arme leicht auf und ab bewegt, dabei blicken die Tänzerinnen unverwandt auf die Erde. In Tenganan tragen die jungen Rejang-Tänzerinnen lange goldene Fingernägel und Goldkronen mit stilisierten Blumen, die bei jeder Bewegung leicht zittern.

Tänze des Ahnenkults

Mit der Beschwörung von Geistern und Göttern eng verbunden ist der in ganz Indonesien verbreitete Ahnenkult. Sowohl bei den Melanesiern und Papuas wie auch bei den Protomalayen, besonders den Batak auf Sumatra und den Toraja auf Sulawesi, war die Verehrung ihrer verstorbenen Ahnen als den Hütern ihrer gentilen Sippenorganisation selbstverständliche Pflicht. Der Glaube an die Geister der Verstorbenen äußert sich vor allem in der hohen Bedeutung der Bestattungen, Begräbniszeremonien, Leichenverbrennungen und Totenfeste im Leben dieser Völkerschaften.

Bei den Toba-Batak in Nordsumatra ist seit jeher der feierliche *Sibaso*-Tanz gebräuchlich. Nach dem Tod einer bedeutenden Persönlichkeit, ursprünglich eines Schamanen, Priesters oder Dorfältesten, später auch eines Fürsten, werden überlebensgroße Masken mit dem Antlitz des Verstorbenen angefertigt. Frauen mit den Masken, später auch Männer und Jünglinge, tanzen mit imposanten Bewegungen vor dem Haus des Toten und schreiten mit tiefen Kniebeugen bei der Überführung des Sarges zur Begräbnisstätte voran. Nach der Beerdigung werden die Masken neben dem Grab aufgestellt, sie dürfen nicht noch einmal benutzt werden, um den Weg des Verstorbenen ins Totenreich nicht zu behindern.

Ein anderes Totenritual der Toba-Batak war nur auf der Insel Samosir im Toba-See üblich. Starb ein Stammesmitglied, ohne Nachkommen zu hinterlassen, so wurde für ihn eine beinahe lebensgroße, mit Kleidern bedeckte Holzfigur geschnitzt, deren Kopf, Augen, Arme, Hände und Beine mittels Schnüren von hinten bewegt werden konnten, also eine Art Wayang-Figur, der Kopf ähnelte dem des Verstorbenen. Vor dem Sarkophag des Toten ließ man diese Figur tanzen. Dieses Ritual war notwendig, damit der Verstorbene ins Totenreich eingehen konnte, denn sonst würde seine Seele den Lebenden Unglück bringen.[19] Begleitet werden die Begräbnisrituale der Toba-Batak von einer Oboe (serunai) und mehreren Trommeln.

Bei den Karo-Batak wird der Trauertanz *Muli-muli* ohne Masken ausgeführt, die Frauen tragen einen schweren, breiten Turban und eng anliegende dunkle Kleider. Männer und Frauen der Karo- und Toba-Batak tanzen zu Ehren der Ahnen den *Tor-tor* mit kleinen Schritten und segnenden, flehenden oder beschwörenden Arm- und Handbewegungen. Diese mit Nahrungsopfern verbundenen, von Trommeln begleiteten Tänze sind erforderlich, um die Ahnen günstig zu stimmen. Gerät ein Tor-tor-Tänzer in Trance, dann ist er vom Geist des Ahnen besessen und kann Rat geben und Orakel aussprechen. Seit einiger Zeit ist der Tor-tor jedoch zu einem Geselligkeitstanz für Jugendliche abgewandelt worden.

Die Dayak auf Kalimantan pflegen auf den Gräbern ihrer Ahnen große Totenstatuen aufzustellen, die den Stamm vor Unglück bewahren sollen. Einige Dayak-Gruppen im Inland schnitzen große, den Verstorbenen darstellende Holzfiguren als Wohnsitz für dessen Seele. Diese Figuren werden auf dem Dorfplatz aufgestellt, wo ihnen Tieropfer dargebracht werden können. All diese Zeremonien sind immer mit Tänzen zu Ehren des Toten verbunden.

Der Weg eines Verstorbenen von der Erde ins Jenseits dauert nach der Vorstellung der Dayak mindestens vierzehn Tage. Deshalb sind verschiedene Rituale notwendig, um die Seele des Toten sicher ins Reich der Ahnen gelangen zu lassen. So stellen die Kayan- und Kenya-Dayak Särge in Form eines Schiffes her, die mit dem Kopf eines Nashornvogels, dem Symbol des Himmlischen, und einer Wasserschlange als Sinnbild des Irdischen verziert sind. Das Totenfest und die feierliche Beisetzung in einem Totenhaus auf Pfählen werden von zeremoniellen Tänzen begleitet. Bei den Ngaju-Dayak tanzen Männer mit Tiermasken um den Sarg, noch bevor die Überführung zum Grab stattfindet. Während der Totenfeier tanzen Männer und Frauen mit Masken einiger Ahnen des Verstorbenen. Bei einem anderen Zeremoniell tanzt ein Schamane um einen großen Fisch aus Reiskörnern, um dem Verstorbenen den Weg ins Jenseits zu ermöglichen. Wenn nach etwa zwei Wochen die Seele des Toten in den Himmel gelangt ist, gedenken Jungen und Mädchen des Ahnen mit dem lebhaften *Wora-cin-cin*-Tanz.

Eine noch größere Rolle spielen langwierige Begräbniszeremonien im Leben der Toraja auf Sulawesi. Das eigentliche Totenfest und die Beisetzung in einer Nische an steilen Felswänden findet manchmal erst viele Monate oder auch Jahre nach dem Tod des zu Ehrenden statt. Zu allen Trauerzeremonien gehören ganz bestimmte einfache Tänze.

Stirbt ein Mensch, dann tanzen Jungen und Mädchen den *Makmarakka:* Zu Flötenbegleitung machen die Jungen Kreuzschritte mit Beugungen der eng aneinander gehaltenen Knie und leichte Drehungen mit den Händen, die Mädchen, jeweils paarweise gegenüber den Jungen, blicken mit gesenktem Kopf zu Boden, abwechselnd knien sie nieder und schwingen plötzlich den ganzen Körper zur Seite. Befindet sich der Leichnam noch im Haus des Verstorbenen, wird von zwölf Männern der *Makbadong*, ein Kreistanz, ausgeführt, jeder legt die linke Hand auf die rechte Schulter des Nebenmannes. Wenn der Sarg aus dem Haus getragen wird, folgt der *Makbadong makpalao* in etwas schnellerem Tempo. Die Männer im Kreis heben rhythmisch die Fußballen und beugen leicht die Knie. Beim Eintreffen des Sarges an der Opferstätte bilden die Männer zwei einander gegenüber stehende Reihen, sie halten sich an den Händen fest, mit rhythmischen Rufen und jeweils vier Sprüngen nähern und entfernen sie sich voneinander.

Den Höhepunkt der mehrere Tage lang dauernden Totenfeier bildet das Schlachten eines oder mehrerer Büffel, deren Fleisch unter alle Anwesenden verteilt wird. Während dieser Prozedur tanzen Mädchen und Jungen in je einer Reihe den fröhlichen *Pakdondan* mit leichten Hüpfsprüngen und Händeklatschen. Bevor dann der Sarg in feierlicher Prozession zur Felsnische getragen wird, tanzen Männer in Kriegsrüstung den lebhaften *Makranding* in Ehrfurcht vor dem Verstorbenen. An der linken Hüfte tragen sie ein großes Schwert in der Scheide, auf dem Rücken einen langen Stock mit Ziegenhaarbüschel und auf dem Kopf einen Schmuck mit zwei langen, krummen Büffelhörnern. In einer Reihe tanzen sie mit Hüpfschritten, Drehungen und hohen Sprüngen.[20]

Bei den Buginesen an der Ostküste Kalimantans gilt ein Bissu, ein männlicher oder weiblicher Schamane oder Priester, als Mittler zwischen den Ahnen und deren lebenden Nachkommen, auch Homosexuelle oder Hermaphroditen konnten Bissu werden, sie tanzen meist in Frauenkleidung. Sie bewahren eine Haarlocke, eine Lanze, ein Schmuckstück oder einen anderen Gegenstand des Verstorbenen, in denen dessen Geist fortlebt. Wenn der Ahn zu Rate gezogen werden muß, um den Zeitpunkt einer Reissaat zu bestimmen, eine Krankheit auszutreiben oder eine andere wichtige Entscheidung zu fällen, beginnen die Bissu zunächst mit langsamem rhythmischem Schwingen eines Stabes oder einer Lanze zu tanzen, sich in einem Kreis nach innen oder außen drehend. Die Bewegungen werden schneller, die Bissu erheben die Arme, drehen sich um die eigene Achse, hüpfen und springen. Wenn sie in Trance geraten sind, ziehen sie einen Kris, werfen den Kopf zurück, drehen sich rascher, wenn sie kurz stehenbleiben, spricht der Geist des Ahnen aus ihnen. Dann richten sie die Spitze des Kris gegen die eigene Brust, ohne sich zu verwunden, bis schließlich der Trancezustand wieder gewichen ist. Dieser *Bissu*-Tanz ähnelt dem Kristanz auf Bali und dem *Dabus* in Aceh. In der Kolonialzeit pflegte jeder Buginesenkönig einen Bissu am Hofe zu halten, zu dessen Pflichten es gehörte, die Haarlocken, einige Waffen und andere Gegenstände des Königs sorgfältig zu bewahren. In jüngster Vergangenheit ist der magische Charakter des Bissu-Tanzes verlorengegangen.

Der Ahnenkult ist bis zum heutigen Tage am stärksten auf Bali lebendig geblieben. Einmal im Jahr, so glaubt man, kommen die Ahnen vom Vulkan Gunung Agung, dem höchsten Berg der Insel, zurück in ihr Dorf, dann wird das Galungan-Fest gefeiert, in den Haustempeln werden ihnen Opfer gebracht. Fünf Tage lang verbleiben sie im Dorf, bis sie sich wieder zurückziehen. Am zehnten Tag sind sie wieder auf dem Berg angelangt, das wird mit dem Kuningan-Fest, dem Fest der Seelen, gefeiert. Diese Feste sind ohne viele Tänze und Tanzspiele undenkbar.

So erscheinen beim Galungan-Fest verschiedene Arten des *Barong*, ursprünglich wohl ein Waldgeist oder Totemtier, das als Repräsentant des Guten, des Lichts und der Sonne die Mächte des Bösen, personifiziert in der Hexe *Rangda*, zu überwinden vermag. Der Barong ist ein mythisches Fabeltier mit verschiedenen Masken, sei es als Tiger, als wilder Bär mit platter Nase, als Elefant mit eingezogenem Rüssel, als Löwe oder auch als Kuh mit Hörnern. Als Schutzgeist ist er am Eingang vieler Tempel dargestellt. Am verbreitetsten ist der Barong keket, eine große, vierbeinige Gestalt mit phantastischem Kopfputz, hervorquellenden Augen und einem langen dunklen Bart, dem Zentrum seiner magischen Kräfte, mit seinen hervorstehenden Kiefern aus Holz kann er laut klappern und den bösen Mächten Angst einjagen (Abb. 26). Der Kampf des Barong, von zwei Tänzern dargestellt, mit Rangda wird auf Bali mit dem Tanzspiel um Calonarang, dem Kristanz und einer Episode aus dem Epos Mahabharata kombiniert. Obwohl der Barong-Mythos aus vorhinduistischer Zeit stammt, sind die verschiedenen Arten des sehr populären Barong-Tanzspiels in bezug auf Inhalt und Bewegung so stark vom klassischen balinesischen Tanz durchdrungen, daß wir später ausführlicher darauf eingehen werden.

Selbstverständlich wird das Fest der Wiederkehr der Ahnen mit Wayang-Spielen begangen, die Wayang-Figuren gelten ja als Personifizierungen der Ahnen.

Im Gegensatz zu den Bestattungsriten der Dayak und Toraja werden die Toten auf Bali nach hinduistischer Sitte verbrannt, dazu gehören langwierige und kostspielige Zeremonien. Nur in einigen Dörfern am Fuße des Batur ist der uralte Ritus, die Leichen im Wald auszusetzen, erhalten geblieben. Bei den Leichenverbrennungen wird auch viel getanzt, und zwar sehr fröhlich, da die Seele des Verstorbenen in die Welt der Ahnen eingehen kann. Auch diese Tänze sind von der klassischen Tradition geprägt.

Kampf- und Kriegstänze

In »der zu einer militärischen Demokratie fortentwickelten Gentilgesellschaft«, schrieb Friedrich Engels, »sind der Krieg und die Organisation zum Krieg ... regelmäßige Funktionen des Volkslebens geworden«.[21] Schon die Frühgeschichte Indonesiens ist eine Aneinanderreihung schwerer Kämpfe gewesen. Die Protomalayen bekämpften die ursprünglich ansässigen Weddoiden, Negritos, Melanesier und Papuas, die Deuteromalayen vertrieben viele der Protomalayen von den Küsten in die Bergregionen und die Stämme vieler Völkerschaften kämpften gegeneinander. Solche Kämpfe siegreich zu beenden war meist eine Frage des Überlebens. Daher gehörte es bei Kopfjagden zu den Tugenden, Mut, Kraft, Geschick und Überlegenheit zu beweisen. Bei den meisten Protomalayen war eine siegreiche Kopfjagd für jeden Jüngling obligatorisch, um in die Gemeinschaft der Erwachsenen aufgenommen zu werden. Man glaubte, daß die Kräfte des Getöteten auf den Kopfjäger übertragen werden.

In verschiedenen Gebieten Indonesiens, vor allem auf Nias, bei den Dayak, Toraja und im Inland der Insel Flores, sind Kopfjagden noch bis weit in unser Jahrhundert gebräuchlich gewesen, ein striktes Verbot der niederländischen Kolonialbehörden setzte sich nur sehr langsam durch. Kopfjagden waren stets mit Riten und Tänzen verbunden. Wenn auch gegenwärtig diese uralte unmenschliche Sitte so gut wie überwunden ist, so sind die Kampftänze jetzt zu Volkstänzen ohne ihre ursprüngliche rituelle Funktion abgewandelt worden.

Stark ausgeprägt sind die *Kopfjäger-Kampftänze* bei verschiedenen Dayak-Stämmen in Zentralkalimantan. Bei den Kayan- und Kenya-Dayak ist ein dramatischer Einzeltanz sehr beliebt. Ein Mann, nur mit Lendentuch und Hüftgurt bekleidet, mit Schmuck am Ohr und um den Hals, strolcht suchend durch den Wald.

Nach einer Weile erscheint vor ihm ein imaginärer Feind. Er rührt sich anfänglich gar nicht, wartet bewegungslos ab. Dann spannt er die Gliedmaßen, macht einen kurzen Schritt nach vorn, beugt leicht die Knie, neigt den Körper gespannt, blickt fragend zum Himmel, den Segen der Ahnen herbeiwünschend, streckt sich hoch auf, prescht plötzlich vor, springt seitwärts, schwingt die Arme. Danach tritt wieder Ruhe ein, der Körper entspannt sich. Plötzlich zieht er einen Kris aus dem Hüftgürtel oder ein Schwert aus der Scheide und schwingt die Waffe wild über dem Kopf. Dann ergreift er einen mit bunten Ornamenten verzierten Schild, und jetzt beginnt der Kampf mit heftigen Sprüngen und Drehungen nach verschiedenen Seiten, plötzlichem Ducken in tiefe Kniebeuge und ungestümem Schwingen des Schildes. Angriff und Rückzug folgen einander mehrmals, die Sprünge werden wilder, akrobatischer, bis der unsichtbare Gegner in höchster Erregung mit einem raschen, harten Stoß besiegt wird. Triumphierend lächelnd, aber völlig außer Atem, nimmt der Tänzer den Beifall der Umstehenden entgegen (Abb. 33).[22]

Bei den Kenya-Dayak tanzt ein junger Mann vor der Kopfjagd den *Tari Pahlawan*, den Heldentanz. Nachdem er den Göttern Opfer gebracht hat, beginnt er immer lebhafter zu tanzen, um seinen Mut zu beweisen und den Segen der Götter zu erwirken. Nach der Rückkehr der Männer von einer erfolgreichen Kopfjagd veranstalten die Iban-Dayak das Fest des Nashornvogels zu Ehren ihres Urahns, der zugleich Kriegsgott und Beschützer der tapferen Kämpfer ist. Auch dieses Fest wird mit Opfern und verschiedenen Tänzen begangen. Bei den Toraja auf Sulawesi waren Kopfjagden ebenfalls undenkbar ohne ausgedehnte Riten mit Kampftänzen.

Sind die rituellen Kampftänze der Dayak und Toraja vorwiegend Einzeltänze mit einem imaginären Gegner, so führen zwei Männer der Orang Abung, einer in relativer Abgeschiedenheit lebenden Völkerschaft südlich von Palembang auf Sumatra, vor der versammelten Dorfgemeinschaft den *Tari tigel*, einen alten Kopfjägertanz, aus. Obwohl dort die Kopfjagd nicht mehr existiert, ist dieser dramatische, ja gefährliche Tanz noch gebräuchlich. Zunächst erklärt der Dorfälteste die Regeln. Wer dagegen verstößt, muß Strafe zahlen, Sieger jedoch ist, wer seinen Gegner verwundet oder gar tötet, er erhält keine Strafe. Die beiden Kämpfer stehen anfangs einander kampfbereit gegenüber, jeder trägt ein scharf geschliffenes Messer (badik). Nach einigem Geplänkel mit gegenseitigen Angriffen und Rückzügen nehmen sie je einen Speer, die Kampfbewegungen werden aggressiver. Schließlich ergreifen sie Schwerter, schwingen die Waffe gewandt über dem Kopf und vor dem Gegner, springen voreinander weg, gehen wieder aufeinander zu, bis einer der beiden unterliegt. Der Tari tigel kann manchmal mehrere Stunden dauern. Die Mädchen und unverheirateten Frauen des Dorfes in Festkleidung bilden eine lange Reihe und folgen der Darbietung mit großer Anteilnahme, auf der anderen Seite des Platzes äußern die übrigen Dorfbewohner ihre Erregung durch laute Rufe und Schreie.[23]

Bei den Manggarai in Westflores tanzen zwei Männer den *Parisó* oder *Maincaci* genannten Kampftanz mit einem Schild in der linken und einer Peitsche aus Büffelhaut in der rechten Hand, während Mädchen auf Gongs und Trommeln dazu den Rhythmus schlagen. Auch auf Bali, im Gebiet Banyuwangi an der Ostküste Javas und anderenorts gibt es solche getanzten Peitschenduelle, ohne daß sich die Gegner verletzen.

In anderen Gebieten haben sich solche ehemals rituellen Zweitänze zu belustigenden Volkstänzen entwikkelt. So führen je zwei Männer auf den Kei-Inseln zur Begleitung zweier Trommeln tanzend ein Scheingefecht mit Speer und Schild aus: Mit leichtem Hüpfen und auch hohen Sprüngen stechen und stoßen sie mit der Waffe, greifen an und weichen voreinander aus, parieren die Stöße des Gegners, bis endlich einer der beiden zu Boden stürzt und am ganzen Leibe zittert; der andere rennt weg, Freunde des Besiegten suchen den »Mörder«, ziehen ihn herbei, nehmen Rache und »töten« ihn zum Gaudium aller Anwesenden.

Neben diesen Kampftänzen zweier Gegner gibt es Kriegstänze, bei denen sich zwei große Gruppen mit Speeren und Schilden bewaffneter Männer in Kampfausrüstung mit Federn oder Blätterbüscheln auf dem Helm ein Scheingefecht liefern. Bei den Ngada- und Nage-Stämmen in Westflores wie auch auf Nias werden solche Kriegstänze sehr behende, mit raschen Bewegungen und ständigem Auf und Ab der sich bekämpfenden Gruppen ausgeführt.

Auf Seram dagegen ist der *Kohua*-Tanz gebräuchlich,

ein von den melanesischen Alfuren stammendes, nach erfolgreicher Kopfjagd praktiziertes Ritual: Zur Tifa-Trommelbegleitung bewegen sich Männer, einander mit den Armen auf dem Rücken festhaltend, in einem geschlossenen Kreis entgegen dem Uhrzeiger mit kurzen Schritten seitwärts, plötzlich brechen sie den Kreis auf, springen schreiend in die Kreismitte, wo ursprünglich die Kopftrophäen niedergelegt waren, und kehren wieder zur Kreisposition zurück.

Einer der bekanntesten Kriegstänze ist der *Cakalélé* aus Ambon, früher ein Tanz der Alfuren vor dem Beginn einer Kopfjagd. In der Zeit der Kolonialkriege zogen die Ambonesen mit diesem Tanz in den Kampf gegen die Portugiesen und Niederländer, jetzt ist daraus ein temperamentvoller Volkstanz geworden (Abb. 34). Mit einem Schwert in der rechten Hand und einer Kopfbedeckung mit hohen Federbüscheln bewegt sich eine Gruppe von Männern teils in Reihen, teils in einem Kreis, sie schwingen die Schwerter, stoßen anfeuernde Rufe aus, ducken sich nieder, machen abwechselnd kurze und virtuose Sprünge, während Gongs und Trommeln den lebhaften Rhythmus schlagen, ein Musikant die Tahuri (Seemuschel) bläst und ein Vorsänger einen kleinen Chor anführt. Ähnliche Kriegstänze gibt es auch auf anderen Inseln, so den *Tari perang* auf Flores, äußerst lebhafte Sprungtänze der Meo in den Gebirgsregionen von Timor, den von vier Paaren ausgeführten Schwertertanz *Mandau* auf Kalimantan, den *Canggalong-galong* der Buginesen auf Sulawesi, in dem drei Reihen von Männern mehrmals nach vorn stürmen, und viele andere.

Während die Herkunft all dieser Kampf- und Kriegstänze zweifellos aus der Gentilgesellschaft der Protomalayen und Melanesier abzuleiten ist, kann die Entstehung und Entwicklung von ähnlichen Tänzen in den Gebieten ehemaliger Fürstentümer oder Sultanate nicht mehr so eindeutig festgestellt werden.

So sind die sehr populären *Seudati*-Tänze in Aceh vermutlich ursprünglich auch Kriegstänze gewesen. An den Küsten Nordsumatras hatte der Islam bereits im 13. Jahrhundert Fuß gefaßt, und bis zum Beginn des 17. Jahrhunderts besaß das Aceh-Reich große Macht, die sich auf weite Teile Sumatras und die Malaiische Halbinsel erstreckte. Der Name Seudati oder Sadati läßt auf arabische Herkunft schließen, er bedeutet »Mein Herr«, und sicherlich haben diese Tänze am Sultanshof in Aceh eine wichtige Rolle gespielt, weil darin die Kraft, der Mut und die Geschicklichkeit im Kampf gegen die Feinde zum Ausdruck gebracht wurden. Da diese Tänze jedoch einen eigenständigen Bewegungsduktus besitzen, ohne Instrumentalbegleitung ausgeführt werden und von arabischen Einflüssen nichts zu spüren ist, muß angenommen werden, daß sie schon vor dem Einbruch des Islam existiert haben und am Sultanshof weiterentwickelt worden sind. Aceh hat sich bis zum Beginn des 20. Jahrhunderts allen Unterwerfungsfeldzügen der Niederländer leidenschaftlich widersetzt. In dieser Zeit bildeten die Seudati-Tänze ein wichtiges künstlerisches Mittel zur Stärkung des nationalen Selbstbewußtseins und Stolzes. Zu jeder Seudati-Aufführung gehörten Lieder, in denen der Ruhm und die Macht des Landes unter ihren muslimischen Herrschern früherer Jahrhunderte gepriesen wurde.[24] Jetzt hat jedes Dorf in Aceh eine Gruppe von Seudati-Tänzern, die bei verschiedenen Gelegenheiten miteinander wetteifern.

Es gibt zwei verschiedene Seudati-Tänze, den *Seudati agam* für zehn Männer und den *Seudati inong* für zehn Frauen. Bei den Männern werden ein Anführer, sieben ältere Brüder, ein jüngerer Bruder und ein Kind unterschieden. Sie tragen die Nationalkleidung der Aceh: ein weißes, eng anliegendes, langärmliges Hemd, weite weiße oder schwarze Hosen, darüber einen bunten, knielangen seidenen Sarong und ein seidenes, nach hinten spitz herausragendes Kopftuch. Die Frauen treten als einheitliche Gruppe auf, auch ihre Kleidung ist festlich, statt des Kopftuches tragen sie einen ringförmigen Kopfschmuck. Die Tänze sind kraftvoll und heiter, die Beine und Füße nach außen gedreht, im Kreuzschritt gehen oder springen die Männer in verschiedene Richtungen, während sie die Arme gestreckt seitwärts halten. Im Rhythmus des Tanzes schnipsen sie mit den Fingern, schlagen sich auf die Brust, schwingen ihre Körper seitwärts und verschränken ihre Hände abwechselnd nach beiden Seiten. Die Grundhaltung des auswärts gedrehten, im Knie etwas gebeugten Standbeins und des schräg dahinter gehaltenen, mit der Fußspitze den Boden berührenden Spielbeins ist ganz deutlich von der klassischen indischen Swastika-Haltung geprägt (Abb. 48). Der Seudati inong ist sanfter, weicher, lieblicher, die Fußhaltung geschlossen, die Beine weniger nach außen gedreht. Alle Bewegungen werden sehr exakt ausgeführt.

Auch bei den Minangkabau in Westsumatra gibt es einen im Laufe der Jahrhunderte stilisierten Kriegstanz mehrerer Männer, den *Slendang*, in dem die Gewandtheit, Spannkraft und Elastizität der Kämpfer demonstriert werden. Slendang ist eine um die Hüfte gebundene Schärpe, deren Enden bis in Kniehöhe reichen. Das plötzliche rasche Seitwärts- und Hochwerfen der Schärpenenden mit den Fingern symbolisiert wie im klassischen javanischen Tanz die schnelle Handhabung eines Schwertes.

Im Gegensatz zu den rituellen Kopfjägertänzen der Toraja auf Sulawesi sind am Hofe des mächtigen buginesischen Königreiches Luwu, das die Toraja schon im 10. Jahrhundert nach dem Norden ins Inland vertrieben hatte, Kriegstänze entwickelt worden, die möglicherweise auch auf ältere Volkstraditionen zurückzuführen sind. Bei diesen *Pajaga*-Tänzen, die jetzt nur noch bei festlichen Gelegenheiten gezeigt werden, tanzen Gruppen von sechzehn Männern siegreich geführte Kämpfe. Sie stehen in zwei Reihen einander gegenüber, mit Stöcken als Sinnbild von Speeren oder Lanzen in der Hand, nähern sich mit jeweils drei akzentuierten Schritten, weichen wieder zurück, gehen wieder aufeinander los, ducken sich, springen vorwärts, bis eine der beiden Reihen siegt, die anderen gefangennimmt und eine dritte Gruppe die Gefangenen wieder befreit. Neben diesen Kriegsspielen gibt es in Südsulawesi zwei andere Arten von Pajaga-Tänzen, einen sehr ruhigen, von zwölf jungen Mädchen ausgeführten klassischen Hoftanz und einen lebhafteren, ebenfalls stark stilisierten Tanz von zwölf Männern. Obwohl diese klassischen Pajaga-Tänze ebenso wie der javanische Serimpi vermutlich aus alten Kriegstänzen entwickelt worden sind, ist bei ihrer äußerst perfektionierten Form kaum mehr etwas von ihren Ursprüngen zu spüren. Am Beispiel des Serimpi werden wir noch ausführlich darauf eingehen.

Daß es auch auf Java Kampf- und Kriegstänze gentilgesellschaftlichen Ursprungs gegeben hat, ist an einigen Steinreliefs des Borobudur nachweisbar (Abb. 4). Nur zwei sundanesische Volkstänze erinnern entfernt noch an diese alte Tradition, Segeng und Beksan. *Segeng* ist ein sehr simpler Kampftanz von fünf oder mehr Männerpaaren mit Kränzen von Kokosnußblättern auf dem Kopf, den Rhythmus singen die Tanzenden selbst ohne Instrumentalbegleitung. *Beksan* ist ebenfalls sehr einfach, er wird in der Gegend von Cirebon von vier Männern mit Trommelbegleitung ausgeführt. Schon ganz von der klassischen Tradition geprägt ist dagegen der *Beksan petilan* aus Yogyakarta: Zwei, vier oder mehr Männerpaare tanzen Kämpfe historischer oder mythologischer Figuren aus der hindu-javanischen Zeit. Das gilt auch von dem Kriegstanz *Wireng* aus Surakarta. Es steht außer Frage, daß diese Tänze auf alte Riten aus der vorhinduistischen Zeit zurückgehen. In den klassischen javanischen Tanzspielen gehören Kampfszenen zu den dramatischen Höhepunkten, uralte gentilgesellschaftliche Traditionen sind hier zu einer äußerst perfektionierten Tanzkunst hochstilisiert worden.

Im Unterschied zu Java sind auf Bali zahlreiche Kriegstänze noch mit rituellen Zeremonien verbunden. So gibt es in Bergdörfern, vor allem im Norden der Insel, wie Beryl de Zoete und Walter Spies bezeugen,[25] noch etwa zwanzig verschiedene *Baris*-Rituale, in jedem Dorf ein anderes. Manche davon sind nur einfache Prozessionen einer Reihe (Baris = Reihe) von waffentragenden Männern zum Altar, wo Speere, Schilde, Pfeile und Bogen gesegnet oder geopfert werden. Daran schließt sich jedoch ein häufig nur kurzer Speertanz, *Biasa*, an, in dem ein imaginärer Gegner bekämpft wird.

Die großen Baris-Tänze, *Baris gedé*, sind jedoch unter dem Einfluß der hinduistisch-höfischen Kultur zu ungemein fesselnden, klassisch vervollkommneten Darbietungen von wunderbarer Schönheit entwickelt worden, ohne daß sie auch nur im geringsten etwas von ihrer ursprünglichen Direktheit und Vitalität eingebüßt hätten. Sie werden stets von großen Gamelan-Orchestern begleitet.

Bei dem Baris gedé oder tumbak in dem Bergdorf Sukawana treten sogar zwei Orchester in Aktion. Zunächst segnet der Dorfpriester die Speere. Zwölf Männer in festlicher Kleidung, eng anliegender Hose, kleiner Seidenjacke und einer bunt verzierten, spitz emporragenden dreieckigen Kopfbedeckung, formieren sich in drei Reihen, die Speere in der rechten Hand haltend. Die Grundhaltung entspricht der des Prinzen Rama auf einem Prambanan-Relief (Abb. 16): Der Fuß des im Knie gebeugten, auswärts gedrehten Standbeins steht fest auf dem Boden, das Spielbein ist halb nach vorn seitwärts gestreckt, die Hacken auf dem Boden, die Zehen hoch emporgezogen. Die Tänzer heben das Spielbein, richten die Speere hoch, springen, bilden verschiedene Gruppierungen, knien nieder und richten sich wieder auf – alles in ruhigem Tempo. Dann erscheint eine zweite Gruppe von acht Tänzern, zur Begleitung des zweiten Orchesters schwingen sie in lebhafterem Tempo ihre Speere hoch, setzen sie auf den Boden und tanzen im Kreis. Dieser *Baris jojor* endet mit schwungvollem Hantieren der Speere. Eine weitere Gruppe von acht Tänzern stellt sich in zwei Reihen auf, kniet auf einem Bein nieder, springt hoch, die Tänzer wechseln ihre Plätze, kreuzen ihre Speere und stoßen in raschem Tempo rhythmische Rufe aus. Diesem *Baris omang* folgt der *Baris presi*: Vom ersten Gamelan-Orchester begleitet, tanzen sechs Männer mit kleinen, runden Schilden in ganz enger Reihe. In dem *Baris dadap* schließlich führen vier Männer mit länglichen Schilden ganz langsam einen stilisierten Verteidigungskampf aus. Jede dieser Baris-Variationen trägt eigene Züge, ihre choreographischen Gruppierungen wechseln häufig.

Ganz anders wird der Baris gedé oder tumbak in Sanur an der Südostküste Balis unweit von Denpasar getanzt. Zehn Männer stecken ihre Speere in die Erde und knien nieder. Ein elfter Anführer tanzt zwischen ihnen hindurch und bleibt dann lange auf einem Bein stehen, das Spielbein auswärts gedreht und im Knie angewinkelt. Sollte das ein Relikt des Kranichtanzes uralter Initiationsriten sein? Die zehn Männer stehen auf, bewegen sich mit lauten Rufen vor und zurück, plötzliche Attacken wechseln mit ruhigem Schreiten ab, der Anführer scheint alles aufmerksam zu dirigieren. Auf einmal stieben alle auseinander, werfen die Speere hoch in die Luft, fangen sie wieder auf und stürmen mit wildem Kriegsgeschrei vorwärts. In einer spannenden Steigerung greifen sie an, vier von ihnen stürmen auf den Anführer zu, der kurz zurückweicht, in ständig wechselnden Formationen von drei, vier oder sechs Tänzern folgen Angriff und Rückzug rasch aufeinander. Die Spannung und das Tempo nehmen zu, der Gamelan spielt mit höchster Lautstärke in aufreizenden Rhythmen, schließlich stürzen sich die Angreifer auf den Anführer, der einen Kris zieht, aber zurückgedrängt und vertrieben wird.

Ebenfalls in Sanur wird der *Baris cina* von zwei Gruppen mit je einem Anführer getanzt. Einer von ihnen beginnt mit einem längeren Solo, plötzlichen Angriffen folgen gespannte Pausen, er tanzt mit Körper und Fingern zitternd. In sehr unterschiedlichen Formationen und mit vielfältigen Schritten und Sprüngen gehen die zwei Gruppen mit Schwertern aufeinander zu und weichen einander wieder aus. Zum Schluß kämpfen die beiden Anführer heftig gegeneinander, unterstützt von einigen ihrer Anhänger. Mit gleicher Leidenschaft wird der *Baris demang* in Singaraja im Norden Balis ausgeführt: Acht Männer mit kurzen krummen Schwertern tanzen in zwei Reihen mit hohen Sprüngen und raschen Drehungen, ein Anführer entwickelt beim Springen geradezu akrobatische Fähigkeiten.

Eine sehr liebliche Variante des Baris ist der dekorative *Baris kekupu* (kekupu = Schmetterling): Vier oder fünf junge Mädchen mit dem typischen spitzen Kopfschmuck, manchmal mit Fächern in der Hand oder auch Schmetterlingsflügeln auf dem Rücken, tanzen in Reihen, im Halbrund, trennen sich voneinander, nähern sich wieder, knien nieder, springen hoch auf, stampfen, kriechen tief am Boden, verschränken ihre Flügel, kämpfen miteinander und trennen sich wieder. In Tenganan tanzen die fünf Mädchen mit Palmblättern als Symbol für ihren Garten, ein Mann tritt hinzu und will die Mädchen vertreiben, er meint, sie wollen seine Blumen zerstören. Nach einem längeren Kampfspiel zwischen dem Mann und den Mädchen knien diese um ihn herum nieder, zwei der Mädchen vertreibt er mit einem Kris aus dem Garten, mit den anderen tanzt er fröhlich weiter. Hier ist der Baris im Sinne der hinduistischen Mythologie umfunktioniert worden: Der Schauplatz ist Indras Garten, der Mann dessen himmlischer Bewacher.

Die Baris-Tänze sind außerordentlich vielfältig und dienen zum Teil noch stets rituellen Zwecken. So wurde der Baris gedé nach dem gewaltigen Ausbruch des Vulkans Gunung Agung 1963 zur Besänftigung der zerstörerischen Mächte auf den erkalteten Lavaströmen getanzt.[26] Andererseits haben einige dieser Tänze, wie etwa der Baris cina, die Funktion kriegerischer Übungen zur Ertüchtigung und Selbstverteidigung junger Männer. Sie sind eine regionale Variante des überall in Indonesien als sportliches Kriegsspiel beliebten *Pencak*.

Tänzerisch-sportliche Übungen zur Stärkung des

Körpers und zur Steigerung der Reaktionsfähigkeit, um für kriegerische Auseinandersetzungen gerüstet zu sein, gibt es bei vielen Völkern Ost- und Südostasiens. In China nutzte der Taoismus solche alten Praktiken für das körperliche und geistige Training seiner Anhänger, und noch heute verbindet der Wushu-Sport akrobatische und artifizielle Elemente miteinander. In Japan machten die Samurai das Jiu-Jitsu, eine hoch entwikkelte Kunst waffenloser Selbstverteidigung, zu ihrem Privileg. Auch die Kopfjäger-Papua übten sich in tänzerischen Kriegsspielen. Die ursprünglich magisch-rituelle Funktion dieser Praktiken ist wohl überall verlorengegangen, neben dem sportlichen Zweck hat der ästhetisch-künstlerische Aspekt jedoch einen sehr unterschiedlichen Stellenwert. In Indonesien wurde der Pencak von ganzen Völkerschaften und an vielen Fürstenhöfen zur Steigerung der Verteidigungsfähigkeit in den vielen Guerillakriegen gegen die kolonialen Eroberer kultiviert. Seit der Befreiung vom Kolonialismus gilt er weitgehend als Genre der Tanzkunst, bei künstlerischen Manifestationen wird er vom Publikum außerordentlich geschätzt.

Pencak bedeutet soviel wie »mit einem Stock um sich schlagen«, ist jedoch keinesfalls aggressiv, sondern wird mit dem Anspruch einer Kunst der taktisch klugen, flexiblen Abwehr eines Angriffs ausgeübt. Mit schnellen, leichten Bewegungen soll der Angreifer getäuscht werden. Ein systematisches Pencak-Training stärkt die körperliche Widerstandsfähigkeit und ein schnelles Reaktionsvermögen.

Als sportliche Kunstgattung soll der Pencak zuerst von den Minangkabau in Westsumatra entwickelt worden sein, wo er auch jetzt ausgiebig von jung und alt gepflegt wird. Zwei Jünglinge oder Männer machen sich zum Kampf bereit, eine kleine Musikgruppe begleitet. Zunächst beginnt der eine gegen einen unsichtbaren Gegner zu kämpfen, der zweite tritt hinzu, Angriff, Abwehr und Gegenangriff mit blitzartigen Sprüngen, kräftigen Umklammerungen und listigem Ablenken des Gegners wechseln einander ab. Dann ergreifen beide Tänzer bereitliegende Bambusstöcke als Sinnbild von Schwertern, der Kampf wird heftiger, wirbelnde Bewegungen, unerwartete Stöße mit dem Stock, ungestüme Fußtritte, plötzliches Sichducken, dann wieder hohe Sprünge, pfeilschnelle Reaktionen und Gegenreaktionen folgen in raschem Tempo. Das Ende kommt ganz abrupt, es gibt weder Sieger noch Besiegte.

Man unterscheidet zahlreiche, regional unterschiedliche Arten des Pencak. Im allgemeinen kommt es auf Sumatra vor allem auf die flexible Fuß- und Beintaktik an, von den Sundanesen auf Westjava wurde im *Ibing pencak* die Handtaktik mit verschiedenen Haltungen, Greif-, Krall- und Faustbewegungen entwickelt, in Zentraljava und auf Bali werden beide Taktiken kombiniert.[27] Weitere Formen auf Sumatra sind der *Pencak harimau* (Tiger), *Pencak monjet* (Affe) und *Pencak ular* (Schlange), die vermutlich von alten Tiertänzen abgeleitet sind, die beiden Kämpfenden imitieren dabei charakteristische Bewegungen dieser Tiere. In dem südsumatranischen *Pencak Palembang* werden manchmal auch richtige Waffen, ein Kris oder Schwert, verwendet, ohne daß der Gegner verwundet wird. In Südsulawesi dagegen wird der *Menca* ganz ohne Requisiten ausgeführt. Auf den Molukken und in Westirian gibt es wieder andere regionale Varianten. Auf Bali ist der Pencak ein richtiger Tanz, der von einem Gamelan jejog, einem Orchester von Bambusinstrumenten, begleitet wird. Walter Spies berichtete, daß er in einem Dorf einen *Jejog*, einen sehr langsam ausgeführten, stark stilisierten Pencak gesehen hat.[28]

Tänze zu festlichen Anlässen, Werbungs- und Geschicklichkeitstänze

Außer all den genannten Tänzen gibt es in Indonesien Volkstänze unterschiedlichster Herkunft. Sie können gentilen Ursprungs, später unter dem Einfluß des Hinduismus, des Islam und der Kolonialmächte entstanden oder auch als höfische Tänze mit klassischen Elementen volkstümlich geworden sein. Und schließlich wurden vor allem nach 1945 zahlreiche neue Volkstänze geschaffen, doch darüber wird noch im letzten Kapitel zu berichten sein.

Volkstänze werden zu den vielfältigsten festlichen Anlässen ausgeführt, zu Jahreszeitenfesten, Beschneidungen, Hochzeiten und anderen Gelegenheiten, es gibt kein Fest ohne Tanz und Musik. Aus der schier unübersehbaren Fülle volkstümlicher Tänze können hier nur die wichtigsten genannt werden.

Auf Sumatra erfreuen sich einige traditionelle Paartänze von Mädchen und Jungen einer solchen Beliebtheit, daß sie auch in anderen Gebieten Indonesiens übernommen worden sind. Da ist zunächst der heitere *Serampang duabelas* aus der östlichen Küstengegend an der Straße von Malakka, der an den Sultanshöfen mit gleicher Lebhaftigkeit getanzt wurde wie bei Volksfesten. Die Paare stehen einander in gewissem Abstand gegenüber, während einer langsamen Einleitung werden bei geschlossener Fußposition nur kurze Schritte auf der Stelle, seit- und vorwärts gemacht. In mehreren Variationen steigert sich das Tempo allmählich, die Paare bewegen sich in Halbkreisen, die Mädchen sind stets führend. Jedes Paar tanzt aneinander vorbei und versucht sich mit dem Rücken zu berühren, aber das Mädchen weicht aus. Die Schritte gehen in leichtes Hüpfen und Springen über, ein gegenseitiges Werben um die Gunst des anderen, die Blicke stets aufeinander gerichtet, läßt die Spannung zunehmen. In lebhaftem Tempo bewegen sich die Paare wieder in Halbkreisen oder in 8-Form, bis sie sich schließlich mit Taschentüchern sinnbildlich ihre Zuneigung erklären. Der Reiz dieses Tanzes, auch für die Zuschauer, liegt in den sensiblen, stets wechselnden Reaktionen des Mädchens und des Jungen zu- und gegeneinander.

In dem ebenso beliebten fröhlichen *Sonnenschirm-Tanz* der Minangkabau in Westsumatra ist dagegen der junge Mann führend, er bemüht sich ständig, seine in verschiedene Richtungen ausweichende Partnerin mit einem Sonnenschirm zu beschützen, erst wenn sie sich am Schluß widerstandslos unter seine Obhut begibt, kann er gewiß sein, ihre Gunst errungen zu haben. Diese Tänze wurden oft mit Liedern abgewechselt und von einer Trommel sowie einer Art Tamburin begleitet, erst in letzter Zeit kommen Akkordeon oder Klavier dazu.

Wie verschiedenartig und phantasievoll die Volkstänze der Minangkabau sind, mögen zwei weitere Beispiele zeigen. Den *Randai* tanzen mehrere Männer mit teils ruhig-stolzen, teils spannungsvoll-agilen Bewegungen und Gebärden, dabei singen sie Loblieder auf die Heldentaten und Errungenschaften ihres Volkes. Der *Indang* dagegen ist ein Tanz von sieben oder neun auf den Unterschenkeln sitzenden Männern, die mit heftigem Schwingen des Rumpfes und Kopfes Sprüche aus dem Koran rezitieren, ohne ihre Position zu verändern. Die Aceh in Nordsumatra kennen einen ähnlichen Sitztanz, den *Bersamen.*

In Südsumatra sind einige wenige Tänze aus der Zeit des ersten Hindu-Großreichs Srivijaya erhalten geblieben, dessen Fürstenhof vom 7. bis 10. Jahrhundert in der Nähe von Palembang auch ein Zentrum der Kultur gewesen ist. Der *Gadis* ist ein ruhiger Reigentanz unverheirateter Mädchen in schweren, golddurchwirkten Gewändern mit einer hohen Blumenkrone auf dem Kopf. In dem Tanz *Gending Srivijaya* boten vier festlich gekleidete junge Mädchen in einer längeren Zeremonie mit rollenden Hand- und Fingerbewegungen in einem Holzgefäß die Blätter und die Nuß der Betelpalme dar. Die Finger der Mädchen waren – ähnlich wie im Rejang-Tanz auf Bali – durch schmale goldene Nägel mindestens um das Doppelte verlängert, so daß sich die Aufmerksamkeit ganz auf das zarte, verfeinerte Fingerspiel konzentrierte. Sobald der König das Geschenk entgegengenommen hatte, verschwanden die Tänzerinnen. Gegenwärtig wird dieser Tanz ohne das Betelzeremoniell zur festlichen Begrüßung eines hohen Gastes ausgeführt (Abb. 35, 36).

Im Unterschied zu Sumatra sind weder von den Hindu-Königreichen noch von den islamischen Fürstenhöfen auf Kalimantan irgendwelche eigenständigen Tanztraditionen überliefert. Man begnügte sich dort mit künstlerischen Darbietungen, die aus Java importiert wurden, speziell dem Wayang kulit.[29] Dagegen haben die Buginesen und Makassaren in Südsulawesi an ihren Königs- und Fürstenhöfen eine ganze Reihe von eigenen Tänzen gepflegt und bis in die Gegenwart weiterentwickelt. Neben den bereits erwähnten Pajaga-Tänzen gehören die *Pajogé*-Tänze zu den beliebtesten geselligen Vergnügungen. Am Hofe der Rajas von Bone wurde der Pajogé von jeweils zwei einander gegenüberstehenden Männern in Frauenkleidung getanzt: Mit sanften Bewegungen, leichtem Schwingen des Körpers nach hinten bei halb gebeugten, eng aneinander gehaltenen Knien spielen sie mit einem Fächer in der rechten Hand, während sie mit der linken zierliche Handgelenkdrehungen machen. Zumeist tanzten jedoch junge Mädchen gegen Bezahlung den Pajogé bei festlichen Zusammenkünften in den Häusern von Adligen und reichen Kaufleuten: Zwei Reihen von fünf Mädchen in farbenreicher Kleidung mit einer Art Krone auf dem Kopf, von der bunte Bänder über ihre Schultern herabfallen und unter der Brust zusammengebunden sind, tanzen mit leichten Schritten, im Knie wippend, einen Fächer in der rechten Hand synchron öffnend und schließend, die linke in graziöser Gegenbewegung, jedoch ohne nach außen gebogene Finger, die Augen keusch zum Boden gewandt, dazu singen sie Liebeslieder. Je nach dem Lied wird der Tanz variiert, es gibt etwa zwanzig verschiedene Versionen. Eine davon, *Mangngibing*, wird nur von einem Mädchen vor mehreren im Halbkreis sitzenden Männern ausgeführt: Nachdem es eine Weile gesungen und mit halb auswärts gedrehten Beinen getanzt hat, bietet es einem der Männer als Zeichen der Verehrung ein Betelblatt an, beide tanzen dann zusammen, ohne einander zu berühren.

Bei den Makassaren an der Südwestküste Sulawesis ist der Solo-Männertanz *Lenggo* weit verbreitet, früher wurde er vor allem zur Begrüßung eines Prinzen oder hohen Gastes ausgeführt. Aklenggo bedeutet den Oberkörper abwechselnd weit nach rechts und links beugend drehen, eine Bewegung, die von früher Jugend an gelernt sein will. Mit nach außen gedrehten Beinen und leicht gebeugtem Knie wird der Lenggo in ruhigem Tempo bei ständiger Gewichtsverlagerung von einem zum andern Bein mit bis zur Stirnhöhe erhobenen oder zur Seite gestreckten Armen und leichtem Drehen der Hände ausgeführt, bis der Tänzer zum Schluß kreuzbeinig sitzend mit vor der Brust gefalteten Händen und gesenktem Kopf dem Gast oder den Zuschauern seine Reverenz erweist. Diese respektvolle, von den Makassaren Somba, auf Java Sembah genannte Haltung ist indischen Ursprungs. Die Musikbegleitung von acht Rabana, einer Art Tamburin, weist auf persisch-arabische Einflüsse hin.

Wahrscheinlich iberischen Ursprungs ist dagegen der *Akkarena sikru*, ein Geschicklichkeitstanz zweier Männer, die in jeder Hand zwei Porzellanlöffel, einen zwischen Daumen- und Zeigefinger, den zweiten zwischen Mittel- und Ringfinger halten und diese virtuos in den verschiedensten Varianten und häufig synkopierten Rhythmen wie Kastagnetten gegeneinander schlagen. Während die Tänzer einander gegenüberstehen, mit langen Schritten und gebeugten Knien umeinander die Positionen wechseln, sich mit Drehungen um die eigene Achse oder in 8-Form aneinander vorbeibewegen, halten sie die Arme halbrund zur Seite gestreckt, erheben einen Arm über den Kopf und geben mit dem Löffelschlagen zur Rabana-Begleitung die Rhythmen an. Dann kniet einer der beiden halb nieder, während der andere sich drehend vor ihm tanzt, ein andermal gehen beide gleichzeitig in die Hocke, bis sie zum Schluß mit einem Doppelschritt, leichtem Vorwärtsgleiten und Hüpfen auf einem Bein in die Begrüßungshaltung Somba übergehen. Da die Portugiesen im 16. Jahrhundert großen Einfluß auf die Makassaren hatten, ist anzunehmen, daß dieser Tanz von ihnen übernommen wurde.

Ein anderer, viel Grazie und Geschicklichkeit erfordernder Tanz ist der *Pakraga*, ein malaiisches tänzerisches Spiel mit einem Rotang-Ball, das außer in Südsulawesi und einigen anderen Inseln Indonesiens auch in Malaysia und auf den Philippinen sehr beliebt ist. Fünf junge Spieler werfen den Ball lebhaft hin und her, ohne ihn mit den Händen zu berühren und auf den Boden fallen zu lassen. Dabei schleudern sie den Ball mit den Fersen, den Knien, mit der Hüfte, den Schultern, dem Unterarm oder mit dem Kopf in den verschiedensten Körperhaltungen, sogar auf dem Rücken liegend, und tanzen leicht hüpfend, stampfend, springend mit eleganten Handgesten zur rhythmischen Begleitung zweier Trommeln und eines Gongs im 4/4-Takt mit Synkopierungen. Viel Heiterkeit rufen die Tänzer mit allerlei akrobatischen Spielchen hervor, radschlagend oder gar auf den Händen laufend balancieren sie den Ball, werfen ihn hoch oder spielen ihn unvermittelt einem Partner zu. Trotz aller sportlichen Wendigkeit bleibt der Pakraga doch immer ein Tanz, der schnelles Reaktionsvermögen und Improvisationslust erfordert.

Ein weiterer Geschicklichkeitstanz ist außer in Indonesien ebenfalls in mehreren Ländern Südostasiens – Vietnam, Thailand, den Philippinen –, aber auch in Nordostindien bekannt: Je zwei Männer sitzen sich in einem Quadrat gegenüber und schlagen zwei lange Bambusstäbe rhythmisch zusammen, während zwei Paare behende zwischen den Stäben tanzen, ohne diese zu berühren. Die weite Verbreitung dieses *Bambustanzes (Gandrang bulo)* läßt einen gemeinsamen Ursprung vermuten. Auf Kalimantan, Flores, Seram und den Kei-Inseln wird er als Geselligkeitstanz gepflegt. Mit einer

Ausnahme: Auf den Tanimbar-Inseln werden statt der üblichen Bambusstäbe Reisstampfer verwendet, hier dient dieser *Sau reka-reka* genannte, von Gongs und Trommeln begleitete Tanz unzweideutig einem Fruchtbarkeitsritual.[30]

Auf Ostflores wie auch bei manchen Papuas Westirians gibt es Tänze mit Gesängen, in denen während der Initiationsriten die Schöpfungsmythen dieser Stämme erzählt werden. Meist beschränken sich diese Tänze auf einfaches Schreiten, Hüpfen oder Springen in Reihen- oder Kreisform. Auf Seram jedoch fällt der als Volkstanz beliebte *Lumulai* der Alfuren durch eine ungewöhnliche Grundform auf: Je vier Männer bilden Strahlen eines Sterns, sie springen vor- und rückwärts, verkürzen und verlängern dadurch die Strahlen, ohne die Sternposition aufzugeben. Möglicherweise gehörte dieser Tanz ursprünglich zu einer Stammeskosmogonie.

Von einer rituellen Herkunft ist dagegen bei den vielfältigen *Menari*-Tänzen nichts mehr zu spüren, es sind ausschließlich (auf vielen Molukken-Inseln verbreitete) Geselligkeitstänze geworden. Einige werden nur von Frauen mit leichten Hüpfbewegungen und Kniebeugen, aber ohne Drehungen sehr graziös getanzt, andere haben sich zu Werbetänzen mehrerer Paare entwickelt, so der Taschentuchtanz *Tari lenso* oder der Stocktanz *Tari parisi* mit zierlichen Arm- und Handbewegungen und leichtem Seitwärtsbeugen des Rumpfes. Das liebliche Spiel mit einem Taschentuch ist in zahlreichen Varianten auf anderen Inseln als Werbetanz beliebt. Auf Savu beispielsweise, westlich von Timor, wird der Taschentuchtanz nur von zwei Reihen junger Mädchen ausgeführt. Der fröhliche *Kebahi*-Tanz auf Timor wiederum ist ein Kreistanz: Jungen und Mädchen halten sich tanzend an den Händen fest, in der Mitte des Kreises singt und tanzt ein Junge, die anderen folgen im Chor, bis ein anderer Tänzer den Platz in der Mitte einnimmt.

Derartige schlichte, bei geselligen Zusammenkünften ausgeführte Volkstänze sind auf Bali so gut wie unbekannt. Erst nach der Befreiung vom niederländischen Kolonialismus entstanden neue, der täglichen Arbeit gewidmete Volkstänze. Hier ist die Tanzkunst noch stets sehr eng mit uralten magischen Vorstellungen verbunden und durch den ungebrochenen Einfluß des Hinduismus zu einzigartiger Reife und Schönheit entwickelt worden. Wenn jetzt auch zahlreiche Tänze den Touristen gegen Entgelt vorgeführt werden, so haben sie für die Ausführenden kaum etwas von ihrer magisch-kultischen Bedeutung verloren.

Von etlichen neueren, seit dem Beginn unseres Jahrhunderts entstandenen Tänzen, deren Bewegungsstrukturen auf klassischen Traditionen fußen, ist nur einer als geselliger Werbetanz einzustufen, der *Joged*, der über die ganze Insel in mehreren Varianten verbreitet ist und meist nach Erntefesten, großen rituellen Zeremonien und bei festlichen Ereignissen wie Hochzeiten oder Leichenverbrennungen getanzt wird. Es ist der einzige Tanz auf Bali, an dem sich jeder, ob jung oder alt, beteiligen kann. Er wird auch nicht von einem Gamelan mit Metallophonen begleitet, sondern meist von einem Ensemble von Bambusinstrumenten, dem Gamelan angklung. Die erste Tänzerin, Joged, tanzt in prächtigem Gewand, einen Fächer in einer Hand haltend, mit klassischen Handgelenkdrehungen, graziösem Spiel der Finger, rasch gleitenden Seitwärtsschritten bei leicht gebeugten Knien, aber unbeweglichen Gesichtszügen. Nach diesem Solo setzt das Orchester mit einer anderen Melodie ein: Joged berührt mit dem Fächer einen Partner, Ngibing, dessen Alter sehr unterschiedlich sein kann. Ngibing nähert sich Joged mit gebeugten Knien, die Füße eng beieinander, die Hüften leicht wiegend, den linken Arm erhoben, die Hand gesenkt wie ein Schlangenkopf, und zarten Seitwärtsbewegungen des Kopfes im Rhythmus der Musik. Nach einigen vorsichtigen Schritten tanzen beide zusammen. Es folgen schnelle Seitwärtsschritte, ein plötzlicher Halt, die Partner wechseln scheu ihre Blicke, dann wieder halten sie sich herausfordernd zurück. Joged ahmt dann die Bewegungen des Ngibing spiegelartig nach. Schnelles Nachahmungsvermögen, Bewegungsvielfalt und Einfallsreichtum innerhalb eng gesetzter stilistischer Regeln machen diesen Tanz zu einem spannungsreichen, intensiven Flirtspiel, bei dem es auch sehr heiter zugehen kann, da Ngibing manchmal recht unerwartete Bewegungen und tänzerische Kunststückchen der ersten Tänzerin aufzwingen kann. Bei einer Variante dieses Tanzes, *Gandrung*, macht ein Jüngling oder Mann den Anfang, Ngibing ist dann die Partnerin. Im Gandrung wird den beiden Tänzern mehr Bewegungsspielraum gewährt, sie tanzen manchmal dicht zusammen, jedoch ohne einander zu berühren. Nur in einer weiteren Variante, *Oleg*, umschließt der erste Tänzer am Schluß die Knie Ngibings. In vielen Dörfern auf Bali gibt es Ngibing-Spezialisten von hoher Erfindungskraft, die bei der Bevölkerung sehr beliebt sind.[31] Über eine andere Variante des Joged, den Joged bungbung, in dem das Stampfen des Reises tänzerisch stilisiert wird, ist bereits an anderer Stelle berichtet worden (s. S. 42).

In dem abgelegenen Dorf Tenganan ist noch ein anderer, dem Joged ähnlicher Werbetanz gebräuchlich, der *Abuang*. Jünglinge in Festkleidung und mit je einem Kris bilden eine Reihe gegenüber jungen Mädchen nach ihrem Rejang-Tanz. Die Jungen zeigen nacheinander je einem Mädchen zunächst nur schüchtern und zurückhaltend ihre Zuneigung. Die Mädchen treten mit zarten Schreitbewegungen und niedergeschlagenen Augen einzeln hervor und fordern je einen Jungen vorsichtig heraus. Erst wenn ein Mädchen ein zweites oder drittes Mal schlicht tanzend hervorgetreten ist, wendet sich der Junge dem Mädchen zu, und beide tanzen in keuschem Abstand einander gegenüber. Wenn ein Mädchen jedoch den sich nähernden Jungen abweisen will, tritt sie zum Gelächter der Umstehenden wieder in die Reihe zurück.[32]

Die unzähligen Stammes- und Volkstänze Indonesiens von den Relikten uralter Jagdriten über die Beschwörungs-, Initiations-, Totenfest- und Kampftänze bis zu den Werbe- und Geschicklichkeitstänzen zeugen von einer außerordentlichen Mannigfaltigkeit und unerschöpflichen volkskünstlerischen Phantasie. Sie bilden die Grundlage und die Voraussetzung für das Aufblühen der klassischen javanischen und balinesischen Tanzkunst.

Einige Ursprünge des klassischen Tanzes

Nach unserer kurzen Übersicht der Geschichte Indonesiens und der Betrachtung der wichtigsten Stammes- und Volkstänze läßt sich einiges über die Ursprünge der klassischen Tanzkunst schlußfolgern, wenn auch über ihre Entstehung und Entwicklung bis zum Majapahit-Reich nur sehr wenig bekannt ist.

Aufgrund entwickelter Produktivkräfte wie der Sawah-Reiskultur und handwerklicher Fertigkeiten hatten die gentilgesellschaftlichen Riten der Geisterbeschwörung, der Initiation und des Ahnenkultes vor allem bei manchen Deuteromalayen mit Schattenspielen und Maskenaufzügen sehr charakteristische, eigenständige Formen angenommen, die sich von denen des südostasiatischen Festlandes, Ostasiens und des indischen Subkontinents in mehrfacher Hinsicht unterscheiden. Die Erzählungen der Stammesgeschichte mittels Puppen und Masken müssen gerade bei den Sundanesen, Javanern, Maduresen und Balinesen schon frühzeitig so stark in der Bevölkerung verwurzelt gewesen sein, daß Wayang kulit und Wayang topeng trotz aller funktionalen, inhaltlichen und formalen Veränderungen im Laufe jahrhundertelanger sozialer und politischer Umwälzungen bis zum heutigen Tage zwei der wichtigsten künstlerischen Äußerungen der Völker Indonesiens geblieben sind. Die Spezifik der klassischen Tanzkunst Javas und Balis, ihre Maskenhaftigkeit, die Formen- und Farbenvielfalt der Kostüme, die Seitwärtsbewegungen mit nach außen gedrehten Beinen und Füßen, wird vor allem von diesen gentilgesellschaftlichen Traditionen geprägt. Hinzu kommt die Eigenart der vorhinduistischen Kampf- und Kriegstänze, die schon bei den Protomalayen und Melanesiern mit den Kopfjäger-Riten eng verbunden waren.

Als mit dem Beginn der Feudalisierung, der durch die asiatische Produktionsweise gewisse Grenzen gesetzt waren, die Fürstenhöfe sich zu Zentren einer neuen Kunst auf qualitativ höherer Stufe entwickelten und die indische Kultur und Kunst mit Buddhismus und Hinduismus Einfluß gewann, entstand im Laufe mehrerer Jahrhunderte die hindu-javanische Hochkultur, einem Amalgam von eigenständigen volkskünstlerischen Traditionen und neuen, aus Indien eingeführten Inhalten, Formen und Techniken. Ebenso wie die einheimischen Geister, Dämonen und Götter mit dem Pantheon der hinduistischen Vorstellungswelt zu einer untrennbaren Einheit verschmolzen und wie die Mythen des Mahabharata und Ramayana in die Geschichte des eigenen Landes eingingen, so entwickelte sich auch auf den Grundlagen der einheimischen Tanztraditionen durch die Übernahme von Inhalten und Formen der klassischen indischen Tanzkunst eine eigene javanische und balinesische Hochkultur des Tanzes, die während der Herrschaft des Majapahit-Reiches ihre klassische Gestalt gewann.

Im Unterschied zu den volkskünstlerischen Traditionen ist diese Tanzkunst klassisch zu nennen, weil sie vier Komponenten in sich vereinigt: ein hohes Niveau vielfältiger Bewegungsstrukturen, eine literarisch-theatralisch perfektionierte Darstellung mythologischer oder historischer Ereignisse mit – und seit dem 14. Jahrhundert auch ohne – Masken in altjavanischen, altbalinesischen, später auch neueren einheimischen Sprachen, die Verwendung aus kostbarem Material hergestellter, hochstilisierter Kostüme, Kopfbedeckungen und Schmuckstücke sowie die Begleitung von Gamelan-Orchestern unterschiedlicher Größenordnungen und Zusammensetzungen. Erst die harmonische Einheit von tänzerischer, literarisch-theatralischer, masken- und kostümbildnerischer sowie musikalischer Vollkommenheit prägt die klassische Wesensart dieser Kunst.

Die klassische Tanzkunst Javas und Balis war seit dem Majapahit-Reich zahlreichen Veränderungen unterworfen, über die wir jedoch mangels authentischer Quellen bisher nur unvollkommen informiert sind. Außer Zweifel steht jedoch, daß sich seit der Teilung des Mataram-Reiches im Jahre 1755 die Herrscher der beiden Fürstentümer Yogyakarta und Surakarta ausgiebig um die Pflege und Weiterentwicklung des klassischen Tanzes in der Gestalt des Wayang wong bemüht haben, bis er von den Prinzen Suryadiningrat und Tejakusuma systematisiert und seit der Gründung der Tänzervereinigung Krida Beksa Wirama 1918 weiten Kreisen der Bevölkerung zugänglich gemacht wurde. Auf Bali dagegen existierte schon viel früher eine enge Verflechtung des höfischen Tanzes mit den volkskünstlerischen Aktivitäten, so daß sich, von wenigen Ausnahmen abgesehen, alle tanztheatralischen Darbietungen und Einzeltänze durch klassische Vollkommenheit auszeichnen. Leider ist die Geschichte Balis und speziell die Entwicklung der Künste auf dieser Insel bis zum Ende des 19. Jahrhunderts noch weitgehend unerforscht. So kann der sicherlich komplizierte und widerspruchsvolle Prozeß der Durchdringung einheimischer magisch-ritueller Zeremonien mit den künstlerischen Errungenschaften des Hinduismus seit Erlanggas Zeit und besonders nach 1527, als das einst so mächtige Hindu-Reich Majapahit gestürzt wurde und viele javanische Künstler nach Bali auswanderten, nicht mehr nachvollzogen werden.

Ebenso ist über eine Blüte des klassischen Tanzes an den Fürsten- und Sultanshöfen auf Sumatra, Kalimantan und Sulawesi nur sehr wenig bekannt. Erwiesen ist nur, daß von dem alten Srivijaya-Reich in Südsumatra und einigen anderen Höfen in Nord- und Zentralsumatra sowie von dem Hof des buginesischen Königreiches Luwu in Südsulawesi einige wenige zu Volkstänzen abgewandelte Hoftänze überliefert sind. Bekannt ist auch, daß in Luwu und an den Höfen auf Kalimantan im 19. Jahrhundert der klassische Tanz nach dem Vorbild Yogyakartas und Surakartas teilweise übernommen worden ist. So beschränkt sich unsere Kenntnis der klassischen indonesischen Tanzkunst beinahe ausschließlich auf Java und Bali.

Anmerkungen

1 Jaap Kunst: Muziek en Dans in de Buitengewesten. Leiden 1946, S. 4
2 Claire Holt: Dance Quest in Celebes. Paris 1939, S. 18 ff.
3 Jaap Kunst: Een en ander over de Muziek en den Dans op de Kei-Eilanden. Amsterdam 1945, S. 9
4 Paul Collaer: Musikgeschichte in Bildern, Band I/3, Südostasien. Leipzig 1979, S. 96 und 124
5 Tibor Bodrogi: Kunst in Indonesien. Leipzig/Budapest 1972, S. 39
6 Soedarsono: Dances in Indonesia. Jakarta 1974, S. 220
7 Beryl de Zoete und Walter Spies: Dance and Drama in Bali. London 1938, S. 248 f.
8 Tibor Bodrogi a. a. O. S. 27 f.
9 Claartje Gielen, Renée Heijnen, Anneke Sapultej: Muziek en dans, spelletjes en kinderliedjes van de Molukken. Hoevelaken 1984, S. 24
10 Wolf Kielich: Volken en Stammen van Indonesie. Amsterdam 1976, S. 151
11 Paul Collaer a. a. O. S. 114
12 Claire Holt a. a. O. S. 66 ff.
13 Heinz Lucas: Java-Masken. Kassel 1973, S. 37 f.
14 Heinz Lucas a. a. O. S. 147
15 Dieser Tanz ist mit kleinen Abweichungen mehrmals von Augenzeugen beschrieben worden: Walter Spies in einem Brief vom 16. April 1925, veröffentlicht in der Tijdschrift voor Indische Taal-, Land- en Volkenkunde Bd. LXV, Batavia 1925; Miguel Covarrubias: Island of Bali. New York 1937. S. 335 f.; Beryl de Zoete und Walter Spies a. a. O. S. 70 ff.; Hans Rhodius: Walter Spies. Den Haag o. J. (um 1965), S. 595
16 Soedarsono a. a. O. S. 166
17 Hans Rhodius a. a. O. S. 595
18 Beryl de Zoete und Walter Spies a. a. O. S. 52 ff.
19 Tibor Bodrogi a. a. O. S. 29
20 Claire Holt a. a. O. S. 52 ff.
21 Friedrich Engels: Der Ursprung der Familie, in Marx-Engels-Werke Bd. 21, S. 159 f.
22 Malcolm Macdonald: Borneo People. New York 1958, S. 253 f.
23 Friedrich W. Funke: Orang Abung. Volkstum Südsumatras im Wandel, 2. Bd. Leiden 1961, S. 324
24 R. O. Simatupang: Dances in Indonesia. Jakarta o. J. (um 1965), S. 97 ff.
25 Beryl de Zoete und Walter Spies a. a. O. S. 56 ff.
26 Helmut Uhlig: Bali, Insel der lebenden Götter. München 1979, S. 286
27 Howard Alexander, Quintin Chambers, Donn F. Draeger: Pentjak-Silat, the Indonesian Fighting Art. New York 1970, S. 15 ff.
28 Beryl de Zoete und Walter Spies a. a. O. S. 255
29 Soedarsono a. a. O. S. 218
30 Claartje Gielen, R. Heijnen, A. Sapultej a. a. O. S. 72
31 Beryl de Zoete und Walter Spies a. a. O. S. 242 ff.
32 Miguel Covarrubias a. a. O. S. 21 f.

III

Die klassische javanische Tanzkunst

Das klassische javanische Tanztheater Wayang wong ist, wie wir gesehen haben, aus dem Schattentheater Wayang kulit und dem Maskenspiel Wayang topeng hervorgegangen. Der Begriff Wayang umfaßt noch andere Theaterformen. In der Auswahl des Repertoires, der zugrundeliegenden Dichtungen, der Gestaltung der Kostüme, Masken und des Kopfschmucks wie auch der begleitenden Gamelan-Musik sind sie alle so nah miteinander verwandt, daß sie nicht getrennt voneinander betrachtet werden können. Die Eigenarten des Tanztheaters sind ohne Kenntnis der Schatten- und Maskenspiele nicht erklärbar. Daher ist es notwendig, zunächst auf die Besonderheiten der anderen Wayang-Formen einzugehen, um dann die Spezifika und technischen Grundlagen des Tanztheaters zu untersuchen.

Das Schattentheater Wayang kulit

Die älteste, bis heute populärste Gattung des javanischen Theaters ist das Schattenspiel *Wayang kulit* mit flachen, aus Rinder- oder Büffelhaut hergestellten perforierten Puppen, die vom Dalang zwischen einer Öllampe und einer Leinwand bewegt werden.[1] Die Puppen werden an einem Stiel aus Bambus oder Horn festgehalten, der sich in mehreren Streben über die ganze Figur bis zum Kopf fortsetzt, damit das dünne Leder nicht einrollen kann. Die Arme sind im Schulter- und Ellenbogengelenk beweglich und werden mit schmalen, an den Händen befestigten Stäben auf und ab geführt. Wie schon dargelegt wurde, ist das Schattenspiel eine traditionelle Form der Ahnenverehrung. Und obwohl heute eine Wayang-kulit-Aufführung zumeist eine Form künstlerischer Kommunikation unterhaltender und ästhetisch anregender Art geworden ist, bleibt der magisch-rituelle Charakter noch stets gewahrt. Auf Bali beansprucht eine Aufführung nur etwa vier Stunden, auf Java jedoch dauert sie meist von neun Uhr abends bis zum Morgengrauen, der Hauptheld erscheint erst gegen Mitternacht.

Wayang kulit erhielt auf Java durch die jahrhundertelange Praxis an den Fürstenhöfen einen exakt festgelegten Ablauf: Die Einteilung in drei Akte, die Folge der einzelnen Szenen, der dramaturgisch notwendige Wechsel von Soloszenen, Dialogen, Intrigen einzelner Figuren und heftigen Kampfszenen bis zum Sieg des Guten über das Böse, dazu die Darstellung von Festgelagen oder schwer umkämpften Hochzeiten, ferner die gesprochenen oder gesungenen Texte, die wechselnden Tempi und die musikalische Begleitung – alles ist genau vorgeschrieben und in dem Lehrbuch *Dharma Pewayangan* niedergelegt. Sogar die Aufführung leidenschaftlich ausgetragener Kämpfe zweier Widersacher ist im Gegensatz zu Aufführungen auf Bali bis ins Letzte perfektioniert. Nur bei den Intermezzi einiger komischer Figuren mit satirischen Anspielungen auf örtliche Gegebenheiten und politische Vorgänge wird dem Dalang ein Freiraum zur Improvisation gewährt. Für die Aufführungen benötigt der Dalang 250 bis 350 verschiedene Puppen.

37 *Wayang kulit – Schattenspiel mit Lederpuppen: Arjuna*

38 Semar

39 Kresna

40 Vier komische Figuren

41 Wayang golek – Spiel mit plastischen Holzpuppen: Sinta

42 Rahwana mit breitem Mund und Zähnen

43 Kopf Rama

44–47 *Javanische Tanzmasken*

Die Anforderungen an das Können, die physische und psychische Belastbarkeit und das Gedächtnis des Dalang sind enorm. Er muß die griffbereit gehaltenen Puppen richtig bewegen, die Mythen genau kennen, die altjavanische Kawi-Sprache beherrschen, die Texte der verschiedenen Rollen rhetorisch exakt differenziert vortragen und das Gamelan-Orchester dirigieren – und das alles neun Stunden pausenlos hintereinander. Nur ein Gehilfe steht ihm manchmal zur Seite, der Cantrik, meist gleichzeitig sein Schüler.

Früher wurde die vielfältige Kunst des Dalang nur mündlich vom Vater auf den Sohn überliefert. Erst seit dem Ende des vorigen Jahrhunderts sind die Erfahrungen berühmter Dalang an den Höfen in umfangreichen Handschriften wie dem *Sastra Miruda* und *Serat Centini* fixiert worden. Zu seinen Pflichten gehören die obligatorischen Gebete und Opfer zu Beginn und am Ende der Aufführungen. So ist aus dem Schamanen der alten Rituale ein vielseitiger Künstler geworden.

Um die Kunst des Dalang zu erlernen, bedurfte und bedarf es eines mehrjährigen Studiums. Dazu gehörten das Bestehen dreier Weihen: Nach der ersten durften die Puppen angefaßt und gehandhabt werden, nach der zweiten die klassischen Texte gelesen und gelernt werden und erst nach der dritten war das Spielen ganzer Stücke (Lakon) erlaubt. Heute gibt es auf Java in mehreren Städten Dalang-Fachschulen, die nach dreijährigem Studium und bestandener Abschlußprüfung zum Besuch der Tanzakademie in Yogyakarta berechtigen, an der seit 1973 alle verschiedenen Wayang-Gattungen gelehrt sowie Kenntnisse in Musik, Philosophie, Psychologie, Geschichte, Religion und Sprachen vermittelt werden. An der Akademie ist auch ein Zusatzstudium, eine Art Aspirantur mit einer wissenschaftlichen Abschlußarbeit möglich, die öffentlich verteidigt werden muß. Außerdem gibt es jetzt auch Dalang-Vereinigungen, die sich darum bemühen, ihre Kunst zu vertiefen, neue Inhalte und Formen zu schaffen, den Erfahrungsaustausch zu pflegen und die Qualität der Aufführungen zu erhöhen.

Man unterscheidet mehrere Genres des Wayang kulit je nach den gewählten Inhalten und Formen. Am meisten verbreitet ist das *Wayang purwa* (purwa [Sanskrit] = früher, ursprünglich), dessen Sujets auf altjavanischen Mythen beruhen, die im hindu-javanischen Zeitalter mit den Helden der klassischen Epen Ramayana und Mahabharata identifiziert wurden. Daraus wählt der Dalang für eine Aufführung jeweils eine Episode, die zu einem Theaterstück, Lakon, dramaturgisch aufbereitet worden ist.

In javanischer Übertragung besteht das *Ramayana* aus einem Zyklus von 2774 Strophen. Dem Fürsten Dasarata in Ayodhya wird von seiner Gattin Kausalya der erste Sohn, Rama, eine Inkarnation Vishnus, geboren. Seine Halbbrüder, von anderen Frauen Dasaratas geboren, sind Bharata, Laksmana (Lesmana) und Satrugna. Dasaratas zweite Frau, Kekayi, zwingt ihren Gatten zur Einlösung eines vor langer Zeit gegebenen Versprechens: Ihr Sohn Bharata wird Thronfolger und Rama zur Buße vierzehn Jahre lang in die Verbannung geschickt. Rama ist bereit, mit seiner schönen Gattin Sinta als Eremit in den Wald zu ziehen. Bharata versucht vergeblich, Rama von seinem Vorhaben abzuhalten, und legt dessen Sandalen auf den Thron, um den Untertanen bekanntzugeben, daß Rama nach seiner Rückkehr als rechtmäßiger Thronanwärter sein Amt antreten werde. Laksmana begleitet Rama und Sinta in die Verbannung. Der böse Herrscher von Ngalenka-Srilangka, Rahwana, erscheint im Wald als goldener Hirsch, Rama verfolgt ihn, und auch Laksmana wird von ihm weggelockt. Als Bettelmönch verkleidet nähert sich Rahwana der allein zurückgebliebenen Sinta und entführt sie. Bei ihren Versuchen, Sinta zu finden und zu befreien, erleben der verzweifelte Rama und Laksmana zahlreiche Abenteuer und Kämpfe. Der Affenkönig Sugriwa und sein getreuer Heerführer Hanuman helfen Rama, in Rahwanas Reich zu gelangen, den bösen Riesen nach schweren Kämpfen zu besiegen und Sinta zu befreien. Die drei kehren aus der Verbannung zurück, Bharata empfängt sie mit Freuden und setzt Rama zum Jubel des Volkes als König ein.

Zu den beliebtesten Stücken des Wayang purwa aus dem Ramayana gehören die Hochzeit Ramas mit Sinta, die Intrige Kekayis, ihrem Sohn Bharata die Thronfolge zuzuschieben, die Entführung Sintas, vor allem aber die Abenteuer und Kämpfe Ramas und Hanumans bis zur endgültigen Niederlage des Dämonen Rahwana. Rama, Sinta und Hanuman zählen zu den populärsten Figuren des Schattentheaters.

Teile des indischen Mahabharata-Epos wurden bereits im 10. Jahrhundert ins Altjavanische übertragen und im Wayang purwa theatralisch aufbereitet. Das älteste Zeugnis einer Schattenspielaufführung stammt aus dem Jahr 907: »Bimmaya kumara« beinhaltet zweifellos die Geschichte Bhimas, des zweiten der fünf Pandawa-Brüder. Später entstanden nach dem Mahabharata die javanischen Dichtungen Arjuna-Wiwaha und Bharata Yuddah, denen die Sujets von 144 Lakon für Wayang-purwa-Aufführungen entlehnt wurden. Darin geht es um unzählige Intrigen und Kämpfe zwischen den verfeindeten Vettern Pandawa und Kaurawa. Die fünf legendären Pandawa-Brüder Yudistira, Bhima, Arjuna und die Zwillinge Nakula und Sadewa wurden zunächst zusammen mit hundert jungen Männern der Kaurawa von berühmten Lehrmeistern wie dem weisen Brahmanen Durna erzogen. Zwischen den beiden Familien entwickeln sich jedoch schwerwiegende Rivalitäten: Die Pandawa bleiben treue Anhänger der brahmanisch-hinduistischen Lehren, während sich die an Zahl weit überlegenen Kaurawa der schwarzen Magie ergeben. Die Pandawa symbolisieren das Gute, Ewige, die Kaurawa dagegen das Böse, Vergängliche. In dem Kampf zwischen den beiden göttlichen Mächten werden die Pandawa zunächst von den übermächtigen Kaurawa vertrieben. Mit Hilfe des aufrechten und lauteren Fürsten Kresna (Sanskrit: Krishna) kehren sie jedoch zurück. Das Reich wird geteilt, aber Frieden gibt es nicht. Nach vielen wechselvollen Kämpfen werden die Kaurawa schließlich vernichtet. Der Enkel Arjunas, Parikesit, besteigt nach dem Abtreten der Pandawa den Königsthron. Die javanischen Fürsten betrachten ihn als ihren Ahnen, von dem sie in direkter Folge abzustammen meinen. Von den vielen legendären Erlebnissen der siegreichen Pandawa erfreuen sich im Wayang purwa vor allem die Heldentaten Arjunas, des edlen, starken, unüberwindlichen Kämpfers für das Gute, größter Beliebtheit.

Zu den Sujets des Wayang purwa gehören noch weitere Begebenheiten aus der javanischen Mythologie: die Einführung der Reiskultur durch die Götter im Reich des Königs Sri Mahapunggung, der Kampf Vishnus gegen das in den Riesen Damasuka, Rahwana und den Kaurawa personifizierte Böse sowie Episoden aus dem javanischen Arjuna-Sasra-Bau-Zyklus. Der zehnköpfige und zwanzigarmige Riesenfürst Damasuka wird von Arjuna Sasra Bau, einer Inkarnation Vishnus, nach heftigem Kampf besiegt; Damasuka bleibt jedoch am Leben und setzt nach Arjunas Tod seine bösen Taten als Rahwana fort, bis er schließlich von Rama, ebenfalls einer Vishnu-Inkarnation, vernichtet wird. Hier werden also Elemente des Ramayana und des Mahabharata vermischt.

Neben dem Wayang purwa mit ausschließlich frühen javanischen Sujets entstanden innerhalb des Schattenspiels Wayang kulit zwei weitere Genres: Wayang madya und Wayang gedok.

Dem *Wayang madya* liegen Erzählungen des javanischen Dichters Ranggawarsita aus dem 19. Jahrhundert zugrunde, in denen historische Ereignisse aus der javanischen Geschichte mythisch überhöht geschildert werden, vor allem die Erlebnisse und Taten des legendären Fürsten Jayabaya, eines Nachfahren Parikesits. Jayabaya wiederum war ein Vorläufer des Prinzen Panji vom Königreich Janggala aus dem 11. Jahrhundert. Dessen Liebe zu der Prinzessin Candrakirana vom Königreich Kediri und die Prüfungen, die das Liebespaar zu bestehen hat, bilden die poetische Grundlage des *Wayang gedok*, das besonders in Ostjava verbreitet ist. Nach der Gründung der Republik Indonesien gab es Versuche, die Schattenspiele durch die Verwendung neuer Texte über Ereignisse der Gegenwart zu modernisieren. Darüber wird später noch zu berichten sein.

Die ehemals magisch-rituelle Funktion der Wayang-kulit-Spiele tritt trotz ihres gegenwärtig meist unterhaltend-kommunikativen Charakters noch häufig zutage, etwa bei Aufführungen zu Hochzeiten, im siebenten Monat der Erstschwangerschaft einer Frau, bei Geburten, Beschneidungen wie auch bei Dorffesten am Ende der Reisernte, in Dürreperioden zur Herbeiführung des Regens und bei anderen Gelegenheiten. Dabei werden stets Sujets gewählt, die auf den Anlaß der Aufführung Bezug nehmen. So werden bei Geburten die Liebe eines mythologischen Paares und die Geburt eines Helden dargestellt, bei Hochzeiten die Vermählung Ramas mit Sinta oder Arjunas mit Suprabha, um den Segen der Götter zu erwirken.

Vom Schattenspiel Wayang kulit abgeleitet ist eine andere, sehr simple, vor allem tagsüber aufführbare Art des Theaters: das *Wayang beber* (beber = ausgebreitet). Ein etwa zweieinhalb bis drei Meter langer, einen halben Meter breiter, auf einem Stock zusammengerollter Papier- oder Stoffstreifen ist mit aufeinanderfolgenden Wayang-Szenen bemalt. Während dieser Streifen langsam auf einem zweiten Stock aufgerollt wird, erklärt der davor sitzende Dalang die jeweils sichtbare Szene. Für eine Vorstellung werden meist sieben bis acht solcher Rollen gebraucht. Das Repertoire unterscheidet sich kaum vom Wayang kulit.

Die Spezifik des Schattenspiels erfordert sehr charakteristisch stilisierte Formen der Köpfe, der Gesichter, des Kopfschmucks und der Kleidung aller dargestellten Figuren, damit diese beim Erscheinen auf der Leinwand von den Zuschauern sofort erkannt werden können. Gerade an den Unterschieden dieser Formen in den weit auseinander liegenden Gebieten Ost-, Südost- und Südasiens ist die nationale Eigenart des jeweiligen Schattentheaters sehr deutlich wahrnehmbar. Wenn auch die Herkunft dieser typisch asiatischen Kunstgattung nicht geklärt ist, so muß mit Sicherheit angenommen werden, daß die Formen der dargestellten Figuren auf Traditionen beruhen, die bereits in der Gentilgesellschaft entwickelt worden sind.

Gerade die Schattenfiguren des javanischen und balinesischen Wayang kulit zeichnen sich durch eine solche Spezifik aus, daß sie auf den ersten Blick von ähnlichen Figuren aus Kampuchea, Thailand, China, Indien oder anderen Ländern unterschieden werden können. Leider sind die ältesten erhaltenen Abbildungen solcher Figuren erst an den Flachreliefs der ostjavanischen Panataran-Tempelgruppe aus dem 13. und 14. Jahrhundert zu finden, so daß die Ursprünge dieser unverwechselbar indonesischen Gestalten völlig im dunkeln liegen. Daß sie auf die autochthone Kultur der vorhinduistischen Zeit zurückzuführen sind, ist nicht zu bezweifeln.

Wie in allen asiatischen Theatergattungen sind auch die Figuren des indonesischen Schattenspiels streng typisiert, ihre Länge variiert zwischen etwa 36 und 52 cm. Am Körperbau, der Form des Gesichtes, besonders der Augen und Nasen ist jeder Typ sofort zu erkennen. Hinzu kommt, daß die Puppen des Wayang kulit bemalt sind, obwohl die für jeden Typ charakteristischen Farben nur von den Zuschauern gesehen werden können, die an der Seite des Dalang Platz genommen haben, also traditionell nur von den Männern.

Edle, gute Charaktere haben sehr schlanke, zierliche Körper, mandelförmige Augen, lange spitze Nasen, Stirn und Nasenrücken bilden eine gerade Linie. Das gilt beispielsweise für Arjuna, der als besonderes Merkmal eine lange, vom Nacken nach hinten bis zur Kopfhöhe geschwungene Haartracht trägt. Als jugendlicher Held ist seine Farbe golden. Noch schmaler und zierlicher sind Prinzessinnen. Der göttliche Kresna ist als Inkarnation Vishnus an einer hohen, reich verzierten Krone, einem königlichen Hüftkleid, goldenem Körper und schwarz bemaltem Gesicht erkennbar, schwarz gilt als Farbe reifer, erfahrener guter Charaktere. Heldenhafte Krieger besitzen einen kräftigeren Körperbau, etwas stumpfere, von der Stirn abgesetzte Nasen und ovale oder runde Augen. Das gilt zum Beispiel für Arjunas älteren Bruder Yudistira, der geknotetes Haar trägt. Ihre Farben sind rot und schwarz. Auch an Schmuckstücken wie Brust-, Hals- oder Armketten, Unterarm- und Fußringen sind die verschiedenen Typen zu unterscheiden. Edle Könige tragen meist um die Schultern gebundene flügelähnliche Ornamente. Hanuman, der edle Anführer des Affenheeres, hat runde Augen, eine dickere, flache Nase, ein breites Maul mit Zähnen, wie Arjuna trägt er einen langen, nach oben geschwungenen Haarzopf. Die anderen Affen haben meist zwei Hauerzähne (vgl. die Abbildungen auf den Innenseiten des Einbands).

Die Figuren von bösen Dämonen sind etwas größer als die der guten Helden. Der Dalang hat außerdem die Möglichkeit, sie als Schattenbild noch größer erscheinen zu lassen, indem er sie etwas näher an die Leinwand heranführt. Sie haben dicke, deutlich von der Stirn abgesetzte Nasen, große runde Augen, Hauerzähne und eine größere Körperfülle. Weibliche und männliche Diener und die traditionellen Spaßmacher sind weniger stilisiert und sehen menschenähnlicher aus, aber mit karikierenden Übertreibungen. So hat der beliebte Semar einen dicken Bauch, ein enormes Hinterteil, einen großen, zahnlosen Mund mit rundem Kinn, eine wulstige Nase und auf dem kahlen Kopf ein kleines Haarbüschel. Für seinen Sohn Petruk ist eine lange Nase charakteristisch.

Auch die Tierfiguren sind eindeutig typisiert. Der mythische Vogel Garuda wird durch einen schlanken, gelb und grün gefiederten Körper mit weit ausgebreiteten Flügeln und breit gefiedertem rötlichem Schwanz charakterisiert. Er hat große runde Augen, einen dicken offenen Schnabel und auf dem Kopf ein mehrfach geteiltes, fein ziseliertes Häubchen.

Trotz vieler Gemeinsamkeiten unterscheiden sich die balinesischen Wayang-kulit-Puppen deutlich von den javanischen, sie sind weniger stark stilisiert, die Heldenfiguren sind kompakter, nicht so überschlank und den am Panataram-Tempelkomplex abgebildeten Figuren ähnlicher. Da auch die Texte auf Bali freier verwendet werden, dem Dalang ein größerer Spielraum gelassen wird, die Farben weniger stark typisiert, mannigfaltiger gebraucht werden und die Gamelan-Musik besonders bezüglich der Tempi und der Klangdynamik viel lebhafter, temperamentvoller und abwechslungsreicher ist als in Zentral- und Ostjava, muß angenommen werden, daß sich die strengere, hochstilisierte Darstellungsweise auf Java seit dem 16. Jahrhundert unter dem Einfluß des asketischeren Islam entwickelt hat, während die sinnenfreudige Vielfalt des Hinduismus auf Bali bis heute erhalten geblieben ist.

Außer dem Schattentheater und seinen Genres Wayang purwa, madya und gedok ist in Zentral- und Ostjava das *Wayang klitik* (abgeleitet von kecil = klein) gebräuchlich: Flache, nicht perforierte, vielfarbig bemalte oder vergoldete Holzpuppen mit Lederarmen werden vor einer Leinwand vom Dalang bewegt. Zum Repertoire gehören vor allem die Erlebnisse und Heldentaten des Heerführers Damarwulan vom Majapahit-Reich aus dem 11. Jahrhundert, der den bösen Fürsten Menakjingga von Blambangan besiegt, die Liebe der Prinzessin Anjasmara gewinnt und selbst König von Majapahit wird.

Das Puppenspiel Wayang golek

Wayang klitik ist kein Schattenspiel mehr, sondern bereits eine einfache Art des Puppenspiels, das im *Wayang golek* (= rund) vervollkommnet wurde. Über seine Herkunft ist kaum etwas bekannt. Es scheint in Zentraljava entstanden zu sein und wurde dann besonders bei den Sundanesen in Westjava populär.

Die etwa sechzig bis siebzig Zentimeter langen, plastischen Holzpuppen bestehen aus zwei Teilen: In den der Länge nach durchbohrten Körper wird durch die Öffnung am Hals ein langer Stab gezogen, auf dessen Spitze der bemalte Kopf aufgesetzt wird, der mittels des Stabes bewegt werden kann. Die Puppe ist von der Taille mit gebatiktem Stoff bekleidet. Der vom Dalang gehandhabte Stock bleibt unsichtbar. Alle sichtbaren Holzteile sind bemalt. Die an den Schultern befestigten, im Ellenbogengelenk gegliederten Arme werden mit kleinen Stäbchen in verschiedene Haltungen gebracht. Die Puppen des Wayang golek sind stärker individualisiert und weniger stilisiert als die des Schattentheaters.

Das Repertoire stimmt in Westjava im wesentlichen mit dem Wayang purwa überein. In Zentraljava dagegen werden meist Teile der islamischen Serat-Menak-Erzählungen aufgeführt, javanischen Adaptionen der Geschichten um den arabischen Prinzen Amir Hamzah. Die Verbreitung des Wayang golek scheint mit dem zunehmenden Einfluß des Islam auf Java zusammenzuhängen.[2] Wie beim Schattentheater beginnen die Aufführungen abends und dauern die ganze Nacht. Neben dieser traditionellen Spielweise hat sich seit einigen Jahrzehnten eine neue Form der Aufführungen herausgebildet: Die Puppen werden von mehreren, dem Publikum unsichtbaren Spielern bedient, während der Dalang sich auf das Sprechen und Rezitieren der Texte beschränkt.

Das Maskentanztheater Wayang topeng

Maskenaufzüge gehören auf Java zu den tief verwurzelten Traditionen aus gentilgesellschaftlicher Vergangenheit. Bei den uralten Initiationsriten wurden die Jünglinge durch Schattenspiele in die Mythen des Stammes eingeweiht und durch Maskenspiele mit Dämonen und komischen Figuren zur Bekundung ihrer Geschlechtsreife in Ekstase versetzt. Auch bei Totenfesten gab es Maskentänze, mit denen die Anwesenheit verstorbener Ahnen stets wieder bestätigt und erlebbar gemacht wurde. Später entwickelten sich aus den Maskenspielen der Initiationsriten Aufzüge mit Maskentänzen, die bis heute bei Beschneidungen, Hochzeiten und anderen festlichen Gelegenheiten gebräuchlich sind. Wie wir bereits gesehen haben, können bei den beliebten maskierten Réog-Aufzügen mit den Auftritten des Singa-Ba-

rong und den Tänzen auf Pferdeattrappen Kuda kepang noch heute Trancezustände hervorgerufen werden.

Ein schriftliches Zeugnis auf Palmblättern (Lontar) aus dem Jahr 1058 bekundet bereits Aufführungen von Maskenspielen. Heinz Lucas vermutet, daß es sich dabei noch um kultische Spiele gehandelt habe.[3] Soedarsono dagegen meint, daß Maskenspiele als *Wayang topeng*, also Tanztheater mit Masken, schon am Hofe des Kediri-Königreiches im 11. bis 12. Jahrhundert dargeboten wurden.[4] Alle schriftlichen Zeugnisse bis zum 17. Jahrhundert beschränken sich ausschließlich auf Mitteilungen über die Mythen, Legenden, das Leben und die Gebräuche der herrschenden Kreise an den Fürstenhöfen oder in den Städten. Über die Glaubensvorstellungen, Riten und Sitten des Volkes in den Dörfern liegen so gut wie gar keine schriftlich fixierten Nachweise vor. Außerdem wird in der Schrift *Sumanasantaka* aus dem 12. Jahrhundert von einem *Wayang wwang* berichtet, in dem die meisten Figuren Masken trugen. Daraus ergibt sich, daß nach den maskenlosen Tanzvorführungen während des Srivijaya- und frühen Mataram-Reiches, die in den Reliefs des Borobudur und Prambanan belegt sind, spätestens am Hofe des Kediri-Reiches im 12. Jahrhundert die alten Volkstraditionen der kultischen Maskenspiele in die höfisch-theatralischen Tanzspiele integriert und auf die Sujets der javanisierten Hindu-Epen übertragen worden sind.

Der Übergang vom maskenlosen Tanztheater nach indischem Vorbild zum Wayang wwang mit Masken war wohl vor allem notwendig geworden, weil legendäre Helden und Götter nach javanischer Vorstellung nur durch Masken als gegenwärtig darstellbar waren. Wenn sich die herrschenden Könige als direkte Nachkommen dieser Helden glaubwürdig machen wollten, so war dies sinnlich wahrnehmbar vor allem durch das Maskentanztheater möglich. Die Bestätigung der königlichen Macht als einer unantastbaren, von Göttern und Ahnen vorbestimmten gesellschaftlichen Ordnung war um so mehr erforderlich, als die Machtstrukturen der altorientalischen Klassengesellschaft gerade auf Java sehr labil und wechselvoll waren, während die Dorfbevölkerung bis zum Beginn des 18. Jahrhunderts in der traditionellen, ungemein stabilen Produktionsweise verharrte.

In der Dichtung *Nagarakertagama* des Majapahit-Poeten *Prapanca* aus dem Jahre 1365 und dem *Pararaton* aus dem 15. Jahrhundert wird unter den Bezeichnungen Raket, Sori-tekes, Ataupukan und Patapelan mehrmals über das Tanztheater mit Masken berichtet, das demnach in der Blütezeit des Majapahit-Reiches voll ausgebildet gewesen ist, wie Soedarsono bestätigt.[5] Allerdings meinte Th. B. van Lelyveld, daß mit Raket bereits das später Wayang wong genannte Tanztheater ohne Masken gemeint gewesen sei.[6] Das alte, bis heute kaum veränderte höfische Gambuh-Tanztheater auf Bali scheint diese Theorie zu bestätigen. Gespielt wurden vorwiegend Episoden aus dem Panji-Zyklus, also Geschichten um die Liebe des Prinzen Panji vom Königreich Janggala und der Prinzessin Candrakirana vom Königreich Kediri. Den Liebenden stellen sich immer wieder neue Hindernisse in den Weg, sie müssen stets andere Abenteuer durchstehen, um einander finden zu können.

Eine der wichtigsten Rollen in diesen Maskenspielen war der Spaßmacher Peret, ein Diener Panjis. Der mächtige Majapahit-König Hayam Wuruk (1350–1389) soll ein ausgezeichneter Tänzer gewesen sein und außer dem Fürsten Klana, einem Widersacher Panjis, vor allem den Clown Peret getanzt haben, während die Rollen Panjis und Candrakiranas von seinen Frauen interpretiert wurden. Die Texte dieser Maskenspiele wurden stets gesungen. Im Nagarakertagama wird außerdem berichtet, daß auch Hayam Wuruks Vater, Kertawardhana, begeisterter Tänzer und Musiker gewesen ist. Am liebsten spielte er die Kendang-Trommel, das führende Instrument im Gamelan-Orchester, von dem hier zum ersten Mal die Rede ist.

Während das Maskentanztheater an den Höfen vom 11. bis zum 15. Jahrhundert ausgiebig gepflegt und zu klassischer Größe entwickelt wurde, sind die alten kultischen Maskenspiele in den Dörfern sicherlich noch gebräuchlich gewesen. Erst unter dem Einfluß des Islam seit dem 15. Jahrhundert scheinen sie ganz allmählich zu volkstümlichen Maskenaufzügen und Volksmaskenspielen umfunktioniert und profaniert worden zu sein. Zahlreiche volkstümliche Theaterstücke, Lakon, mit Masken sind seit 1508 schriftlich überliefert. Darin geht es meist um unfehlbare Götter und Helden, die gegen böse Riesendämonen kämpfen und dabei von tapferen, mit magischer Kraft begabten Menschen unterstützt werden. Letztendlich triumphieren immer die guten Götter und Menschen.

So existierten also alte Volksmaskenspiele und höfisches Maskentanztheater nebeneinander, beide scheinen sich wechselseitig beeinflußt zu haben. Dies wird besonders deutlich an der Gestalt des Prinzen Panji, in der, wie Heinz Lucas nachgewiesen hat,[7] eine historisch überlieferte Gestalt aus dem 11. Jahrhundert mit mythischen Gottheiten, Stammesvätern, Fürsten und Helden zu einer legendären Gestalt verschmolzen. Denn wie im höfischen Maskentanztheater spielen auch in zahlreichen Volksmaskenspielen ebenso wie im Schattentheater die Erlebnisse und Abenteuer Panjis in Varianten eine wichtige Rolle. Daß die späteren kleinen und großen Maskenspiele von Gamelan-Orchestern begleitet wurden, beweist den Einfluß des höfischen Tanztheaters auf die volkstümlichen Maskenspiele.

Das kleine Maskenspiel wird im westjavanischen Gebiet der Sunda meist nur von zwei Männern und einer Frau auf Straßen und Plätzen ausgeführt. Es beschränkt sich auf Szenen aus dem täglichen Leben des Volkes ohne durchgehende Handlung. Dabei machen Prinz Panji und seine Diener Pentul und Tembem allerlei Späße, sie verspotten politische Ereignisse und auch religiöse Gebräuche (Abb. 52). Im westlichen Zentraljava führen Gruppen umherziehender Maskentänzer an den verschiedensten Festtagen Episoden aus dem Panji-Zyklus auf, vor allem Liebesszenen zwischen dem König Klana Sewandana, einem Widersacher Panjis aus dem Königreich Bantarangin, und der schönen Prinzessin Candrakirana, oder auch den siegreichen Kampf des historisch-legendären Helden Damarwulan gegen den bösen Dämon Rahwana. Selbstverständlich nehmen auch hier die Späße der Possenreißer breiten Raum ein.

Andere kleine Maskenspiele sind in Ostjava und auf Madura überliefert. In Banyuwangi an der Ostküste Javas spielt der Singa-barong in den Maskenspielen eine herausragende Rolle. So überfällt er den reisenden Kaufmann Klana in einem Wald, Prinz Panji und seine Diener kommen dem Bedrängten zu Hilfe und besiegen das Ungeheuer, doch Klana zieht weiter, um die Gunst einer Prinzessin zu gewinnen. Auf Madura werden bestimmte Maskenspiele zu Hochzeiten, Beschneidungen, bei Beschwörungszeremonien zur Verhütung von Unheil oder zum Herbeiführen des Regens aufgeführt.

Aber auch von großen Maskenspielen wird berichtet, die einen ganzen Tag lang dauerten, jedoch wegen der Vielzahl mitwirkender Topengtänzer und einem großen Gamelan-Orchester nur von Adligen oder reichen Kaufleuten finanziert werden konnten. In einem Manuskript aus Surakarta ist eine ausführliche Beschreibung eines solchen Spiels aus dem Jahr 1882 überliefert. Dabei handelt es sich weniger um ein Tanzspiel mit durchgehender Handlung als vielmehr um eine Aneinanderreihung verschiedenster Szenen, die von einem singenden und sprechenden Dalang eingeleitet und erklärt werden. Höhepunkte sind stets die Tänze von Figuren, die den Zuschauern durch die Gestalt ihrer Masken und durch ihre Kostüme wohlbekannt sind. Da treten anfangs ein Fürst, einige Riesen und zwei Possenreißer auf, deren Tänze noch keine Hinweise auf eine Handlung geben. Erst der Auftritt zweier tanzender Heerführer und eines Gouverneurs leitet den Bericht des Dalang über das Königreich ein, in dem die folgenden Szenen spielen. Vier Dienerinnen kündigen das Erscheinen des Fürsten an, es ist der Königssohn Gunungsari von Kediri, der sich in einem längeren Tanz mit charakteristischen Schreit-, kurzen Trippel- und Hüpfbewegungen vorstellt. Nach seinem Abgang treten einige Hofdamen auf, die den Gouverneur bitten, eine

Botschaft nach Bantarangin, der Residenz des Königs Klana, bringen zu lassen. Der Gouverneur und die Heerführer begeben sich zum Kraton; dort erhält ein Gesandter den Auftrag, mit der Botschaft nach Bantarangin zu ziehen. Nachdem alle abgegangen sind, treten vier ganz junge Prinzessinnen mit dem berühmten höfischen Serimpi-Tanz auf. Dann erscheinen zwei Hofbeamte, in deren Gegenwart der Königssohn Gunungsari einige Tänze ausführt, nur unterbrochen von einem Possenspiel. In einer weiteren Szene erscheinen ein Gouverneur und ein Gesandter von Bantarangin mit einer Antwort des Königs Klana, die einen Heiratsantrag enthält. Im Gefolge Klanas treten nun einige Riesen auf, und es folgt ein heftiger Kampf, der jedoch unentschieden endet, die Streitenden fliehen voreinander. Klanas Heerführer und Gouverneur bereiten dann den Auftritt ihres Königs vor, wiederum unterbrochen von einigen närrischen Späßen. Schließlich erscheint König Klana persönlich, singt ein Liebeslied und beginnt den berühmten Kiprahtanz, einen leidenschaftlichen Werbetanz. Darauf folgt der Tanz eines zweiten Klana, bis die Possenreißer Pentul und Tembem in mehreren närrischen Tänzen dem Werben ein Ende bereiten. Schließlich wird das ganze Maskenspiel mit einer ausgedehnten Darbietung einer Geschichte um den Prinzen Panji beendet.

Die Beschreibung dieses großen Maskenspiels läßt erkennen, daß hier die verschiedensten Elemente zu einem suitenartigen Ganzen verschmolzen sind. Die Auftritte einiger führender Figuren, vor allem des Klana mit dem Kiprahtanz und der Possenreißer, sind Relikte urgesellschaftlicher Initiationsriten. Von der ursprünglich kultischen Funktion dieser Tänze ist kaum mehr etwas übriggeblieben, statt dessen dominiert der unterhaltsam-spielerische Charakter. Eingeflossen sind dagegen legendarisierte Ereignisse aus der javanischen Geschichte, besonders aus dem Panji-Zyklus. Diese sind wohl aus den Schatten- und Puppenspielen ebenso übernommen worden wie die erzählende und dirigierende Gestalt des Dalang, die Figuren, Masken und Kostüme der höfischen Gouverneure, Gesandten und Heerführer. Und das Wichtigste: Die Tänze des Gunungsari, der Serimpi-Mädchen und der Kiprahtanz sind im strengen klassischen Stil gehalten, auch die Rhythmen, Melodien und Tempi des Gamelan-Orchesters werden exakt benannt. Es ist anzunehmen, daß die wesentlichen Strukturen der klassischen Tänze schon im Majapahit-Reich ausgeprägt waren, der Grad der Stilisierung der Tanzbewegungen seit dieser Zeit jedoch erhöht und die Tempi der Ausführung verlangsamt worden sind.

Der *Kiprah-Maskentanz* des Klana existiert auf Java in mehreren Varianten. In Zentraljava erscheint der legendäre König mit auf und ab schwingenden Bewegungen, leichten Schrittes, die Knie etwas gebeugt, so daß die um die Hüfte gebundene, an beiden Enden lang herabfallende Schärpe (Sampur) wie die Flügel eines Vogels zu flattern scheint. Nachdem er mehrmals die Tanzfläche durchschritten hat, bleibt er plötzlich stehen und blickt einige Male im Rhythmus der Musik nach rechts und links, als ob er begierig und ungeduldig das Nahen seiner geliebten Prinzessin erwartet. Mit ausgestreckten Händen bewegt er dann seine Finger, als wolle er seine Heerführer auf einen Kampf vorbereiten, schreitet stolz und erhaben zur Seite, hin und her blickend klatscht er mehrmals in die Hände als Zeichen seiner Anweisungen für sein Gefolge. Nun folgt der Hauptteil des Tanzes: In ständiger graziöser Bewegung kämmt er in freudiger Erwartung sein Haar, pudert sein Gesicht, streicht seinen Bart und die Augenbrauen, glättet seine Kleidung, knüpft sich Ringe in die Ohrläppchen, betrachtet seine kostbaren Fingerringe und steckt sie sich an, ergreift schließlich mit einer Hand ein Ende seiner Schärpe und schaut darauf wie in einen Spiegel, selbstgefällig den Kopf hin und her wendend. Jetzt scheint er seine geliebte Candrakirana zu erblicken und bittet sie, ein Geschenk anzunehmen. Dann erhebt er die Handgelenke zu beiden Seiten des Kopfes, spreizt die Finger wie zu einem Hirschgeweih als Zeichen des Stolzes und männlicher Kraft. Er beugt seinen Kopf, damit die Geliebte ihm als Beweis ihrer Zuneigung eine Blume ins Haar stecken kann. Der Tanz wird stets intensiver und lebendiger, in tranceähnlicher Selbstvergessenheit wendet er sich mehrmals nach rechts und links, bleibt plötzlich stehen, wendet den Kopf zur Seite und scheint seine Geliebte in der Ferne zu erblicken. Immer wieder folgt dem leidenschaftlichen Werben die Enttäuschung, daß die begehrte Prinzessin nicht erscheint. Schließlich »fliegt« er wieder leichten Schrittes wie zu Beginn über die Tanzfläche und fällt ermattet zu Boden.

Unter der Bezeichnung *Klana Topeng* war der Kiprahtanz am Fürstenhof von Yogyakarta als selbständiger klassischer Maskentanz sehr beliebt. Auf Madura führen vor dem Auftritt des Klana einige junge Tänzer mit Schwertern und Schilden einen stilisierten Kampftanz aus. Bei den Sunda in Westjava dagegen wird der Kiprahtanz von einem sehr weichen, sanften (alus) Tanz eingeleitet. Vermutlich war Klana ursprünglich ein Schutzgott des Initiationsritus, seine rote Maske trägt die Züge eines Dämonenfürsten mit einer Krone von ineinandergewickelten Schlangen.[8] Der Kiprahtanz ist demnach ein Beispiel für die Entwicklung eines uralten magischen Ritus zu einem hochstilisierten klassischen Tanz.

Klassische Maskentänze sind vor allem bei den westjavanischen Sunda bis in unsere Zeit erhalten geblieben. Die beiden Königreiche Banten und Cirebon waren schon vor dem Fall des Majapahit-Reiches von dem zentraljavanischen Demak-Königreich erobert und zum Islam bekehrt worden. Zwei führende Herrscher von Cirebon im 16. Jahrhundert, Sunan Gunung Jati und Sunan Kalijaga, setzten sich energisch für die Verbreitung der neuen Religion ein und nutzten dafür auch das Puppenspiel Wayang golek und das Maskentanztheater. Mit der dramatischen Darstellung der Geschichten des arabischen Prinzen Amir Hamzah wurde die Dorfbevölkerung mit den Lehren der islamischen Kultur bekannt gemacht. Dennoch überwogen auch in Cirebon und Banten bei weitem die eigenen Traditionen mit den Darbietungen von Episoden aus dem Mahabharata und den von Ostjava übernommenen Erzählungen des Panji-Zyklus. Am Hofe von Banten war das Maskentanztheater besonders im 17. Jahrhundert unter dem Namen Raket sehr populär.

In Cirebon wurden bis ins 19. Jahrhundert vor allem die Geschichten der Pandawa-Brüder gezeigt, Arjuna blieb hier der beliebteste Held. Ein Dalang erklärte und kommentierte das Geschehen, daher die Bezeichnung *Topeng dalang* für diese Form des Maskentanztheaters. Die Masken wurden nicht über den Kopf gestülpt, sondern von den Tänzern mit den Zähnen an einem kleinen Brettchen an der Innenseite der Maske festgehalten. Wenn die Tänzer singen mußten, nahmen sie die Maske in eine Hand und hielten sie vor das Gesicht. Das begleitende Gamelan-Orchester verwendete nur die fünftönige Slendro-Skala. Diese Topeng-dalang-Spiele waren so erfolgreich, daß sie nicht nur bei Hofe, sondern auch in den Häusern von Adligen und reichen Kaufleuten aufgeführt wurden. Obwohl der Tanz der Sunda vom klassischen Stil Zentraljavas beeinflußt worden ist, hat sich im Laufe der Jahrhunderte ein eigener westjavanischer Tanzstil herausgebildet. Er ist heiterer, energischer und dynamischer als die in Yogyakarta und Surakarta gepflegte, äußerst beherrschte, bis ins letzte Detail kanonisierte Art des Tanzes. Auch in der begleitenden Gamelan-Musik ist dieser Unterschied ausgeprägt, vor allem in der schwungvollen Behandlung der Kendang-Trommel bei den Sunda-Tänzen.

Im Gegensatz zu dem recht aufwendigen Topeng dalang war in den westjavanischen Dörfern, auf Straßen und Plätzen eine simplere, weniger kostspielige Art des Maskentanztheaters gebräuchlich, das *Topeng babakan* (babak ist der Name einer Gamelan-Melodie). Nur zwei oder drei Tänzer, meist zwei Männer und eine Frau, waren daran beteiligt. Sie verkörperten fünf verschiedene maskierte Figuren: Die Frau tanzte den edlen Prinzen Panji (Abb. 51) und den Kriegshelden Damarwulan, der eine Mann den Dämon Rahwana, einen Gouverneur und den tapferen Krieger Samba, während der zweite Mann nur den Clown Pentul darstellte. Einen Dalang gab es nicht. Gespielt wurden insbesondere Teile der Panji- und Damarwulan-Erzählungen. Merkwürdig dabei ist die Kombinierung des Riesen Rahwana aus dem Ramayana und des Kriegers Samba aus dem Mahabharata mit den Helden Panji und Damarwulan aus der javanischen Geschichte. Die Musikbegleitung beschränkte sich auf eine Kendang-Trommel, ein Kenong (hell klingendes Gong), ein größeres Gong und das zweisaitige Streichinstrument Rebab muslimischer Herkunft.

Einige Maskentänze des Topeng dalang und Topeng babakan im klassischen Sunda-Stil werden auch gegenwärtig noch als Solotänze aufgeführt, wenn auch mit einigen Veränderungen. So tritt in dem Tanz *Topeng Rahwana* der böse Dämon von Alongka (Sri Lanka), der Ramas Gattin Sinta in seine Gewalt gebracht hat, zunächst ohne Maske auf. Mit verfeinerten, schmeichlerischen Bewegungen versucht er Sintas Herz zu gewinnen. Manchmal erscheint er auch in Gestalt des Goldenen Hirsches (Abb. 49). Erst wenn ihm die Erfolglosigkeit seines Werbens bewußt wird, setzt er sich die Dämonenmaske auf, die er bisher unter einem Tuch verborgen gehalten hatte, entpuppt sich damit als gewalttätiger Riese und beginnt einen wilden Tanz mit heftigen Arm- und Kopfbewegungen und raschen ruckartigen Ausfällen nach verschiedenen Seiten (Abb. 50). Topeng Rahwana wird gegenwärtig von männlichen und weiblichen Solotänzern ausgeführt.

Der *Koncaran*-Tanz dagegen ist ein reiner Frauentanz. Anfänglich verkörpert die Solistin die liebreizende, aber stolze und tatkräftige Ministerstochter Anjasmara, die, sich umständlich schmückend, die Ankunft ihres Geliebten, des tapferen Gouverneurssohns Damarwulan von Majapahit, erwartet, der von der Königin ausgesandt war, um den aufständischen Herrscher Menakjingga von Blambangan zu töten. Im zweiten Teil erscheint die Tänzerin nacheinander in den Rollen von Anjasmaras Zwillingsbrüdern, die vor der Königin erscheinen und vorgeben, Menakjingga erschlagen zu haben. Dann aber setzt sie sich die Maske des bösen Menakjingga auf und tanzt mit wilden Gebärden und heftigen Schwüngen. Da die legendären Geschichten um Damarwulan auch in Westjava allbekannt sind, bedarf die Darstellung mehrerer Figuren in diesem Tanz keines Kommentars. Das gilt auch für den *Kandangan*-Tanz, in dem Anjasmara, als maskierter Krieger verkleidet, verzweifelt ihren geliebten Damarwulan sucht, von dem ihre Zwillingsbrüder behauptet hatten, er sei im Kampf gegen Menakjingga gefallen. Dank ihrer Vermummung gelingt es ihr schließlich, Damarwulan lebend wiederzufinden.

In einem anderen Maskentanz, von einer Frau oder einem Mann interpretiert, bereitet sich *Samba*, Sohn des göttlichen Kresna, ein furchtloser Krieger aus dem Mahabharata-Epos, auf einen schweren Kampf vor. Mit den typischen Ausfallschritten bei auswärts gedrehten Beinen erprobt er seine differenzierte Kampftaktik und seine Kräfte gegenüber einem imaginären Feind.

Von dem in früheren Jahrhunderten vorherrschenden Wayang topeng sind also vor allem in Westjava einige Tänze erhalten geblieben. Einige jüngere Choreographen haben 1971 den erfolgreichen Versuch gemacht, diese Tradition mit einer Aufführung der wichtigsten Stationen des Ramayana-Epos als Maskentanztheater im Sunda-Stil neu zu beleben.

Das klassische Tanztheater Wayang wong

Das Maskentanztheater gehörte vom 11. bis zum 18. Jahrhundert zu den wichtigsten künstlerischen Aktivitäten der javanischen Fürstenhöfe. Ausgehend vom einheimischen Schattentheater und sicherlich stark beeinflußt vom maskenlosen Tanztheater nach indischem Vorbild aus der Zeit des Srivijaya- und alten Mataram-Reiches, erhielt es seine klassische Prägung im Majapahit-Reich des 14. und 15. Jahrhunderts. Unter dem Einfluß des Islam vollzogen sich im Wayang topeng gewisse Veränderungen im Sinne einer zunehmenden Stilisierung der Tanzbewegungen und einer Verlangsamung der Tempi, also einer künstlerischen Verfeinerung, ohne in Stagnation oder gar Formalismus zu verfallen. Im Gegenteil, unter den Bedingungen der niederländischen Kolonialherrschaft blieben das Maskentanztheater ebenso wie das Schatten- und das Puppenspiel stets eigenständige künstlerische Äußerungen nationaler Selbstbestätigung, obwohl sie gleichzeitig der Festigung fürstlicher Macht gegenüber dem eigenen Volk dienten.

Erst als diese Macht aufgrund eigener Zwistigkeiten um die Erbfolge des Mataram-Reiches zu zerfallen drohte und es der Vereinigten Ostindischen Kompanie der Niederlande 1755 gelang, Mataram in die Fürstenländer Yogyakarta und Surakarta aufzuteilen, entschloß sich Sultan Hamengku Buwono I. von Yogyakarta, eine hochbedeutsame Neuerung des traditionellen Wayang topeng einzuführen: das Tanztheater ohne Masken, *Wayang wong*. Dadurch wurden die auftretenden Götter, Helden und Bösewichter vermenschlicht. Ihre Haltungen und Charaktereigenschaften wie Edelmut und Lauterkeit, Mut und Zielstrebigkeit, Liebessehnsucht und -erfüllung, aber auch Habsucht und Intrigantentum, Machtmißbrauch und Bösartigkeit – alle Tugenden und Laster konnten nun weitaus direkter und verfeinerter dargestellt werden. Obwohl die Gesichter der Auftretenden durch ein starkes Make-up ein maskenhaftes Aussehen behielten, wurde es nun möglich, durch leichte Augen- und Mundbewegungen wie auch vielfältigere Kopfhaltungen die Ausdruckskraft der dargestellten Figuren zu intensivieren und zu differenzieren. Auch Riesen, Dämonen und legendäre Tiergestalten wie der Affenkönig Sugriwa und sein Heerführer Hanuman, die mit Halbmasken ausgestattet blieben, konnten nun mit Blicken und Bewegungen der Augenbrauen und des Mundes viel unmittelbarer ihre Haltungen offenbaren. Damit wurde eine neue Art des Tanztheaters geschaffen, die zwar schon rund tausend Jahre zuvor unweit Yogyakartas in ähnlicher Weise heimisch gewesen ist, aber inzwischen längst vergessen war, denn die Tanzreliefs des Borobudur und Prambanan sind erst nach 1835 ganz allmählich unter einer dichten Decke von Erde und Urwaldgestrüpp wiederentdeckt worden.

Das Repertoire des Wayang wong unterschied sich nicht wesentlich vom Wayang kulit und Wayang topeng. Die ersten Stücke, *Gandawardaya* in Yogyakarta und *Wijanarka* in Surakarta, beinhalten Episoden aus dem Mahabharata. Wie in den herkömmlichen Theatergattungen fungierte auch im Wayang wong ein Dalang als Erzähler und Leiter des Gamelan-Orchesters. Für die Tänzer-Schauspieler muß es eine große Erleichterung gewesen sein, ihre Texte nun ohne Maske sprechen oder singen zu können.

In den Kraton von Yogyakarta und Surakarta gehörten Wayang-wong-Aufführungen nahezu zweihundert Jahre lang zum regelmäßigen Hofzeremoniell. Sie fanden in einer großen, nach drei Seiten offenen Halle statt, Zuschauer waren stets die fürstliche Familie, hohe Würdenträger des Hofes und Gäste. Bei Besuchen wichtiger Persönlichkeiten und hochrangiger Delegationen aus dem Ausland war es dem Fürsten eine Ehre, die Gäste zu einer Tanzaufführung einzuladen. Die Tänzerinnen und Tänzer standen im Dienst des Herrschers, auch dessen Söhne und Töchter, Neffen und Nichten wurden von erfahrenen Lehrern von Kindesbeinen an nach strengen Regeln ausgebildet.

Zu den schriftlich festgelegten Verhaltensmaßregeln für den Dalang und die Tänzer-Schauspieler gehört es, daß die Darstellung der Handlung und das Sprechen der Texte bei den Zuschauern Mitgefühl erwecken muß und keine Langeweile aufkommen lassen darf. Kürzungen oder Änderungen der exakt fixierten Texte sind nicht gestattet. Nur den komischen Figuren wird ein gewisses Maß an Improvisation eingeräumt; man erwartet von ihnen, daß sie die Zuschauer durch Witze und Anspielungen auf örtliche, auch politische Ereignisse zum Lachen bringen, ohne das Maß der Schicklichkeit zu überschreiten. Jeder Darsteller muß die typischen Bewegungen einzelner Charaktere fehlerlos beherrschen, die altjavanische Sprache, die klassischen metrischen Formen, die Deklamierstile und Texte der Repertoirestücke genau kennen, außerdem unterschiedliche Sprechweisen meistern.

Es gibt nicht weniger als fünf Sprechweisen: Die Sprache des javanischen Volkes, Ngoko, die von Dienern und Spaßmachern gebraucht wird; die Sprache höher gestellter Persönlichkeiten, Kromo, aus der die javanische Schriftsprache hervorgegangen ist; Madyo, eine Mischung von Kromo und Ngoko, die von Beamten und reicheren Kaufleuten gesprochen wird; die Sprache des Hofes, Basa-Kedaton; und schließlich das nur etwa dreihundert Worte umfassende Kromo-inggil, das nur Göttern, Fürsten, Prinzen und höchsten höfischen Würdenträgern vorbehalten blieb.[9] Bei Hofe waren diese Sprechweisen obligatorisch, sie wurden erst bei Aufführungen vor einem breiten Publikum, besonders dem beliebten Ketoprak, seit 1908 aufgegeben.

Zu weiteren Verhaltensmaßregeln in klassisch-höfischen Aufführungen gehört das Verbot, den Ablauf, das Tempo und die Länge der einzelnen Teile wie des ganzen Stückes zu verändern, keine Figur darf bevorzugt oder benachteiligt werden. Und schließlich ist es nicht gestattet, durch Anspielungen irgendwelcher Art das Mißfallen des Publikums zu erregen.[10] Diese bereits im vorigen Jahrhundert fixierten Vorschriften gelten für streng klassische Darbietungen auch heute noch.

Im Laufe der Zeit haben sich zwischen den Fürstentümern in Yogyakarta und Surakarta gewisse Unterschiede im Darstellungsstil herausgebildet. Im Kraton von Yogyakarta legte man mehr Wert auf Glanz und Pracht, der Tanz war kraftvoller, stärker stilisiert, konservativer als in Surakarta. Dort waren die Vorstellungen nicht so lang, die Tanzbewegungen wurden in mancher Hinsicht lebendiger, gespannter ausgeführt. In Yogyakarta wurden Frauenrollen noch bis in die dreißiger Jahre unseres Jahrhunderts von jungen Männern getanzt. In Surakarta dagegen spielten vorwiegend Frauen, auch in Männerrollen, es hieß, wenn schöne, kräftige junge Männer die Helden getanzt hätten, könnte das dem islamischen Fürsten in Gegenwart all seiner Frauen nicht angenehm gewesen sein.[11] Deshalb wurde beispielsweise Arjuna entweder von einer Frau oder von einem der Söhne des Herrschers getanzt. Gewissen Modernisierungen war man in Surakarta aufgeschlossener: So spielten 1937 im Gamelan-Orchester zwei Klarinetten, vier Violinen und eine europäische Militärtrommel mit – das wäre in Yogyakarta unmöglich gewesen.

Während im allgemeinen die Fabel des Ramayana unverändert in den Wayang-wong-Spielen beibehalten wurde, unterscheiden sich viele Stücke mit Helden aus dem Mahabharata von dem ursprünglichen Epos. Da die Javaner die edelmütigen Figuren beider Epen als ihre eigenen legendären Vorfahren betrachteten, ist es nicht verwunderlich, daß sie auch eigene Geschichten erfanden, in denen vergöttlichte Menschen aus beiden Epen vorkamen. So verwandelt sich in dem Tanzschauspiel *Rama Nitis* (Ramas Inkarnation) Rama in den göttlichen Kresna, den Berater und Helfer der Pandawa, und sein Bruder Laksmana, der Rama und Sinta in die Verbannung begleitet, erscheint als Inkarnation Arjunas, des größten Helden der javanischen Mahabharata-Adaption.

Es entstanden auch völlig neue Lakon für Wayang wong, deren Hauptfiguren Namen von Mahabharata-Helden tragen. Dazu gehört das seinerzeit am Hofe von Yogyakarta besonders beliebte Tanztheaterstück *Pregiwa-Pregiwati*, dessen gesamte Aufführung drei aufeinander folgende Nächte in Anspruch nahm. Jetzt wird dieses poetisch-dramatische Werk entweder nur noch in eine zwei- oder gar einstündige Kurzfassung zusammengedrängt, oder aber man begnügt sich mit einigen ausgewählten Episoden daraus.[12]

Die Fabel berichtet über die Einlösung der Bedingung König Kresnas, seine Tochter Siti Sundari nur einem jungen Mann zur Gemahlin zu geben, der ein Zwillingspaar besonders schöner Mädchen als Mitgift ins Haus brächte. Arjunas Sohn Abhimanyu, der Siti Sundari verehrt, verspricht diese Bedingung zu erfüllen. Mit Hilfe seines Vetters Gatotkaca, Bhimas Sohn, gelingt es ihm nach manchen Abenteuern, darunter einem schweren Kampf gegen den gefürchteten Riesen Cakil (Abb. 53, 54), einen alten Eremiten zu finden, der mit seinen Enkelinnen, den Zwillingen Pregiwa und Pregiwati, zusammenlebt. Nach Aussage des Eremiten sei der Vater der beiden schönen Mädchen niemand anders als Arjuna selbst. Inzwischen hat die Nachricht der Bedingung König Kresnas auch die mit Arjuna und den anderen Pandawa verfeindeten Kaurawa erreicht: König Duryodanas Sohn Lesmana Dakumara ist ebenfalls auf der Suche nach einem Mädchen-Zwillingspaar, um Siti Sundari als Gemahlin zu gewinnen. Er und seine Begleiter finden Pregiwa und Pregiwati. Als die Kaurawa Abhimanyu erblicken, der inzwischen weiß, daß die Zwillinge seine Halbschwestern sind, versuchen sie die beiden Mädchen zu entführen. Ein dramatischer Kampf Abhimanyus und Gatotkacas gegen Lesmana Dakumara und die anderen Kaurawa endet mit dem Sieg Abhimanyus. Inzwischen fliegt Gatotkaca zu den Zwillingen (Abb. 56). Er verliebt sich in Pregiwa, die seine Zuneigung erwidert, ohne es zu zeigen. Schließlich kehren Abhimanyu und Gatotkaca mit den Zwillingen an Kresnas Hof zurück, wo sich auch Arjuna eingefunden hat (Abb. 57). Hocherfreut, daß sein Sohn Abhimanyu seine Zwillingstöchter Pregiwa und Pregiwati heimgeführt hat, gibt Arjuna sein Einverständnis zur Heirat Gatotkacas mit Pregiwa. König Kresnas Bedingung ist eingelöst. Mit der festlichen Hochzeit Abhimanyus mit Siti Sundari endet das Stück.

Die differenzierten Haltungen der positiven und negativen Helden in den unterschiedlichsten Situationen, die Hingebung des Eremiten-Großvaters an seine lieblichen Enkelinnen, deren herzliches Verhältnis zueinander, die Ängste Abhimanyus, ob er die Bedingung zur Erringung seiner geliebten Siti Sundari erfüllen kann, die edle Hilfsbereitschaft Gatotkacas, die Kämpfe gegen den Riesen Cakil und die hinterlistigen Kaurawa – das alles ist ebenso wie die Geschichte Ramas, Sintas und Hanumans gegen den bösen Rahwana durchdrungen von menschlicher Wärme, der Sehnsucht nach Schönheit, Lauterkeit, aufrichtiger Liebe und anderen humanistischen Idealen.

Die Geschichte von Zwillingen als Mitgift zur Heirat Abhimanyus und Siti Sundaris bildet auch die Fabel des Tanzschauspiels *Suprabhawati Tinanding*, in dem Frauenfiguren dominieren. Auf dem Höhepunkt des Geschehens kämpfen Arjunas Frauen unter der Leitung Srikandis (Abb. 59) gegen die von den Zwillingsschwestern Suprabhawati und Suradewati geführten Frauen des Königreiches Simbarmanyura. Sogar spektakuläre Garuda-Vögel mischen sich in den Kampf, der schließlich durch das Eingreifen Abhimanyus und Gatotkacas zugunsten der Pandawa entschieden wird.

Ein weiteres beliebtes Tanztheater-Lakon ist *Arjuna-Wiwaha* nach der gleichnamigen Versdichtung aus dem 11. Jahrhundert, einer javanischen Adaption einiger Teile des Mahabharata. Das Stück beginnt im Himmel. Die Götter sind in großer Sorge, denn der mächtige Riesenkönig Newatakawaca verlangt nach dem Besitz der schönen Nymphe Suprabha. Nur die Pandawa-Brüder, allen voran Arjuna, könnten ihrer Meinung nach dem bösen Feind die Stirn bieten. Arjuna jedoch gibt sich gerade als Eremit einem entsagungsvollen Leben hin. Der Guru Batara nähert sich ihm in Gestalt eines Königs namens Kilatawarna, um seine übernatürlichen Kräfte einer Prüfung zu unterziehen. Zunächst erscheinen die himmlischen Widadari, unter ihnen auch Suprabha, um Arjuna mit liebreizenden Tänzen zu verführen, doch er widersteht allen Versuchungen. Dann zaubert der Guru den Heerführer des Riesenkönigs Newatakawaca in Gestalt eines wilden Bären herbei, der in Arjunas Umgebung Felder und Hütten zerstört. Arjuna ist gerade in demutsvoller Meditation begriffen, als er den gefährlichen Feind erblickt. Er schrickt auf, ergreift seinen Bogen und schießt einen Pfeil ab. Zu seinem Erstaunen hat auch König Kilatawarna gleichzeitig auf den Bären geschossen. Die beiden streiten sich um die Beute und kämpfen heftig miteinander. Arjuna besiegt Kilatawarna, der sich ihm als Guru Batara zu erkennen gibt. Nachdem Arjuna nun alle Prüfungen vorzüglich bestanden hat, teilt ihm der Guru den Wunsch der Götter mit, er möge helfen, den Riesenkönig Newatakawaca zu töten. Arjuna willigt ein, und Guru Batara überreicht ihm den magischen Bogen Pasupati. Newatakawaca ist inzwischen verärgert, weil er von den Göttern noch keine Antwort auf seine Forderung, Suprabha zur Gemahlin zu nehmen, erhalten hat. Nun folgt der dramatische Höhepunkt des ganzen Stückes. Arjuna nähert sich dem wütenden Newatakawaca. Während eines hitzigen Kampfes ersticht der Riese den göttlichen Helden mit der kurzen Lanze Limping. Arjuna täuscht vor, getötet worden zu sein, Newatakawaca bricht in teuflisches Gelächter aus, und Suprabha versucht ihn zu beruhigen. Da springt Arjuna auf und schießt mit seinem magischen Bogen einen Pfeil direkt in die Zunge, den einzigen verwundbaren Körperteil des Riesen. Dieser fällt sofort tot auf den Boden. Als Belohnung erhält Arjuna die Nymphe Suprabha und die anderen Widadari als Gattinnen. Während der feierlichen Hochzeit wird er für sieben Tage zum Himmelskönig gekrönt.

Neben den Tanztheaterstücken auf Sujets aus dem Ramayana und den javanischen Umdichtungen des Mahabharata spielte man seit der Mitte des 19. Jahrhunderts in einem neuen, *Langen driya* genannten Genre die Geschichten um den Helden Damarwulan aus der Zeit des Majapahit-Reiches. Mangkunegoro IV. von Surakarta ergriff dazu die Initiative. 1876 folgte dann Yogyakarta mit einer anderen Version. Im Langen driya wurden die Texte nicht gesprochen, sondern von den Tänzer-Schauspielern gesungen.

Die Fabel des Langen driya *Damarwulan-Menakjingga* ist dramaturgisch ähnlich aufbereitet wie die des Tanzschauspiels Arjuna-Wiwaha. Das mächtige Majapahit-Reich wurde von 1329 bis 1350 von der Königin Prabu Kenya regiert. Ihr diente ein Minister (Patih) namens Logender, der zwei Söhne, Seta und Kumitir, und eine besonders schöne Tochter, Anjasmara, hatte. Eines Tages bittet der als einfacher Bauer verkleidete kräftige Krieger Damarwulan den Minister, ihm eine Arbeit zu verschaffen. Damarwulan wird als Stallknecht am Hofe eingestellt. Bald verliebt sich Anjasmara in ihn, doch der Minister und seine beiden Söhne sind damit gar nicht einverstanden. Anjasmara besteht auf ihrem Recht persönlicher Entscheidung, zumal Damarwulan ihre Liebe erwidert. Da erhält Königin Prabu Kenya die erschreckende Nachricht, daß ihr Vasall (Adipati) Menakjingga von Blambangan in Ostjava gegen Majapahit eine Rebellion entfacht habe. Die Königin verkündet, sie werde den starken Mann zu ihrem Gemahl küren, der imstande sei, Menakjingga zu töten und als Beweis den Kopf des Rebellen ihr zu Füßen zu legen. Seta und Kumitir erklären sich sofort bereit, an diesem Wettstreit teilzunehmen, um König von Majapahit zu werden. Auch Damarwulan will gegen Menakjingga kämpfen, aber nur um das Reich zu retten, nicht um die Königin als Gemahlin zu gewinnen, denn er liebt Anjasmara (Abb. 58). Zunächst belächeln der Minister und seine Söhne die Absicht eines Stallknechts, diesen schweren Kampf auf sich zu nehmen. Doch nach einigem Zögern stimmt die Königin zu. Damarwulan zieht nach Blambangan. Als er Menakjingga zum ersten Mal begegnet, teilt er ihm den Befehl der Königin mit, sich zu ergeben, doch er erntet nur ein höhnisches Lachen.

Der grausame, hinkende Vasall aber wird wütend, als Damarwulan auf seiner Forderung besteht. Ein heftiger Kampf entbrennt. Menakjingga gelingt es, Damarwulan mehrmals zu Boden zu schlagen. Schließlich will der zornige Vasall seine magische Bronzekeule Gada wesing kuning nehmen, doch seine beiden Frauen, Waita und Punengan, die den Kampf verfolgen, haben Mitleid mit Damarwulan. In einem unbeobachteten Augenblick ergreifen sie die tödliche Waffe und geben sie ihm. Menakjingga ist außer sich vor Wut, er beginnt zu wanken, bis Damarwulan ihm den tödlichen Schlag versetzt. Der Sieger bedankt sich bei den beiden Frauen und zieht mit dem Kopf des Rebellen weg. Unterwegs wird er von Seta und Kumitir überfallen, die ihm die Siegestrophäe entreißen und damit triumphierend vor Königin Prabu Kenya erscheinen. Doch dann kommt Damarwulan und enthüllt der Königin die Lüge der beiden selbstsüchtigen Söhne ihres Ministers. Am Ende heiratet Damarwulan gleich zwei Frauen, die Königin und seine geliebte Anjasmara. Als Retter Majapahits ist er in die Geschichte eingegangen.

Neben diesen Wayang-wong-Stücken entstanden noch viele andere. So schuf Prinz Prabu Widaya in Surakarta den *Langen asmara* (asmara = Liebe) auf einen Stoff aus der islamischen Mythologie, die Liebesabenteuer Sultan Wiradis mit Menak Jayengrana. Aus dem Panji-Zyklus folgte in Surakarta *Pranasmara.* Beide Stücke wurden nur von Frauen interpretiert. Gegen Ende des 19. Jahrhunderts entwickelte Prinz Danureja VII. in Yogyakarta wieder ein anderes Genre des Wayang wong, den *Langen mandra wanara* (wanara = Affe) nach dem Ramayana. Darin agierten vor allem der Affenkönig Sugriwa, sein Heerführer Hanuman und andere Affenfiguren, die während der ganzen Aufführung in Hockstellung tanzen mußten. Später wurden diese Rollen wieder normal in stehender Position gespielt (Abb. 60).

Das Niveau der Wayang-wong-Aufführungen erreichte in den ersten Jahrzehnten unseres Jahrhunderts einen unbestrittenen Höhepunkt. Schon um die Jahrhundertwende gab es Bestrebungen, das klassische javanische Tanztheater aus der höfischen Isolierung zu lösen. So schuf Raden Mas Wreksadiningrat aus Surakarta 1908 außerhalb des Kraton eine neue, volkstümliche Form des Wayang wong, den bereits erwähnten *Ketoprak*, in dem nur die allen verständliche javanische Sprache verwendet wurde. Anfänglich bestand die Musikbegleitung nur aus einem Stampfer (Lesung) oder einem einzigen Bambusinstrument (Keprak), erst allmählich kamen Gamelan-Instrumente dazu. Bevorzugte Sujets waren die bekanntesten Geschichten aus dem Ramayana, vor allem der Kampf Hanumans und seines Affenheeres gegen den bösen Rahwana, ferner die Heldentaten Arjunas, Damarwulans Aufstieg zum König von Majapahit, Liebesgeschichten des Prinzen Panji (Abb. 61), aber auch patriotische Episoden aus dem javanischen Volksaufstand unter dem Prinzen Diponegoro (1825–1830) gegen die niederländische Kolonialherrschaft. Im Ketoprak wurden bekannte javanische Lieder verwendet. Von Zentraljava aus erreichte diese Form des Wayang wong in den zwanziger und dreißiger Jahren eine enorme Popularität ebenso wie der höfische Wayang wong, der seit der Gründung der Tänzervereinigung Krida Beksa Wirama 1918 in Städten und Dörfern verbreitet wurde. Tanzgruppen im Surakarta-Stil entstanden in Semarang, Madiun, Kediri, Pekalongan und anderen Städten, den Yogyakarta-Stil bevorzugten Gruppen in Kedu und Magelang.

Klassische Tänze

Außer dem Wayang wong gab es an den javanischen Höfen mehrere hochstilisierte zeremonielle Tänze, deren Tradition bis in die erste Hälfte des 17. Jahrhunderts zurückverfolgt werden kann, als noch das Wayang topeng gebräuchlich war. Sie sind aber wahrscheinlich viel früheren Ursprungs. Dazu gehören vor allem die äußerst verfeinerten Bedaya- und Serimpi-Tänze.

Nach der Legende verliebte sich die stolze Königin der Südsee Ratu Rara Kidul in den mächtigen Sultan Agung (1613–1645) des zentraljavanischen Mataram-Reiches. Sie erschien vor dem Sultan und offenbarte ihm in einem Tanz ihre Liebe. Er war davon so entzückt, daß er diesen Tanz unter der persönlichen Leitung der Königin seinen Hoftänzerinnen einstudieren ließ. Seit dieser Zeit galt dieser Tanz *Bedaya Ketawang* in Surakarta als heilig. Er durfte nur bei ganz besonderen Gelegenheiten gezeigt werden, etwa bei Krönungsfeierlichkeiten oder wenn das Reich von Feinden bedroht wurde. Man meinte dann, die göttlichen Widadari seien selbst vom Himmel herabgestiegen.

Im Kraton von Yogyakarta durfte dieser Tanz nur von neun jungen adligen Mädchen in festlicher Brautkleidung oder auch Jungen in Travestie ausgeführt werden, die jünger als vierzehn Jahre sein mußten und die Kunst des klassischen Tanzes seit frühem Kindesalter erlernt hatten. In Surakarta dagegen suchte der Tanzmeister des Hofes besonders begabte, schöne, ganz junge Mädchen aus dem Volke aus, die im Kraton nach strenger Etikette ausgebildet und erzogen wurden. Noch während der zwanziger Jahre unseres Jahrhunderts war es üblich, daß den jungen Tänzerinnen vor der Aufführung Speiseopfer dargebracht wurden, auch das Abbrennen von Weihrauch durfte dabei nicht fehlen. Erst 1924 gab der Fürst zum ersten Mal seine Genehmigung, den Bedaya Ketawang auch außerhalb des Kratons zu zeigen. Die Bedaya-Tänzerinnen tragen ein breites, nach hinten schmaler werdendes Kopfband mit langen hellen Federn in der Mitte, deren leichtes Mitschwingen oder Erzittern bei jeder Kopfbewegung zum Gesamteindruck des Tanzes gehört (Abb. 62).

Gegen Ende des 18. Jahrhunderts schuf Fürst Hamengku Buwono II. in Yogyakarta einen ähnlich hochstilisierten Tanz, den *Bedaya semang.* Später entstanden weitere Tänze gleichen Stils: Im *Bedaya Bedah Madiun* wurde die Rebellion des Regenten von Madiun gegen das Königreich Mataram äußerst verfeinert dargestellt, und der *Bedaya Arjuna-Wiwaha* schildert die Liebe und die Hochzeit Arjunas mit Suprabha.

Sind die den Bedaya-Tänzen zugrunde liegenden Sujets schon in einem so hohen Abstraktionsgrad mit symbolhaltigen Bewegungen gestaltet, daß deren Bedeutung nur von Kennern der Mythologie verstanden werden kann, so gilt dies in noch höherem Maße von den *Serimpi*-Tänzen. In der Regel wird im Serimpi der Kampf zwischen zwei bedeutenden Helden symbolisiert, die beide von je zwei jungen, hintereinander postierten Mädchen in vollkommen synchronen Bewegungen getanzt werden, so daß die vier Tänzerinnen ein choreographisches Quadrat bilden. Nur einige Pfeile in einem am Rücken befestigten Köcher scheinen anzudeuten, daß es sich hier um einen Kampf handelt.

Anfangs knien die vier Mädchen vor dem Fürsten nieder, der in Festkleidung auf seinem Thron Platz genommen hat. Ehrerbietig begrüßen sie den Herrscher mit der traditionellen Sembah-Handhaltung. Vom Gamelan und einem kleinen Chor musikalisch begleitet, schreiten sie mit niedergeschlagenen Augen und äußerst langsamen kleinen Schritten voran, die Zehen des Spielbeins erhoben. Die weichen, graziösen Körperbewegungen, das zarte Wenden des Hauptes, das langsame Aufheben der Schärpenenden in ihren festlichen Batik-Kostümen, mit Goldkronen auf dem Kopf und goldenen Ringen und Armreifen geschmückt – das alles läßt die Tänzerinnen wie Märchengestalten erscheinen. Walter Spies schrieb: »Die Mädchen schweben und tauchen umeinander, langsam; jede Fingerspitze tanzt, das ganze Kostüm tanzt rhythmisch mit, alles schwebt auf und nieder. Falten fallen überall gleich und rhythmisch nach der Musik. Mit den Füßen schwenken sie ihre Schleppe – mit den Händen ihre Schals, die von den Hüften auf beiden Seiten herabhängen, und die Enden fliegen bald langsam, bald schnell, bald zitternd – bald in großem Bogen um sie herum. Manchmal tauchen alle vier, oder bei den Bedayas alle neun, wie unter, und schwebend jagen sie sich wieder empor und fliegen, gar nicht wie Menschen, um- und hintereinander, und mit zarten Schwertern kämpfen sie oder schießen mit dünnen, geschwungenen Bögen in der Hand lange spitze Pfeile. Und wie so ein Kampf stilisiert ist und zu Tanz gebracht ist, spottet jeder Beschreibung. Vor allem, wie es in dies kultiviert Feine und Zarte übertragen ist, und wie dann einige siegen, andere verlieren, abwechselnd, und wie sich Kampf und Expression steigert! Ein verschlungenes Durcheinanderkämpfen, unbegreiflich in Regie und Ausführung und alles bleibt immer lautlos zart und wie ein Traum!«[13]

Verschiedenen Serimpi-Tänzen liegen die Kämpfe zwischen zwei Figuren aus den islamischen Serat-Menak-Erzählungen zugrunde, den javanischen Adaptionen der Geschichten um den Helden Amir Hamzah, als Sultan Wiradi Herrscher Arabiens, eines Onkels des Propheten Mohammed. So geht es im *Serimpi Jamparing* um den Kampf zweier Prinzessinnen.

Der javanischen Schrift Angling Darma ist das Sujet des *Serimpi Renggawati* entlehnt (Abb. 63). Nicht Kampf, sondern die Suche nach Liebeserfüllung bildet den Inhalt. Fürst Angling Darma ist untröstlich, weil seine Gemahlin Setyawadi gestorben ist. Mit Hilfe der Götter verwandelt er sich in den legendären Vogel Meliwis putih und fliegt zur Prinzessin Renggawati, der Inkarnation seiner geliebten Setyawadi. Zunächst tanzen nur je zwei Mädchen den Fürsten und seine Gattin, eine fünfte Tänzerin verharrt in abwartender Haltung, sie verkörpert Renggawati. Erst als sich Angling Darma als Vogel Meliwis putih in einem Baum versteckt hat, tritt sie in Aktion: Tanzend besteigt sie eine Leiter und fängt den Vogel. Während dieser Szene, dem Höhepunkt des Tanzes, bewegen sich die vier anderen Tänzerinnen graziös in Hockstellung.

Auch in diesem Tanz werden alle Handlungsmomente ohne jegliche Requisiten in höchster Stilisierung dargeboten: Das Fliegen des Vogels durch leichtes Trippeln und zitterndes Wogen der Schärpe, das Besteigen der imaginären hohen Leiter durch vorsichtige größere Schritte, das Fangen des Vogels durch zarte, behutsam sich schließende Arm- und Handbewegungen. Wie in allen Bedaya- und Serimpi-Tänzen fügt sich auch hier das verfeinerte Spiel der Hände und Finger ebenso wie das leichte Zittern der goldenen und silbernen Blütenzweige auf der reich verzierten Krone organisch in die Tanzkomposition ein. Der Gesichtsausdruck der Tänzerinnen läßt nur andeutungsweise, etwa in einem Augenaufschlag oder einer subtilen Regung der Lippen, den Gemütszustand der dargestellten Figur erkennen. Gerade wegen der enormen Beherrschtheit und Verhaltenheit der Bewegungen, dem hohen Grad der Abstraktion und der vollkommenen Synchronität des Agierens faszinieren diese Tänze durch eine nie nachlassende Spannung von bewundernswerter poetischer Schönheit.

Seitdem Bedaya- und Serimpi-Tänze auch außerhalb der Kraton von Yogyakarta und Surakarta gezeigt werden durften, bemühen sich Tänzer und Choreographen darum, neue Varianten zu schaffen und dabei ihre Dynamik und Verständlichkeit bei aller Reinheit des Stils zu erhöhen. Allerdings ist gerade diese Art hochkultivierter Tanzkunst bei weitem nicht so populär wie das Wayang wong.

Neben diesen Tänzen gibt es noch eine ganze Reihe anderer klassischer Solo- und Gruppentänze. Ihrem Charakter entsprechend werden sie in verfeinerte (alus) oder kraftvoll-energische (gagah) Darbietungen eingeteilt.

Zu den Alus-Tänzen gehört der von einem Mann, in neuerer Zeit jedoch meist von einer Frau ausgeführte *Gambir anom*, der offensichtlich von dem alten Kiprah-Maskentanz des Klana abgeleitet ist: Irawan, ein Sohn Arjunas, ist verliebt, er kleidet sich festlich, kämmt sein Haar, pudert sein Gesicht, legt Schmuckstücke an und beugt sich in verschiedene Richtungen, als ob seine Geliebte vor ihm stünde (Abb. 64). Ein ähnlicher Solotanz, der aber auch von drei oder noch mehr Frauen interpretiert werden kann, ist *Gambyong*: Ein junges Mädchen schmückt sich umständlich und schaut in den Spiegel. Im *Bondan*-Tanz, ebenfalls ein weiblicher Solotanz aus Surakarta, sorgt sich ein junges Mädchen liebkosend und spielerisch um seine kleine Schwester.

Ein männliches Pendant im Gagah-Charakter und dem Kiprahtanz noch ähnlicher ist *Gatotkaca gandrung* im Surakarta-Stil aus dem Wayang-wong-Stück Pregiwa-Pregiwati: Gatotkaca ist in Pregiwa verliebt und bereitet sich auf ein Treffen mit dem schönen Mädchen vor. Auch in anderen Tanztheaterstücken ist dieser Tanz in den verschiedensten Varianten anzutreffen. Das unzähmbare Verlangen des Helden äußert sich sehr differenziert, obwohl alle pantomimischen Gebärden und Tanzbewegungen namentlich kodifiziert sind: Der Verliebte streicht sich stolz den Schnurrbart, dreht elegant seine Hände, betrachtet bewundernd seine Fingerringe, schaut nach rechts und links in Erwartung seiner Liebsten (milang-miling; Abb. 67), blickt dann wieder weit in die Ferne (ulap-ulap), zählt an den Fingern ab, ob die Zahl seiner Streiter ausreicht, um den Nebenbuhler und dessen Gefolge in die Flucht zu schlagen (metung), trippelt mit fliegenden Armbewegungen in freudiger Erwartung der kommenden Begegnung (nyamber), klatscht in die Hände, um die Geliebte herbeizurufen, die in seiner Phantasie wirklich erscheint (keplok-tangan), streicht seinen Schnurrbart (ngusap-rawis), setzt sich ein Diadem aufs Haupt (antra-jamang), glättet die Falten seines Kleides (miwir-kepuh), legt Ohrverzierungen an (atrap-sumping), dreht und wendet seine Hände, um den Glanz der Fingerringe zu demonstrieren (ukel-tangan), macht eine elegante Bewegung, um der Geliebten zu gefallen (lembéyan), bietet ihr feierlich ein Geschenk an (hatur-hatur), spielt mit der Schärpe (dolonan-sondèr), bildet mit Händen und Fingern ein verästeltes Hirschgeweih als Sinnbild des Stolzes und der Schönheit (menjangan-rangah), bittet seine Geliebte, ihm eine Blume ins Haar zu stecken (sekar-suwon) und schaut selbstgefällig in den Spiegel (ngilo). Alle diese Bewegungen werden zunächst ruhig ausgeführt, dann aber immer schneller und leidenschaftlicher wiederholt und variiert.[14] Ohne Maske bietet diese Wayang-wong-Variante des alten Klana-Tanzes dem Tänzer weitaus größeren individuellen Spielraum, um durch innere Spannkraft und eine kaum merkbare, dennoch sehr differenzierte Mimik starke Eindrücke hervorzurufen.

Überhaupt erfreuen sich einzelne Solo-, Zwei- oder Gruppentänze aus Wayang-wong-Stücken großer Beliebtheit, vor allem die *Beksan* oder *Wireng* (wira = tapfer, heldenhaft) genannten Kampftänze. Im Yogyakarta-Stil sind besonders zu nennen: *Petilan* (Fragment) *Gatotkaca*, der Kampf gegen den Riesen Sekipu, *Petilan Arjuna*, der Kampf gegen den gefürchteten Dämon Cakil, *Petilan Ontoreja*, der Kampf zwischen Bhimas Sohn Ontoreja gegen Hanggada. Im Surakarta-Stil werden die Tänze *Wireng Srikandi* und *Wireng Arjuna* bevorzugt. Über diese Kampftänze schrieb Walter Spies am 12. März 1924 aus Yogyakarta an seine Schwester Daisy: »Und wie hier Kämpfe dargestellt werden! Sie rasen und springen mit Schwertern umeinander, fallen nieder, flüchten, werden verfolgt. Es sind manchmal erschreckende Situationen, der Atem steht einem still, weil [man] immer wieder nicht fassen kann, wo so etwas in Rhythmus und Symmetrie, Stil und Intensität gebracht worden ist. ... Und manchmal ist beim wüstesten Kampf und Geschlage kaum hörbare, flüsternd drohende Musik, manchmal aufgeregtes, verrückt rhythmisches Geklirr oder Geklapper, zwei Eisenplatten aufeinander oder herrlich hohles Geklopfe auf einem blutroten kleinen Holzkasten. Dann mußt Du Dir denken, daß plötzlich der Männerchor anfängt, sirenenartig zu heulen und zu bellen, alles genau im Rhythmus! Und manchmal, wenn sich die Gegner, erstarrt und hassend, stundenlang gegenübergestanden haben, fangen sie an, sich anzuschreien, mit unheimlichen, tiefen, bellenden Worten, die wie Gongschläge sich anhören und immer aufpeitschender werden. ... Das Ganze ist so aufregend ...«[15]

Sosehr im klassischen javanischen Tanz edle Helden, böse Dämonen, tapfere Krieger, verschlagene Vasallen, verliebte Prinzessinnen oder komische Diener auch typisiert sein mögen, ihre individuellen Unterschiede sind an ihren Haltungen, Tanzbewegungen und an ihren Kostümen deutlich erkennbar. So gilt Arjuna, der silbern glänzende mittlere der fünf Pandawa-Brüder, als Vorbild an Schönheit, Tugend und Kraft; er ist immer beherrscht, überlegen, selbstsicher (Abb. 65). Wie Rama, Laksmana, Abhimanyu und andere Helden trägt er einen langen, nach oben geschwungenen Haarzopf und einen Köcher mit Pfeilen auf dem Rücken. Sein ältester Halbbruder Yudistira ist auch rechtschaffen und tapfer, aber viel sanftmütiger. Bhima wiederum, Arjunas zweiter Halbbruder, gilt als Sinnbild von Kraft und Energie, trotz seines edlen Charakters verführt ihn sein großer Wuchs und sein ungestümes Temperament manchmal zu heftigen Reaktionen. Der göttliche Kresna hingegen ist der mutige Helfer in der Not. Bhimas Sohn, der kühne, schnurrbärtige Kämpfer Gatotkaca, besitzt die Fähigkeit zu fliegen, seine Flügel auf dem Rücken deuten das an.

Könige, Prinzen und Krieger tragen im allgemeinen eine bis unter die Knie reichende Hose und ein kunstvoll geknotetes Batiktuch, dessen Knoten einen an der Hüfte befestigten Kris verdeckt. Königinnen und Prinzessinnen sind mit einem eng gewickelten, manchmal mit Schulterbändern versehenen Brusttuch oder einer Jacke mit einem langen Batik-Hüfttuch bekleidet, das in einer Art Schleppe endet, die mit graziösen Fußbewegungen hin- und hergeschwenkt werden. Zwei lang herabfallende Enden einer um die Hüfte gebundenen Schärpe werden häufig mit den Fingern emporgehoben, manchmal auch über die Schulter geworfen und in die Tanzbewegungen einbezogen. Arme und Schultern bleiben, abgesehen von Schmuckstücken, frei.

Die Gebärden und Bewegungen der weiblichen Hauptrollen, wie Sinta, Suprabha, Pregiwa oder Srikandi, bleiben auch bei starken Gefühlsausbrüchen und leidenschaftlichen Empfindungen im Alus-Charakter stets äußerst beherrscht und verhalten, nie überschwenglich oder heftig. Die Arme werden nie über die Schulterhöhe erhoben. Innere Erregung, Angst oder Abscheu kann nur durch schnellere Gänge, ruckartige Seitenbewegungen des Kopfes, rasches Drehen der Handgelenke, lebhaftes Fingerspiel, erregtes Schwingen der seidenen Schärpe, plötzliche Augenaufschläge und drohende Blicke geäußert werden. Die Meisterschaft der klassischen Tänzerinnen offenbart sich in der äußerst differenzierten Zartheit aller Bewegungen auch bei höchster Erregtheit.

Dämonen und Riesen sind sofort an ihrem dichten Vollbart zu erkennen. Einige, wie der gefährliche Cakil, haben einen bis zur Nasenspitze reichenden Hauer und nach unten gerichtete Eckzähne. Im Gegensatz zu allen edlen Charakteren treten sie manchmal mit nach innen gedrehten Beinen und Füßen auf (vgl. Abb. 53). Riesen werden häufig mit abscheuerregenden Halbmasken, Kopfmasken mit hervorquellenden Augen und hochgerichteten breiten Nasen oder auch Masken mit zwei großen Öffnungen anstelle der Augen dargestellt.

Auch Sugriwa, Hanuman und andere Affen tragen Gesichtsmasken. Der mythische Vogel Garuda ist an einem Vogelkostüm mit weit ausgebreiteten Flügeln, einem reich verzierten Kopf und langem, offenem Schnabel erkennbar (Abb. 66). Kulissen gab es an den Fürstenhöfen nicht, wohl aber zahlreiche Requisiten. Erst bei volkstümlichen Wayang-wong-Aufführungen in den Städten verwendete man nach europäischem Vorbild eine manchmal recht kitschige gemalte Leinwand als Hintergrund.

Im klassischen javanischen Tanz bilden alle Einzelheiten ein geschlossenes Ganzes, die tänzerischen Körperbewegungen und Kostüme, das fein ziselierte Spiel der Finger und das Glitzern der Ringe und Armbänder, die Kombinierung der Schärpen-, Arm- und Handbewegungen, das elegante Wegschieben der Schleppe mit den Füßen bei den Frauen, die stolz-kraftvolle Haltung bei auswärts gedrehten Beinen der Männer, das Spiel der Augen, die genaue Übereinstimmung des Tanzes, der Gebärden und der Kleidung mit dem Inhalt der gesprochenen oder gesungenen Texte und schließlich die Synchronität und emotionale Konformität aller Tanzbewegungen und Gebärden mit der Gamelan-Musik.

Die eigenartige Zusammenstellung verschiedenartiger Musikinstrumente, vor allem größerer und kleinerer Gongs, serienweise angeordneter unterschiedlicher Metallophone und Xylophone, einiger Trommeln und dreier Melodieinstrumente – Flöte, Rebab und Zither – zu einem Orchester von etwa zwanzig bis fünfundzwanzig Spielern ist zweifellos zentraljavanischen Ursprungs. Bis auf das mit dem Islam eingeführte persische Rebab sind alle Instrumente und ihre Kombination eine Errungenschaft des hindu-javanischen Zeitalters. Das Gamelan verbreitete sich über ganz Java, Bali, Südsumatra und Teile von Kalimantan. In Zentral- und Nordsumatra, auf Sulawesi und in allen anderen Gebieten Indonesiens ist es bis in die jüngste Vergangenheit nicht heimisch geworden.

Die Gamelan-Orchester können sehr verschieden zusammengesetzt sein, ihr Klangcharakter ist auf Java und Bali deutlich zu unterscheiden. Außerdem gibt es Gamelans in zwei verschiedenen Tonsystemen, dem siebentönigen Slendro und dem fünftönigen Pelog. Der niederländische Musikwissenschaftler Jaap Kunst vermutete, daß Slendro schon von den Deuteromalayen eingeführt wurde, also älter ist, da es in abgelegenen Bergregionen nachgewiesen werden konnte, während Pelog vor allem in den zentralen Gebieten verbreitet ist. Eine andere, nicht bewiesene Hypothese ist die Ableitung des Wortes Slendro (Salendro) von Shailendra, der mächtigen Dynastie des Sriwijaya-Reiches im 9. und 10. Jahrhundert.[16] Trotz aller Unterschiede der Gamelan-Orchester – in vielen Dörfern gibt es nur kleine, an den Fürstenhöfen hingegen prunkvolle Beispiele von bis zu fünfundsiebzig Instrumenten – ist die Grundzusammenstellung überall dieselbe.

Der Spieler des *Gendang* (javanisch Kendang, balinesisch Gupak), einer mit den Fingern zweiseitig bespielten konischen Faßtrommel, folgt den Bewegungen der Puppen im Wayang kulit oder golek und der Tänzer im Wayang wong und gibt das Tempo an. Außer einem größeren (Gendang gending) und einem kleineren (Gendang ciblon) Instrument gibt es noch zahlreiche Varianten (Zeichn. 5). Die Grundmelodie (gending) wird von der *Saron*-Gruppe gespielt, gerundete Metallplatten unterschiedlicher Tonhöhe, die mit einem Metallstift auf einem prächtig verzierten Holzgestell befestigt sind (Zeichn. 10). Zwei Saron, barung und demung, lassen die Melodie im Abstand einer Oktave erklingen, während ein drittes, Saron peking, die Melodie synkopiert. Drei weitere Instrumentengruppen umspielen und paraphrasieren die Melodie: die *Bonang*-Metallophone mit einer doppelten Reihe von je fünf (pelog) oder sieben (slendro) gongartigen kupfernen Klangkesseln in mindestens zwei Ausführungen, Bonang panerus und Bonang barung im Oktavabstand (Zeichn. 7); die *Gendér*-Instrumente, dünne, mit wattierten Schlegeln bespielte Bronzeplatten, die an Schnüren über Bambusröhren als Resonanzkörper aufgehängt sind, gleichfalls in den zwei Tonhöhen panerus und barung (Zeichn. 8); und die *Gambang* genannten Xylophone, ebenfalls auf einem wunderschön verzierten Holzgestell (Zeichn. 6). Diese Instrumentengruppen verleihen dem Gamelan jenen eigenartig differenzierten, schwebenden Orchesterklang. Hinzu kommen noch einige größere Metallinstrumente, deren Schläge die kürzeren oder längeren Phrasen der Melodie markieren: *Ketuk*, ein dunkel gedämpft klingender Kupferkessel in Bonang-Form, mittelgroße Gongs wie *Kenong* und *Kempyang* sowie der große Gong *Kempul* in sehr verschiedenen Ausführungen (Zeichn. 9). Die Längsflöte *Suling*, das zweisaitige, lautenähnliche Streichinstrument *Rebab* und die mit den Fingern gezupfte Zither *Celempung* mit sechs bis zwanzig Saiten, im sundanesischen Gamelan *Kecapi* genannt, sind die drei Melodieinstrumente, die beim Präludieren, dem Beginn und Ende einer Melodie und besonders als Gesangsbegleiter des Dalang von großer Bedeutung sind.

Das Gamelan erfüllt im gesellschaftlichen Leben Javas und Balis wichtige Funktionen. Die Instrumente werden als wertvolle Erbstücke von Generation zu Generation weitergegeben. Sie gelten als Hinterlassenschaft der Ahnen. Vor allem den großen Gongs werden seit alters her magische Kräfte zugeschrieben. So ist es allenthalben gebräuchlich, zu bestimmten Zeiten bei einem Kempul Weihrauch abzubrennen. Besonders ehrwürdige Gongs und ganze Gamelans erhalten spezielle Namen. Auf Bali wird einmal im Jahr mehrere Tage und Nächte lang das Fest des Gamelan gefeiert, die ganze Insel ist dann von bezaubernden Klängen erfüllt.

Die Charaktere der Grundmelodien, deren differenzierteste heterophone Umspielungen, die den gesungenen Texten entsprechenden Metren und Rhythmen, die Klangstärken und Tempi der Musik sind so variabel, daß die verschiedensten Haltungen, Stimmungen und Emotionen akustisch den im Tanz sichtbaren Situationen, Entwicklungen und Konflikten adäquat sind. Mehr noch, der Reifeprozeß eines edlen Helden während eines Stückes durch die Bewältigung mehrerer Prüfungen oder den Sieg über mächtige Widersacher bis zum Triumph des Guten wird musikalisch durch die gezielte Auswahl verschiedener Gending und deren Verarbeitung unterstützt. Dies entspricht ganz den Veränderungen der Stimmungen vom Beginn einer Aufführung über einen Wendepunkt um Mitternacht bis zur Läuterung am Ende kurz vor Sonnenaufgang.[17]

Die Einheit von Inhalt und Form, von Ideellem, Rationalem und Emotionalem, die völlige Übereinstimmung von literarischen, theatralisch-tänzerischen, kostümbildnerischen und musikalischen Gestaltungsmitteln in perfektionierten Interpretationen prägen die hohen humanistischen Werte, den klassischen Charakter der Tanzkunst Javas.

Technische Grundlagen

Da der klassische javanische Tanz an den Fürstenhöfen durch die Jahrhunderte von Generation zu Generation weitergeführt wurde, bestand gar keine Notwendigkeit, die technischen Grundlagen schriftlich zu fixieren. Das wurde erst erforderlich, als nach der Gründung der Tänzervereinigung Krida Beksa Wirama 1918 zahlreiche junge Tänzer außerhalb des Kraton diese Kunst erlernten und weiterreichen wollten. Daher veröffentlichte P. A. Suryadiningrat, einer der Gründer dieses Instituts, 1923 einen kurz gefaßten Lehrgang in holländischer Sprache, der dann 1949 ergänzt mit Erläuterungen des Sunda-Tanzes auf Indonesisch verbreitet wurde.[18]

Vier Grundhaltungen der Beine und Füße sowie vier verschiedene Handhaltungen bilden die technische Basis. Von der Ausgangsposition aufrecht stehend mit geschlossenen Füßen wird die erste Grundstellung erreicht: Bei gestreckten Knien werden die Beine von der Hüfte aus auf etwa 165 Grad nach außen gedreht, die Füße fest auf dem Boden im Abstand etwa eines halben Meters, also ähnlich der zweiten Position des klassischen europäischen Balletts, nur mit einem weitaus größeren Abstand der beiden Fersen. Doch schon bei dieser Grundhaltung unterscheidet man die beiden Tanzstile gagah = kraftvoll und alus = weich: Bei alus ist der Abstand der Füße etwa fünf Zentimeter geringer als bei gagah (Zeichn. 11).

Aus dieser Grundstellung entwickelt sich das tänzerische Vorwärtsschreiten mit einer Auswärtsdrehung der Füße auf etwa 135 Grad. Von derselben Grundstellung aus erfolgt der Übergang zu drei weiteren Positionen.

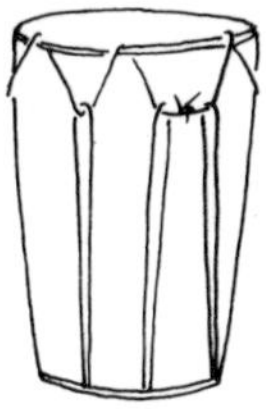

5 Gendang

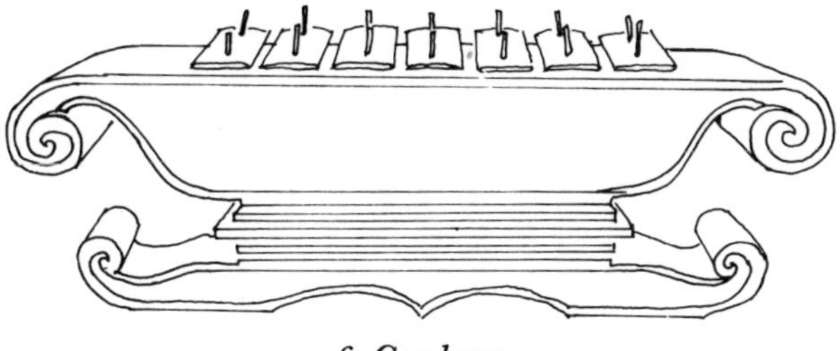

6 Gambang

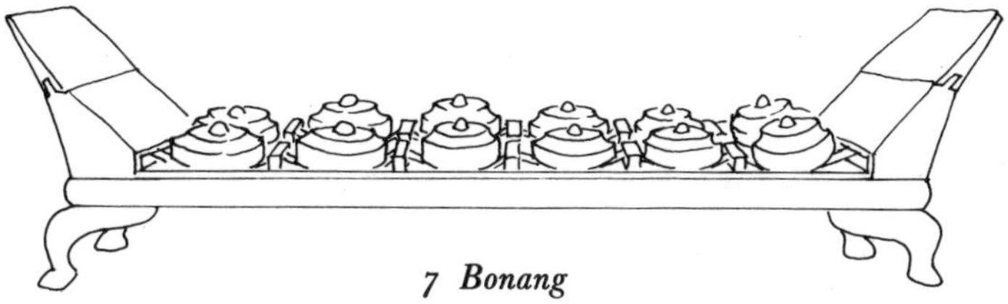

7 Bonang

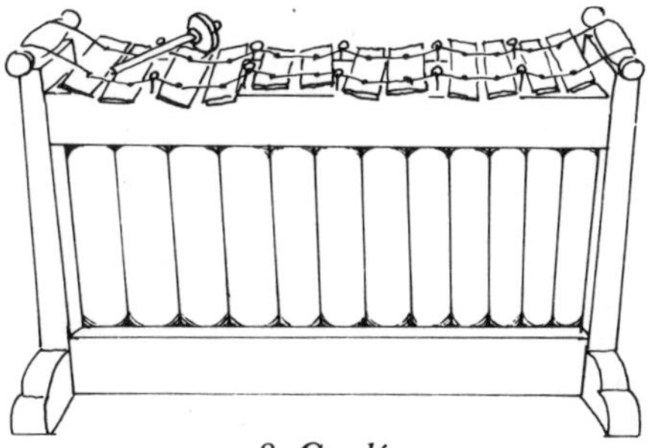

8 Gendér

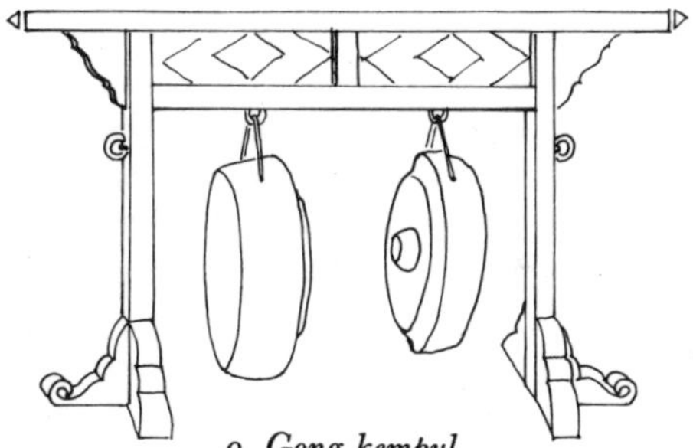

9 Gong kempul

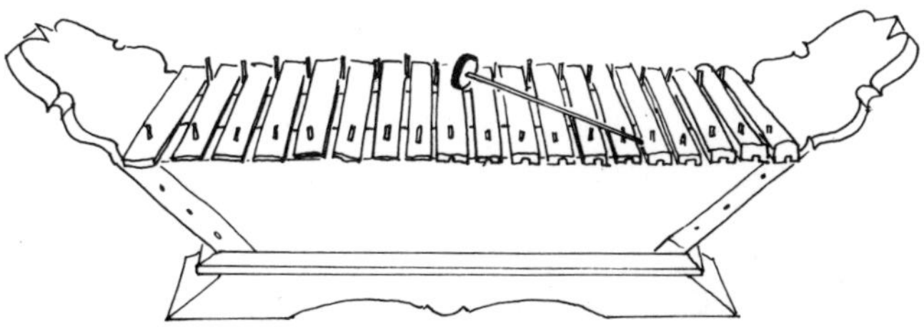

10 Saron

11 Grundstellung der Füße in eine Richtung auswärts gedreht

12 rechtes Bein Ausfall, linkes gestreckt

Zunächst verlagert sich das Körpergewicht auf ein Bein, dessen Knie dabei rechtwinklig gebeugt wird, während das andere Bein bei etwas erhobenen Zehen gestreckt bleibt (Zeichn. 12). Bei der dritten Grundstellung werden, ebenfalls mit Außendrehung der Beine, beide Knie rechtwinklig gebeugt, so daß die Beine eine für den javanischen Tanz charakteristische Rhombenform bilden, dabei bleibt der Körper mit vorgestreckter Brust aufrecht (Zeichn. 13). In der vierten Grundposition wird das auswärts gedrehte Spielbein so erhoben, daß Körper und Oberschenkel, Ober- und Unterschenkel, Wade und Fuß je einen rechten Winkel bilden, das Standbein ist nur wenig auswärts gedreht (Zeichn. 14). Diese vier Grundstellungen sind bereits bei den Tanzfiguren des Borobudur und Prambanan anzutreffen, sie entsprechen jedoch keiner der 108 indischen Karanas, sind also eindeutig javanischen Ursprungs.

Im Gegensatz zum indischen Tanz werden auf Java nur vier Hand- und Fingerhaltungen unterschieden, die jedoch keine symbolische Bedeutung haben. Bei allen vier wird die Hand beinahe rechtwinklig zum Unterarm nach oben gestreckt. Die erste, *Ngruji*, entspricht der indischen Pataka-Haltung: Der Daumen wird gebeugt an die Handfläche gelegt, die anderen vier, einander berührend, nach oben gestreckt (Zeichn. 15). Ngruji wird meist nur mit der linken Hand ausgeführt und leitet eine Tanzbewegung, wie etwa das Fliegen, ein. Im Klana-Tanz verdeutlicht diese Handhaltung die Aktion milang-miling, das Nach-rechts-und-links-Blicken in Erwartung der Geliebten: Dabei wird die linke Hand in

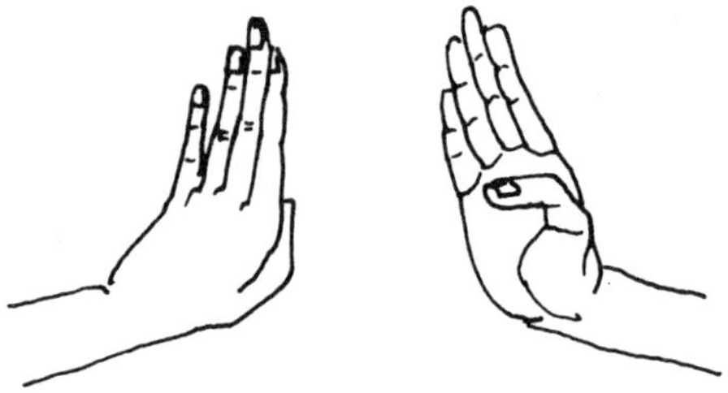

15 Hand gestreckt, Daumen nach innen

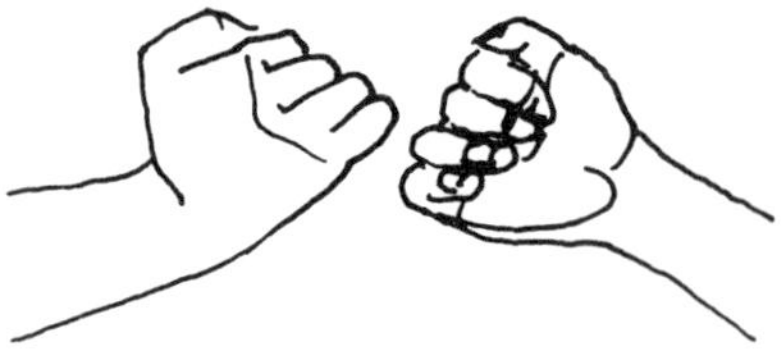

16 gekrümmte Finger

13 Beine auseinander, Knie rechtwinklig

14 rechtes Knie erhoben

Ngruji-Haltung in Augenhöhe abwechselnd vor und neben dem Gesicht gehalten, das Zittern der Finger deutet die innere Erregung an. Bei der zweiten Handhaltung, *Ngepel*, berühren die Kuppen der drei Mittelfinger die Handfläche, der fünfte ist etwas erhoben, der Daumen wird etwas gebeugt, so daß seine Kuppe das Mittelgelenk des Zeigefingers berührt (Zeichn. 16). Ngepel kann mit beiden Händen ausgeführt werden und wird meist zur Charakterisierung von tapferen, tatkräftigen Figuren wie Bhima oder Gatotkaca verwendet. Die dritte, *Nyempurit*, unterscheidet sich von der zweiten dadurch, daß die drei Mittelfinger nicht die Handfläche berühren, sondern nur in den beiden obersten Gelenken nach innen gebeugt werden, so daß der Handrükken und das erste Fingerglied eine Gerade bilden, der fünfte ist wieder etwas erhoben und der Daumen berührt die Fingerkuppe des Ringfingers (Zeichn. 17). Diese Handhaltung wird oft von bösen Figuren gebraucht. Auch bei der vierten, *Ngiting*, berühren sich die Kuppen des Daumens und Ringfingers, nur werden die Mittelfinger in allen drei Gelenken etwas gebogen, der fünfte ist wieder etwas erhoben (Zeichn. 18). Selbstverständlich werden während des Tanzens Hände und Finger in vielen weiteren Positionen bewegt (Zeichn. 19), aber nur diese vier charakteristischen Haltungen sind namentlich festgelegt und im Studium zur Erlangung der notwendigen Geschmeidigkeit der Gelenke unerläßlich. Auch die Armbewegungen von der Schulter aus müssen in Verbindung mit diesen Handhaltungen je nach dem Charakter des Tanzes sehr differenziert ausgebildet sein.

17 Hand nach oben

18 Daumen und Zeigefinger berühren einander

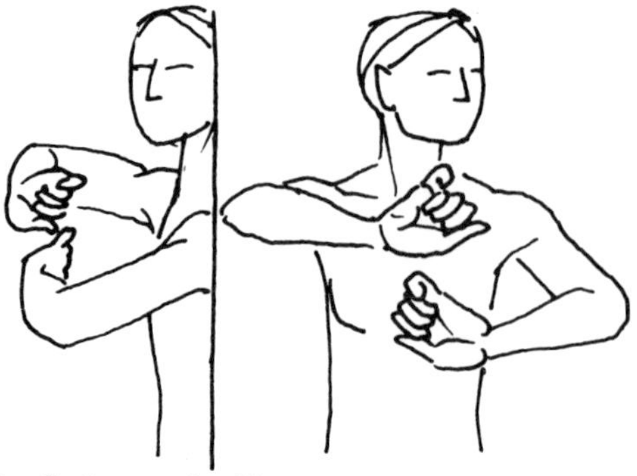

19 Handhaltungen im Sitzen

20 Daumen berührt die Nase (Begrüßung)

Jede Tanzvorführung wird mit einer Begrüßung, *Sembah*, eingeleitet, die in sitzender oder kniender Haltung ausgeführt werden kann. Der Oberkörper ist aufrecht, die Hände werden bei gestreckten Fingern und seitwärts erhobenen Ellenbogen mit den Handflächen aneinander gehalten, nur die Daumen sind hoch aufgerichtet. Im kraftvollen Gagah berühren die Daumen die Nasenspitze, im weichen Alus beträgt der Abstand zwischen Daumen- und Nasenspitze etwa zwei Zentimeter (Zeichn. 20). Kopf und Hals werden ruckartig seitwärts nach rechts und links bewegt (pancak jonggo), ohne daß die Schultern eine Reflexbewegung machen, sie bleiben ganz gerade. Diese Seitwärtsbewegung des Kopfes ist auch im indischen Tanz gebräuchlich, aber auf Java gibt es nicht den in Indien üblichen Unterschied der Handhaltungen vor der Brust, dem Gesicht und über dem Kopf zur Begrüßung von Personen verschiedenen Standes. Während der Sembah wird der Blick nicht auf die Zuschauer gerichtet, sondern auf einen Punkt des Bodens in etwa zweieinhalb Meter Entfernung vom Tänzer.

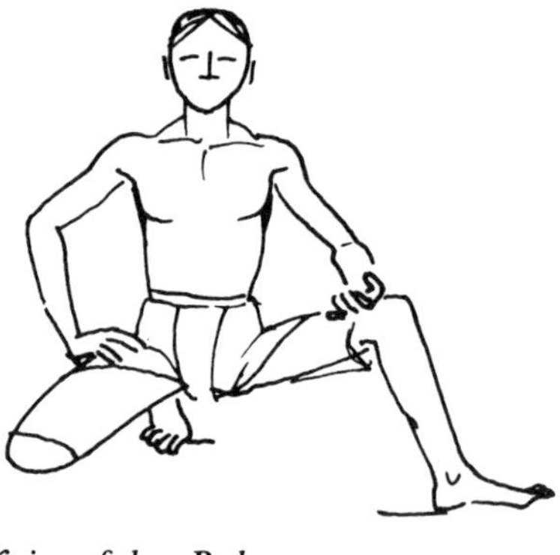

21 rechtes Knie auf dem Boden

Bei der Sitzstellung *Sila* sind die Oberschenkel weit nach außen gedreht, das rechte Bein ruht mit gestrecktem Fuß vor dem linken, der linke Fuß wird vom rechten Oberschenkel bedeckt. Bei der knienden Haltung liegt nur das rechte Knie auf dem Boden, der aufrecht gehaltene Körper ruht auf der rechten Ferse bei gestreckter Fußsohle; das linke, nach außen gedrehte, im Knie rechtwinklig gebeugte Bein ruht mit der ganzen Fußsohle bei etwas erhobenen Zehen auf dem Boden (Zeichn. 21); dabei nimmt die linke, auf das linke Knie gelegte Hand die Ngiting-, die rechte bei etwas gebeugtem Arm die Ngepel-Handhaltung ein.

Streng kanonisiert sind die von der ersten Grundstellung ausgehenden Schreitbewegungen. Das auswärts gedrehte Spielbein wird im Gagah-Charakter so erhoben, daß der Oberschenkel in eine horizontale, der Unterschenkel in eine vertikale und der Fuß mit etwas erhobenen Zehen in eine horizontale Haltung gelangen, das Standbein bleibt gestreckt. Im Alus-Charakter wird das Standbein im Knie gebeugt und das Spielbein mit horizontal gehaltenem Fuß nur um einige Zentimeter erhoben. Das Wiederaufsetzen des Fußes erfolgt dann bei etwas gebeugtem Knie mit der ganzen Fußsohle, die Zehen wiederum etwas erhoben (Zeichn. 22). Im Gagah-Tanz wird dabei eine Hand auf die Hüfte gestützt, der andere Arm waagerecht gestreckt und der Kopf nach einer Seite gewendet. Im Alus-Tanz wird der eine Arm nur etwas erhoben, der andere im Ellenbogengelenk leicht gebeugt (Zeichn. 23). Bei rascherem Vorwärts-

22 linkes Knie gebeugt, linker Arm gestreckt

23 linkes Knie gebeugt, linker Arm leicht gebogen

schreiten (tajungan) bleiben die Beine auswärts gedreht, die Zehen nach oben gehalten, das Spielbein wird gestreckt gehoben, beim Aufsetzen des linken Fußes wird der Kopf nach links, beim Aufsetzen des rechten nach rechts gewendet (Zeichn. 24).

Auch das Seitwärtswenden des Kopfes unterliegt festen Regeln. Wenn der Tänzer nach rechts blicken will, sollen Hals und Kopf erst etwas nach links gebeugt werden, dabei sind die Muskeln der linken Seite des Halses entspannt, die der rechten gespannt. Der etwas nach links gebeugte Kopf wird erst danach nach rechts gewendet und wieder aufgerichtet, dabei dürfen die Schultern keinesfalls bewegt werden. Will der Tänzer nach links blicken, so sind alle Bewegungen in anderer Richtung auszuführen. Auch beim *Pancak jonggo*, dem ruckartigen Seitwärtsbewegen des Kopfes, wird die Rechtsbewegung des Kopfes erst durch ein leichtes Beugen des Kopfes nach links vorbereitet. Im Gagah-Tanz erfolgt diese Bewegung mit plötzlichem starkem Ruck, im Alus-Tanz ist sie weicher, geschmeidiger. Der Blick ist im Gagah-Charakter auf einen Punkt des Fußbodens in einer Entfernung der fünffachen Körpergröße des Tänzers gerichtet, im Alus-Charakter nur der dreifachen Körpergröße, nie jedoch auf einzelne Personen in der ersten Reihe der Zuschauer.

Das Nach-hinten-Hochwerfen der um die Hüfte gewundenen Schärpe (sampur) mit der linken Hand, *Nyabet* genannt, ist ebenfalls exakt vorgeschrieben. Die Schärpe wird direkt über der Hüfte mit dem Daumen und Zeigefinger angefaßt und mit einem kräftigen Schwung der drei anderen Finger in die Höhe geworfen. Der Arm wird sofort danach gestreckt, der andere vor den Körper mit der Nyempurit-Handhaltung geführt, das Standbein ist im Knie gebeugt, das Spielbein rechtwinklig erhoben (Zeichn. 25). Danach wird das Spielbein gestreckt und die entgegengesetzte Hand in Kopfhöhe gebracht (Zeichn. 26). Beim Fallen der

24 rechtes Bein gestreckt erhoben

25 rechtes Bein halb erhoben. Schärpe hochgeworfen

26 rechtes Bein ganz erhoben. Schärpe hochgeworfen

Schärpe folgt ein Schrittwechsel mit entsprechenden Armbewegungen (Zeichn. 27). Die Schärpe kann nach bestimmten Regeln auch in der Mitte oder am Ende mit Daumen und Zeigefinger gegriffen werden. Überhaupt ist das Spiel mit der Schärpe immer im Gleichklang mit den Körperbewegungen, es ist integrierender Teil des Tanzes selbst.

Zur Grundausbildung gehören noch weitere Bewegungen wie das Umsehen nach beiden Seiten *Noleh*, das Treten *Gedrug*, das Vorwärtsgehen auf Zehen *Jinjit*, das Ausfallen mit einem Bein *Ngojog* mit dem Kopf in der Ausfallrichtung, während die entgegengesetzte Hand die Schärpe hochwirft, das leichte Hochheben und langsame Zurückziehen eines Fußes *Ngunus* oder die *Kicat*-Bewegung, das vorsichtige Vorwärtsgehen, wobei der Fußboden immer nur kurz berührt wird, als ob die Erde von der Sonneneinstrahlung heiß geworden ist.[19]

All diese Grundpositionen, Haltungen, Gänge und zahlreiche weitere elementare Bewegungen werden zunächst ohne Musik erlernt. Ihre Beherrschung ist Vorbedingung für die zweite Stufe der Ausbildung: Verschiedene leichtere und immer kompliziertere Kombinationen werden zur Gamelan-Musik ausgeführt, und zwar stets ganz exakt im Metrum der Gonginstrumente, im Rhythmus der Melodien und in unterschiedlichen Tempi. Erst danach wird in der dritten Ausbildungsstufe der Tanz einzelner Wayang-wong-Figuren mit spezifischer Charakteristik und Ausdrucksgestaltung einstudiert. Außer den prinzipiellen Unterschieden zwischen dem Gagah- und Alus-Tanz gibt es jedoch in Java keine genauen Regeln für die Darstellung psychischer Haltungen und Gemütsbewegungen, im Gegensatz zu den neun Rasa im indischen Tanz. Suryadiningrat spricht zwar von »stolzem«, »strengem«, »ernstem«, »ziemlich strengem« und »mildem Gesichtsausdruck«, ohne daß diese Unterschiede mimisch detailliert beschrieben werden. Er betont jedoch, daß die differenzierten Gefühle und Haltungen kaum durch die Mimik, sondern vor allem durch »die vollendeten Tanzbewegungen selbst« zum Ausdruck gebracht werden.[20] Daraus ist zu erkennen, daß die jahrhundertelange Tradition des Maskentanzes die relative Unbeweglichkeit der Gesichtszüge im klassischen javanischen Tanz geprägt hat.

Obwohl der klassische *Sunda-Tanz* in Westjava sehr viel Gemeinsames mit dem zentraljavanischen Tanz hat, gibt es dennoch einige charakteristische Besonderheiten. Abgesehen davon, daß der sundanesische Tanz im allgemeinen fröhlicher, lebhafter und dynamischer ist als die klassischen Stile der zentraljavanischen Fürstenhöfe, weist auch die Tanztechnik deutliche Unterschiede auf. So werden im Sunda-Tanz Beine und Füße nie so hoch angehoben, daß drei rechte Winkel entstehen wie in der javanischen vierten Grundstellung

27 Körper nach rechts gebeugt

28 rechter Fuß vor, Bein gestreckt

(Zeichn. 14), sondern ein Fuß wird höchstens bis in Wadenhöhe des anderen gehoben. Ferner fehlen die vier Handhaltungen, und es gibt nicht so exakte Regeln für die Abstände zwischen den Fersen, den Beugungsgrad der Knie und den vom Tänzer einzuhaltenden Blickpunkt bei der Begrüßung. Und während in Zentraljava nur einige Divergenzen zwischen dem Yogyakarta- und Surakarta-Stil bestehen, weist der Sunda-Tanz mehrere örtliche Varianten auf wie in Banten, Cirebon, Kuningan, Sumedang und Ciamis.

Eine ähnliche Systematisierung, wie sie P. A. Suryadiningrat für den zentraljavanischen Tanz bereits nach 1918 schriftlich fixiert hat, entstand für den Sunda-Tanz erst nach 1945 an der Tanzvereinigung *Wirahma Sari* unter der Leitung von *R. Sambas Wirakusuma* in Rancaékék. Sie wurde 1949 von *M. Soeriadiradja* und *I. Adiwidjaja* veröffentlicht.[21]

Danach werden im Sunda-Tanz der genau festgelegte, verfeinerte *Ibing* und der weitaus spontanere, dem Ermessen jedes Interpreten größeren Spielraum gewährende *Joged* unterschieden. Wie im zentraljavanischen Tanz gibt es außerdem die Abgrenzung des ruhigen, geschmeidigen Alus vom mutig-kraftvollen Gagah. Die technischen Grundlagen des Alus sind in den Tänzen Ngalamba und Leyepan, die des Gagah im Monggawa konzentriert.

Nach der Sembah, die sich nicht wesentlich von der zentraljavanischen Begrüßung unterscheidet, beginnt der *Ngalamba* mit der Haltung *Kuda-kuda tangtung ibing*: Das linke Standbein ist halb, das rechte Spielbein ganz auswärts gedreht und etwas nach vorn gestreckt, die linke Hand ergreift den im Gürtel steckenden Kris, die rechte wird etwas gebeugt entspannt auf die Hüfte gelegt (Zeichn. 28), die Körperhaltung ist aufrecht, der Blick geradeaus gerichtet. Dann wird der linke Arm langsam in Schulterhöhe gehoben, der rechte etwas gebeugt nach vorn gehalten, während das Handgelenk abwechselnd nach links und rechts zweimal im Kreis bewegt wird. Dann wird der rechte Fuß ganz langsam vor den linken geschoben, so daß nur die Zehen den Boden berühren, die rechte Hand ruht wieder auf der Hüfte (Zeichn. 29). Danach wird der rechte Fuß nur halb auswärts gedreht nach vorn geschoben, das Körpergewicht auf das rechte Bein verlagert, der Körper etwas seitlich nach vorn geneigt (galéong), das linke Bein leicht gebeugt nach hinten gewendet, der linke Arm gestreckt seitwärts gedreht mit der Handfläche nach vorn (Zeichn. 30). Nach ruhigen Handgelenkdrehungen werden diese Haltungen seitenvertauscht wiederholt und *selut* gemacht, dabei streicheln sich die Hände abwechselnd von oben nach unten. Schließlich wird die linke Schärpe mit dem Zeige- und Mittelfinger seitwärts erhoben und die rechte von hinten über die Schulter gelegt (Zeichn. 31), doch kurz darauf wieder fallengelassen.

29 rechter Fuß vor dem linken

30 rechter Fuß vor, Kopf nach links

31 Schärpe links hochhalten

32 rechter Fuß vor. Schärpe hängt

Dieses Spiel mit der Schärpe bildet den Übergang vom einleitenden Ngalamba zum Leyepan (Abb. 68).

Auch *Leyepan* beginnt mit der Haltung kuda-kuda tangtung ibing, gefolgt von *incid cicing*, leichten Seitwärtsbewegungen von Kopf, Schultern und Armen (Zeichn. 32). Danach wird der rechte Fuß ganz nach außen gedreht vor den linken geschoben, die Arme nach vorn gestreckt, die Handgelenke machen dreimal Kreisbewegungen in entgegengesetzten Richtungen, so daß jeweils der Rücken einer und die Fläche der anderen Hand vom Zuschauer gesehen werden (*jangkung ilo munggaran*, Zeichn. 33). Es folgt die Haltung *tumpang tali*: Das linke Bein wird etwas gebeugt seitlich nach vorn geschoben, das rechte Handgelenk mit erhobenen Fingern auf das linke gelegt (Zeichn. 34). Danach wird der Körper halb nach rechts gewendet, das rechte Bein

33 Arme nach vorn

34 Hände übereinander, ohne einander zu berühren

35 rechter Fuß leicht erhoben, Zehen auf dem Boden

36 Schärpe links erhoben, rechter Arm halb vor

etwas gebeugt, so daß nur die Zehen den Boden berühren, das rechte Handgelenk gedreht *(jangkung ilo)*, während der rechte Arm nach vorn gerichtet ist (Zeichn. 35). Die beiden letzten Bewegungen werden mehrmals mit kleinen Varianten wiederholt. Nun folgt wie im Ngalamba ein differenziertes Spiel mit den Schärpen. Bei *incit ungklung* wird die linke Schärpe rasch mit der Hand erhoben (Zeichn. 36), bei *keupat-tumpang siku* die rechte nach vorn gehalten (Zeichn. 37), dabei führen Beine, Körper und Kopf verschiedene weiche Bewegungen aus. Danach folgen noch mehrere andere, namentlich festgelegte Haltungen, Wiederholungen früherer Positionen, bis der Tänzer bei *engkek gigir ngatuhu* in einem Halbkreis schreitet und wieder in die Mitte zurückkehrt. Der Leyepan endet dann mit der Haltung *galang*, die dem tumpang tali (Zeichn. 34) ent-

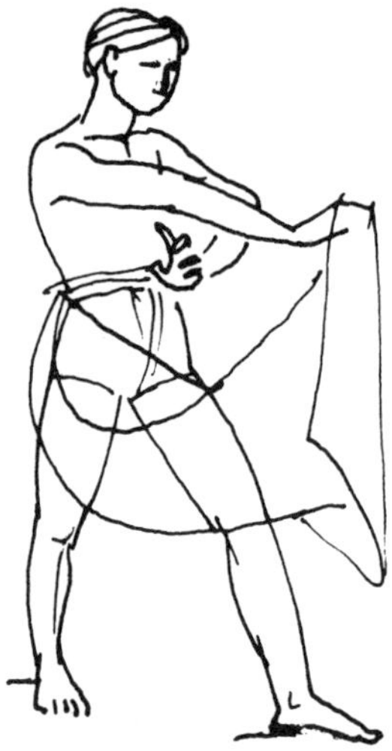

37 Schärpe rechts nach vorn

38 beide Schärpen hochgehalten

spricht, nur daß der Körper nicht halb seitwärts, sondern nach vorn gerichtet ist und die Beine auf 180 Grad gedreht werden, so daß die beiden Füße eine gerade Linie bilden wie in der zweiten Position des klassischen Balletts, doch mit lockeren, nicht ganz gestreckten Knien.

Leyepan enthält alle elementaren Haltungen und Bewegungen des sehr ruhigen, verhaltenen Alus-Tanzes, auch die Gamelan-Musik bleibt zart, weich, in langsamem Tempo. *Monggawa* dagegen ist kraftvoll, gespannt, lebhaft, also gagah und drückt Mut, Entschlossenheit, Kampfeswillen aus wie in vielen der charakteristischen sundanesischen Maskentänzen. Die Musik und die gesungenen Melodien sind ebenfalls energiegeladen und dynamisch. Monggawa beginnt ähnlich wie Ngalamba mit kuda-kuda (Zeichn. 28), nur die Armhaltungen sind anders: Der rechte nach außen gestreckt, der linke leicht gewinkelt nach vorn gerichtet mit der Handfläche nach innen. Es folgt eine der schwierigsten Bewegungen, *capang sepak sodèr malik*: Die rechten Zehen werden gehoben, der Fuß zweimal auf den Boden gesenkt, der linke Fuß schreitet nach vorn, mit der großen und zweiten Zehe des rechten Fußes wird die Schärpe gegriffen und mit einer kräftigen Beinbewegung weit nach hinten hochgeschleudert, dabei macht der Tänzer eine Drehung. Danach nimmt er wieder die Ausgangshaltung kuda-kuda ein, hält jedoch die Schärpen mit beiden Händen halbhoch (Zeichn. 38). Daran schließt sich *capang soteng* an: Das rechte, auswärts gedrehte Bein wird gestreckt halb erhoben, während die Arme halb seitwärts beinahe gestreckt in Schulterhöhe gehalten werden (Zeichn. 39). Dann folgen noch mehrere verschiedene Haltungen, stets von der Beginnposition kuda-kuda aus, bis mit *barongsaj gandet* ein Höhepunkt erreicht wird: Der Tänzer macht zwei Schritte nach vorn, fügt beim dritten die Fersen aneinander und erhebt den Körper auf die Zehen, die Handgelenke in der bekannten Tumpang-tali-Haltung übereinander gelegt (Zeichn. 40), dabei führen Hüften, Oberkörper, Schultern und Kopf in harmonischer Übereinstimmung leichte Seitwärtsbewegungen aus. Barongsaj gandet erfordert ein hohes Maß an Gleichgewichtsbeherrschung und wird mehrmals nacheinander ausgeführt. Bei dem nun folgenden Ruhepunkt *ngayun leungeun* wird der linke Fuß so vor den rechten gestellt, daß die aus dem indischen Tanz stammende Swastika-Position erreicht wird (Zeichn. 41). Mit einem plötzlich einsetzenden Gongschlag wird capang soteng wiederholt, und nach zwei weiteren lebhaften Bewegungen endet der Monggawa-Tanz in kniender Haltung.

Bei all diesen sehr differenzierten Haltungen und Bewegungen ist zu bedenken, daß es sich nur um eine für den systematischen Unterricht bestimmte Zusammenfassung der wichtigsten technischen Grundlagen han-

39 rechter Fuß gestreckt nach vorn

delt. Sie bilden das zu beherrschende formale Gerippe einer Tanzkunst, die je nach den darzustellenden Personen, Handlungen, Haltungen und Emotionen äußerst vielgestaltig ist und in jahrhundertelanger Entwicklung klassische Schönheit und Vollkommenheit erlangt hat.

40 halb auf Zehen, Arme gekreuzt
41 linker Fuß vor dem rechten

Anmerkungen

1 Vgl. hier und im folgenden Clara Pink-Wilpert: Das indonesische Schattentheater. Baden-Baden 1976; E. Heins: Wayang kulit – Java. Amsterdam 1973; Th. Pigeaud: Javaansche Volksvertoningen. Batavia 1938; W. H. Rassers: Over de Oorsprong van het Javaansche Toneel, in Bijdragen tot de Taal-, Land- en Volkenkunde van Nederlandsch-Indie, 88. Den Haag 1931, S. 317–450

2 Tibor Bodrogi: Kunst in Indonesien. Leipzig/Budapest 1972, S. 73

3 Heinz Lucas: Java-Masken. Kassel 1973, S. 47

4 Soedarsono: Dances in Indonesia. Jakarta 1974, S. 50

5 Soedarsono a. a. O. S. 26

6 Th. B. van Lelyveld: De Javaansche Danskunst. Amsterdam 1931, S. 78

7 Heinz Lucas a. a. O. S. 49

8 Heinz Lucas a. a. O. S. 134

9 R. O. Simatupang: Dances in Indonesia. Jakarta o. J. (1965), S. 62

10 G. A. H. Hazeu: Bijdrage tot de kennis van het Javaansche Toneel. Leiden 1897

11 Th. B. van Lelyveld a. a. O. S. 224 f.

12 Soedarsono a. a. O. S. 83

13 Walter Spies in einem Brief aus Yogyakarta vom 12. März 1924, in Hans Rhodius: Walter Spies. Den Haag o. J. (1965), S. 173 f.

14 A. J. Resink-Wilkens: De Klana-Dans, in Djawa 4, 1924, S. 99 ff.

15 Hans Rhodius a. a. O. S. 174

16 R. Machjar Koesoemadinade: Een en ander over Pelog en Slendro. Weltevreden 1930, S. 321

17 R. Moerdowo: Reflections on Indonesian Arts and Culture. Surabaya 1963, S. 131 f.

18 P. A. Soerjadiningrat (nach alter Schreibweise): De Javaansche Dans, in Djawa 3, 1923, und 4, 1924; M. Soeriadiradja und I. Adiwidjaja: Tari Djawa dan Sunda. Jakarta 1949

19 Th. B. Lelyveld a. a. O. S. 161 f.

20 P. A. Soerjadiningrat a. a. O. Djawa 4, 1924, S. 142 und 144

21 M. Soeriadiradja und I. Adiwidjaja: Tari Sunda. Jakarta 1949, S. 61 ff.

IV

Die klassische balinesische Tanzkunst

Zweifellos weist die klassische Tanzkunst Javas und Balis viele Gemeinsamkeiten auf. Obwohl in Sichtweite der javanischen Ostküste, zeichnet sich jedoch die Insel Bali – mit 5560 Quadratkilometern Oberfläche kleiner als der Bezirk Karl-Marx-Stadt – bis in die Gegenwart durch eine völlig eigenständige Lebensweise und Kultur aus, über deren Ursprünge und Entwicklung nur wenig bekannt ist. Erwiesen ist indes, daß ostjavanische Fürsten etwa seit dem 10. Jahrhundert mit den ersten Königreichen auf Bali in Verbindung standen. Der javanischen Mutter Mahendradatta des balinesischen Prinzen Erlangga, der im 11. Jahrhundert über ein großes Reich von Bali bis nach Zentraljava herrschte, wird nachgesagt, sie soll die javanische Hofkultur auf Bali eingeführt haben. Als böse Hexe Rangda ist sie in die balinesische Mythologie eingegangen. Vermutlich hat der Hinduismus, teilweise auch der Buddhismus, schon vorher von Java aus auf Bali Fuß gefaßt und die autochthone gentilgesellschaftliche Lebensweise und Kultur beeinflußt. Diese erwies sich jedoch als so stark und tief verwurzelt, daß der Hinduismus auch auf Bali von den ursprünglichen Glaubensvorstellungen und Lebensgewohnheiten aufgesogen wurde und sich deshalb wesentlich vom indischen Hinduismus unterscheidet.

So verehren die Balinesen ihre Geister und Götter nicht in Bildern. Es sind für sie unsichtbare Mächte, die nur in Erscheinung maskierter oder in Trance geratener Tänzer menschliche Gestalt annehmen können. Gewiß wurde von den balinesischen Fürsten mit dem Hinduismus auch das Kastensystem übernommen und bis in unser Jahrhundert beibehalten, aber die herrschenden Kasten der Brahmanen und Kshatrya (in Bali Satria) beschränkten sich auf eine ganz kleine Oberschicht, während etwa 95 Prozent der Bevölkerung zu den Shudra (in Bali Jaba) zählten.[1] Vom Buddhismus sind nur wenige Spuren übriggeblieben: Buddha gilt in Westbali nur als einer von vielen Göttern.

Die wichtigste Ursache, weshalb die hinduisierte balinesische Kultur – und mit ihr auch die Tanzkunst – ihre Selbständigkeit und relative Unabhängigkeit über viele Jahrhunderte bewahrt hat, ist sicherlich die spezifische Form der asiatischen Produktionsweise, die äußerst stabile Struktur der Dorfgemeinschaften, die nach vorhinduistisch-urkommunistischer Sitte durch einen gewählten Dorfrat über die Aussaat, die Ernte, die Bewässerungsanlagen, die Verteilung der landwirtschaftlichen Erzeugnisse und alle anderen Probleme der materiellen Produktion selbst entschieden. Damit ist auch die eigene – örtlich recht unterschiedliche – Adat-Rechtsprechung ebenso erhalten geblieben wie die vielen mit der Landwirtschaft zusammenhängenden Glaubensvorstellungen, Riten, Gebräuche der Ahnen- und Geisterverehrung und -beschwörung, der Tempelkulte und Tänze.

Nach Mahendradatta und Erlangga hat der Einfluß der javanischen Kultur auf Bali zeitweilig noch beträchtlich zugenommen. In der balinesischen Mythologie gilt Erlangga als einer der großen historischen Helden, dessen Reich von der Hexe Rangda, der Königin der bösen Geister, zerstört worden sein soll. Nach Erlangga blieb Bali für kurze Zeit unabhängig, wurde aber 1284 von Kertanagara, dem König von Singhasari, erneut erobert. Als Singhasari von Majapahit abgelöst wurde, war Bali wiederum frei, wurde indessen 1343 von Majapahit zurückerobert. Anderthalb Jahrhunderte kämpften balinesische Könige mehr oder weniger erfolglos gegen die ostjavanische Übermacht. Nachdem nun der Islam ganz Java erfaßt hatte und Majapahit 1527 von dem muslimischen Fürstentum Demak gestürzt worden war, floh der letzte Majapahit-König nach Bali und ließ sich in Gelgel am Fuße des Gunung Agung zum König von Bali krönen. Mit ihm zogen viele javanische Hinduisten, vor allem Künstler, auf die kleine Insel. So wurde Bali zum Zufluchtsort für die tausendjährige hindu-javanische Kultur. Der Islam konnte hier nicht Fuß fassen.

Bali blieb bis in unser Jahrhundert in mehrere kleine Königreiche geteilt. Im Gegensatz zu den Fürsten von Yogyakarta und Surakarta kultivierten die kleinen balinesischen Raja jedoch keine rigorose Exklusivität ihres Hoflebens und ihrer höfischen Tanzkunst. Im Gegenteil, sie holten sich junge begabte Mädchen und Jungen aus den Dörfern an ihre Höfe und förderten die Verbreitung hinduistischer Kultur in ihrem Herrschaftsbereich. So wurden die klassische Tanzkunst und die Gamelan-Musik völlig in das Leben der Dorfbevölkerung integriert. Die ursprüngliche gentilgesellschaftliche und die hochentwickelte klassische Hofkultur verschmolzen zu einer Einheit von außerordentlicher Vielfalt und künstlerischer Vollkommenheit.

Ebensowenig wie der Islam konnte auch der niederländische Kolonialismus die gesellschaftliche und kulturelle Eigenständigkeit Balis beeinflussen. Die Vereinigte Ostindische Kompanie führte zwar einige Kriege gegen die balinesischen Könige, da die Insel aber keine profitbringenden Perspektiven bieten konnte, unternahmen die ausländischen Kaufleute keine ernsthaften Versuche, dieses kleine Gebiet zu erobern. Sie schürten zwar Machtkämpfe zwischen den Königen, doch erst als die Niederländer im 19. Jahrhundert ihre Herrschaft auf den ganzen Archipel ausdehnten, bemühten sie sich auch um Bali. In einem Kolonialkrieg zwangen sie 1846 den Norden der Insel in ihre Gewalt. Es gelang ihnen aber nicht, die ganze Insel zu unterjochen. Erst 1906 unternahmen sie eine »Strafexpedition« gegen Südbali. Nach heftigen Angriffen von ihren Schiffen aus landeten sie, stießen aber auf entschlossenen Widerstand. Es dauerte noch zwei Jahre, ehe sie mit äußerster Gewalt ihr Ziel erreichten. Als die Lage für den König von Badung (jetzt Denpasar) aussichtslos wurde, ließ er seinen Palast in Flammen aufgehen und stellte sich mit seinem Gefolge und vielen Dorfbewohnern der holländischen Soldateska entgegen. Ein fürchterliches Gemetzel entbrannte, der König und viele seiner Anhänger wurden erschossen, andere töteten sich selbst mit dem Kris. Diese schrecklichen Ereignisse hatten zur Folge, daß sich die Dorfbevölkerung noch mehr an ihre Traditionen klammerte, ihre Geister und Götter um Hilfe rief und ihre Tänze mit erhöhter Intensität pflegte und variierte.

Wie auf Java ist der Theatertanz in den Formen des Wayang kulit, des Wayang topeng und mehreren Arten des Wayang wong weit verbreitet. Das Puppentheater Wayang golek wie auch die javanischen Formen des Wayang beber und klitik sind dagegen unbekannt. Es existieren jedoch etwa ein Dutzend verschiedene hochentwickelte Arten des Tanztheaters, die völlig eigenständig sind und kein vergleichbares Äquivalent auf Java besitzen.

Das Schattentheater Wayang kulit

Von allen Theatergattungen ist auch auf Bali das Wayang kulit am beliebtesten. Wo auch die Ursprünge des indonesischen Schattentheaters liegen mögen, von Java aus gelangten starke Einflüsse nach Bali, denn im traditionellen Repertoire des *Wayang purwa* (balinesisch *parwa*) mit Episoden vorwiegend aus dem Mahabharata, weniger jedoch des Ramayana, spricht der Dalang alle Dialoge in der altjavanischen Kawi-Literatursprache. Zwar verstehen die Zuschauer das nicht, sie begreifen dennoch alles sehr genau, denn die Inhalte sind allgemein bekannt. Außerdem übersetzen die Parekan, die Spaßmacher, manche Texte ins Balinesische. Die ostjavanischen Geschichten um den Prinzen Panji im Wayang gedok sind als *Wayang gambuh* auch auf Bali zu finden. Das javanische Wayang madya dagegen gibt es hier nicht.

Die Aufführungen sind nicht an so strenge Regeln

gebunden wie auf Java. Der Dalang kann die Handlung nach eigenem Ermessen verkürzen oder ausdehnen. Im Norden Balis dauern die Aufführungen meist nur zwei Stunden, im Süden aber vier bis sechs Stunden, oft wird erst um Mitternacht begonnen, manchmal auch schon zwischen neun und elf Uhr abends.[2] Sind auf Java die Abfolge des Stückes, die Dauer und die Texte schriftlich kodifiziert, so enthalten die Lampahan-Palmblattschriften auf Bali nur Anleitungen über den Verlauf der Handlung mit wenigen Hinweisen auf die Aufführungspraxis. Dem Dalang bleibt also großer Spielraum zur Improvisation. Die Stücke enden stets mit dem Sieg nach einer heftigen Schlacht, es fehlen die auf Java üblichen Festgelage und Hochzeiten. Die Kämpfe selbst werden nicht so stark stilisiert ausgeführt, sie sind viel heftiger und ufern oft in wilde Schlägereien aus. Die Sitzordnung des Publikums ist ebenfalls nicht so streng reglementiert wie auf Java: Die Frauen sitzen zwar auf der Schattenseite, aber die Männer können auf beiden Seiten Platz nehmen.

Eine wichtige Rolle im balinesischen Wayang kulit spielen die vier komischen Figuren, die sich von den javanischen unterscheiden. Sie sind sicherlich einheimischen Ursprungs. Nach balinesischer Überlieferung soll einer von ihnen, Tualén, ein Sohn des Gottes Tintiya gewesen sein.[3] Er gilt als der wahre Ahne, als mächtiger Wohltäter und Glückbringer, den Halbgöttern der Hindu-Epen treu ergeben. Seine Erscheinung ist dick und plump, schwarz, ja grotesk, aber er ist sehr intelligent, sprüht von Witz und Humor. Er und sein Sohn Merdàh, beide mit dem Gesicht nach links, sind die positiven Helden. Delam, ein rotes Monstrum, und Sangut, mit dem Gesicht nach rechts, personifizieren dagegen Bosheit, Dummheit und Habsucht. Wenn diese vier Parekan, Diener, sich streiten, ist Tualén immer Gewinner, ihm wird sogar nachgesagt, das Land vom Übel befreien zu können. Die vier Parekan sind im Wayang kulit die Lieblinge des Publikums.

Auch die Puppen auf Bali unterscheiden sich von den javanischen, sie sind weniger stilisiert, die edlen Figuren haben nicht so extrem schmale Körperformen, nicht so lange Hälse, Stirn und Hals bilden keine gerade Linie. Sie ähneln mehr den Reliefs der ostjavanischen Panataran-Gruppe aus dem 13. bis 14. Jahrhundert (Abb. 19). Daraus ergibt sich, daß die javanischen Wayang-kulit-Figuren erst nach dem 15. Jahrhundert ihre hochstilisierte Form angenommen haben. Ebenso scheint die begleitende Gamelan-Musik erst nach dem Untergang des Majapahit-Reiches ihre für Java kennzeichnenden ruhigen, bei aller Differenziertheit sehr beherrschten Rhythmen und Tempi erhalten zu haben. Denn auf Bali wird das Schattentheater nur von einem *Gendér wayang* mit vier Metallo- oder Xylophonen begleitet, jedoch häufig, besonders bei dramatischen Höhepunkten und Kämpfen, mit anfeuernden Accellerandi und in sehr lebhaften, ja aufreizenden Tempi.

Die Wayang-kulit-Aufführungen haben heutzutage überwiegend unterhaltsamen, in gewissem Sinne auch ethisch-moralisch erzieherischen Charakter. Trotzdem beginnt der Dalang traditionsgemäß mit einigen rituellen Sprüchen, Gesängen und Opfergaben, bevor er die auftretenden Figuren vorstellt. Dennoch existieren noch verschiedene Arten des zeremoniellen Wayang kulit, die zu bestimmten Gelegenheiten wie Geburtstagen, Hochzeiten, Zahnfeilungen, Initiationen, am zwölften Tag nach einer Leichenverbrennung, bei der Einweihung eines neuen Tempels oder anderen Tempelfesten gebräuchlich sind. Dabei obliegt es dem Dalang, für diese Anlässe angemessene Stoffe und Geschichten auszuwählen.

Eine weit verbreitete Art des rituellen Wayang kulit ist das *Wayang lemah*, das bei Reinigungszeremonien, Priesterweihen und Beschwörungsritualen üblich ist. Dazu gehört auch das exorzistische *Wayang suddhamala*: Ist ein Dorfbewohner durch böse Geister, eine ansteckende oder auch psychische Krankheit unrein geworden, so kann er durch eine solche Aufführung geheilt und wieder in die Dorfgemeinschaft aufgenommen werden. Rituelle Funktion erfüllt auch das *Wayang sapu leger*: Alljährlich findet eine Woche des Wayang kulit statt, Kinder, die in dieser Zeit geboren werden, gelten als durch den bösen Kala-Geist besonders gefährdet. Um sie von dieser Bedrohung zu befreien, muß ein Wayang-Spiel aufgeführt werden, das mit Opfern für Kala und anderen Ritualen verbunden ist.

Bei Unglücksfällen, Naturkatastrophen oder drohenden Gefahren wird in Südbali das *Wayang Calonarang* aufgeführt, um die Schrecken zu bannen. Calonarang ist eine auf historischen Ereignissen beruhende legendäre Figur aus der Zeit Erlanggas. Sie gilt als böse

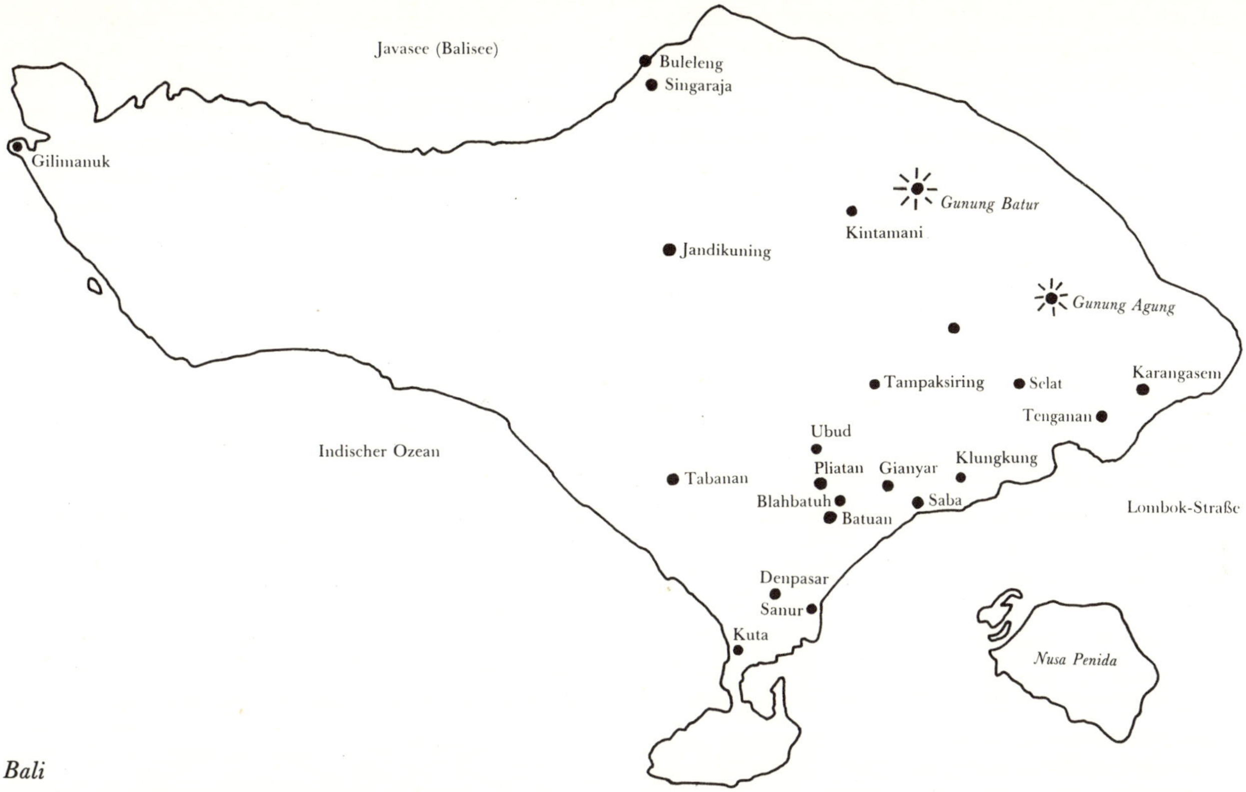

Bali

Hexe, die im Dienst der Todesgöttin Durga Leid und Unglück über die Insel bringt. Da Calonarang vor allem als Hauptfigur in einem gleichnamigen Theatertanzspiel fungiert, werden wir später noch ausführlich darauf eingehen. Dasselbe gilt vom *Wayang Cupak* aus dem Westen Balis, denn die hier dargestellten Abenteuer zweier verfeindeter Brüder bilden auch die Handlung eines beliebten Tanzschauspiels.

Das Maskentanztheater Wayang topeng

Das Wayang topeng wurde auf Java, wie wir gesehen haben, aus den einheimischen rituellen Maskenaufzügen entwickelt. Da aber auf Bali solche Aufzüge unbekannt sind, ist das *Wayang topeng* vermutlich während des Majapahit-Reiches von Java übernommen worden. Und wie im Wayang kulit hat sich wohl auch im Maskentanztheater die streng stilisierte Darstellungsweise erst nach dem 15. Jahrhundert herausgebildet, denn im balinesischen Wayang topeng werden die Geschichten viel direkter, weniger stilisiert dargestellt. Außerdem unterscheidet sich das Maskentanztheater auf Bali vor allem durch ein viel reicheres Repertoire vom javanischen. Während auf Java vorwiegend Stücke aus dem Panji-Zyklus aufgeführt werden, bietet das balinesische Wayang topeng daneben viele andere Stoffe, vor allem eine ganze Chronik von Legenden über verschiedene balinesische Könige vor und während der Vorherrschaft des Majapahit-Reiches, deren Fabeln den schriftlichen Chroniken *Babad* und *Usana Bali* entnommen sind. Es gibt mehr als ein Dutzend solcher Spiele.

Da wird von einem König Jayakusuma erzählt, während dessen Regierung eine schreckliche Krankheit ausbrach, an der viele Menschen starben. Als der König in einem Tempel am Gunung Agung die Götter um Hilfe bat, erschien ihm Shivas Gattin Giriputri, die mitteilte, daß das Volk von einem dreieinigen Dämon besessen sei, der nur durch eine Vielzahl von Opfern und Ritualen an Wassergruben, die von bösen Geistern durchdrungen wären, vor Tempeln und Häusern besänftigt werden könnte.

In einem weiteren Spiel wird berichtet, daß ein Nachfolger Jayakusumas, der erste König von Bedulu namens Maja Danawa, alle von Giriputri empfohlenen Opfer und Rituale verbot und dem Volke befahl, nur ihn selbst zu verehren. Die Götter waren darüber so empört, daß sie Indra nach Bali schickten, um Maja Danawa zu vernichten. Nach einem ersten unentschiedenen Kampf floh Maja Danawa zu einer heiligen Quelle und vergiftete das Wasser, so daß alle Anhänger Indras ums Leben kamen. Doch der Gott pflanzte zwei Schirme in den Boden, aus dem lebenspendende Quellen hervorbrachen, deren Wasser die Getöteten wieder zum Leben erweckten. Daraufhin floh Maja Danawa weiter, verwandelte sich in ein Huhn, dann in ein Grasfeld, einen Brotfruchtbaum, ein steinernes Bildnis und eine liebreizende Nymphe, bis er schließlich doch von Indras Pfeil tödlich getroffen wurde. Sein Blut ergoß sich in einen Fluß, dessen Wasser viele Jahrhunderte lang nicht zur Kultivierung der Reisfelder benutzt werden durfte. Schließlich machte der Gott aus einer Kokosblüte Zwillinge, einen Jungen und ein Mädchen, die heirateten und deren Sohn Tapa Ulung König von Bedulu wurde.

Von Tapa Ulung berichtet die Legende, er sei eines Tages mit seinem Minister Pasung Grigis auf Pilgerfahrt zum heiligen Tempel Penulisan am Fuße des Vulkans Gunung Batur gezogen. Während einer Meditation stieg sein Kopf zum Berggott empor, und nur sein Körper blieb zurück. Zum Schrecken des Ministers kehrte der Kopf des Königs nicht wieder. Kurz entschlossen kaufte er einem vorbeiziehenden Bauern ein Schwein ab, schlug diesem den Kopf ab und setzte ihn auf den Körper des Königs. Als Tapa Ulung seine Meditation beendet hatte, erblickte er zu seinem Entsetzen im Wasser des Batur-Sees seinen Schweinekopf. Er weigerte sich, an seinen Hof in Bedulu zurückzuziehen, und wollte lieber als wildes Schwein im Wald bleiben. Doch Pasung Grigis überredete ihn schließlich heimzukehren und versprach ihm, einen so hohen Palast bauen zu lassen, daß niemand seinen Kopf von unten betrachten könnte. So saß der unglückliche König stets aufrecht und tötete jeden, der ihn von unten anblickte, mit einem Pfeil.

In einem weiteren Wayang-topeng-Spiel schickt der junge Hayam Wuruk, im 14. Jahrhundert der mächtigste König des Majapahit-Reiches, seinen klugen und erfahrenen Minister Gajah Mada nach Bali, um die Insel zu unterwerfen. Er wird von Pasung Grigis sehr höflich empfangen, der ihm mitteilt, daß er den König Tapa Ulung keinesfalls sehen dürfe. Dieser befiehlt, dem hohen Gast ein großzügiges Festessen anzubieten. Während Gajah Mada speist, erblickt er den Schweinekopf des Königs. Nach alter Sitte ist es jedoch verboten, einen Gast während des Essens zu töten. Tapa Ulung schämt sich so sehr, daß er ein magisches Feuer herbeizaubert und sich selbst vernichtet. Gajah Mada ist jedoch bekannt, daß des Königs Minister Pasung Grigis über die Zauberkunst verfügt, einen Toten ins Leben zurückzuführen. Mit großer List gelingt es dem mächtigen Gajah Mada jedoch, die Zauberkraft Pasung Grigis' zu entkräften.

In dem darauf folgenden Spiel ist Gajah Mada ein zweites Mal nach Bali gekommen und herrscht nun als König von Bedulu. Seine Ehefrau Ayu Bebed hat er aber am Majapahit-Hof in Ostjava zurückgelassen. Dort verliebt sich der junge König Hayam Wuruk in sie und will sie besitzen. Als Ayu Bebed sich ihm widersetzt, läßt er sie rauben. Es gelingt ihr jedoch durch einen Boten, ihren Gatten Gajah Mada auf Bali über das Geschehen zu unterrichten. Dieser schwört Rache, läßt durch magische Kräfte hunderte steinerner Bildnisse ins Leben rufen, die nach Java hinüberfliegen und Hayam Wuruk krank werden lassen.

Hayam Wuruk erkrankt tatsächlich, viele Medizinmänner werden herbeigerufen, aber keiner kann helfen. Da befiehlt der König Gajah Mada, den besten Medizinmann aus Bali herüberzubringen. Gajah Mada jedoch wirbt einen Schmied an und verspricht ihm und seinen Nachkommen einen siebenstöckigen Einäscherungsturm, wenn er den König ermorden würde. Der Schmied willigt ein, beide ziehen nach Java an den Hof des kranken Königs. Der vermeintliche Medizinmann aus Bali deutet an, daß er dem König nur helfen könne, wenn er mit ihm allein sei. Alle Höflinge ziehen sich zurück, und der Schmied ersticht den König mit einem Kris. Auf den Todesschrei hin eilen alle wieder herbei, am meisten empört über diese Untat aber stellt sich Gajah Mada. In einer großen Versammlung der Minister wird er als mächtigster Mann am Hofe zum König erkoren, obwohl einige Anwesende ihm mißtrauen. Nachdem Gajah Mada einige Zeit regiert hatte, kamen ein Priester und ein Eremit zu ihm, um ihm anzukündigen, daß die Götter entschieden hätten, ihn sterben zu lassen.

Die Fabel dieses Tanzmaskenspiels stimmt mit der historischen Realität nicht überein, denn Gajah Mada starb bereits 1364, Hayam Wuruk aber regierte bis 1389. Der Tod Gajah Madas wird in einem anderen merkwürdigen Topeng-Spiel geschildert. Er wandert eines Tages an der Küste entlang und trifft einen Fischer, den er durch Bestechung zwingt, an den Hof von Majapahit zu kommen und selbst den Platz als König einzunehmen. Da erscheint Brahma in Gestalt der bösen Hexe Rangda und führt Gajah Mada in den Himmel. Der Fischer, verkleidet als Gajah Mada, gelangt inzwischen an den Hof, die Königin Ayu Bebed erkennt die Täuschung erst, als der angebliche König ganz andere Eßgewohnheiten zeigt. Allmählich legt der Fischer sein königliches Verhalten ab, verzeiht allen Dieben und bringt die Adat-Rechtsprechung durcheinander, bis die Hofbeamten schließlich in Aufstand geraten und den unköniglichen Herrscher töten.

In anderen Spielen werden ähnliche Geschichten über spätere balinesische Könige dargestellt. Aber es gibt auch eine Reihe von Stücken über das mystifizierte, sehr merkwürdige Leben Ken Angroks, des Begründers der Dynastie von Singhasari und Majapahit, also eines javanischen Vorläufers Hayam Wuruks zu Beginn des 13. Jahrhunderts. Die Fabeln dieser Spiele sind dem *Pararaton*, einem der ältesten Werke der javanischen Geschichtsschreibung, entnommen. Danach soll Ken Angrok der Sohn einer Bäuerin und Gott Brahmas gewesen sein. Seine Mutter habe ihn ausgesetzt, er sei dann von einem Dieb gefunden und erzogen worden. So wurde er ein mit magischen Kräften begabter Dieb und Mörder. Er ließ sich von einem Schmied aus Bali einen magischen Kris anfertigen, ermordete damit den amtierenden Regenten von Tumapel, Tunggung Amepul, und heiratete dessen wunderschöne Frau Ken Dedes. So wurde er König von Singhasari, förderte großzügig alle, die ihm mit List und Tücke geholfen hatten, und schlug in einem großen Feldzug den König von Daha (Kediri). Auf der Höhe seines Ruhms wurde er dann selbst von seinem Stiefsohn, einem Sohn der Königin Ken Dedes aus erster Ehe, ermordet.

Im Mittelpunkt eines dieser Stücke steht die zentrale dramatische Episode Ken Angroks auf Bali, als er den Schmied Gandring zwang, den magischen Kris herzustellen. Da der Kris nicht in der angegebenen Zeit fertig war, entbrannte Ken Angrok in Wut, erstach den Schmied mit diesem Kris, doch Gandring konnte noch die Verwünschung aussprechen, daß Ken Angrok selbst, seine Kinder und Kindeskinder, ja sieben Könige durch diesen Kris sterben würden. Die Prophezeiung erfüllte sich: Ken Angrok wurde von seinem Stiefsohn mit ebendiesem Kris umgebracht.

Außerdem werden im Wayang topeng noch zwei javanische Geschichten aus der Majapahit-Periode dargestellt. Die eine handelt von Arya Damar, dem Sohn eines Königs und einer Riesin, der selbst den Königsthron beansprucht und mittels Magie alle Tiere des Urwalds auf den Platz vor dem Königspalast herbeiruft, um sein Ziel zu erreichen. Die zweite berichtet über das tragische Schicksal des Königssohns Rangga Lawé aus dem 14. Jahrhundert, der für seinen Vater alle Schlachten gewonnen hat, doch den versprochenen Ministerposten nicht erhält, sich vergrämt mit einigen Vasallen zurückzieht, in eine Rebellion verwickelt wird, bis schließlich die Truppen seines Vaters ihn und seine Mitstreiter niedermetzeln.[4]

Im balinesischen Wayang topeng geht es also keineswegs um den Sieg edler Helden über Habsucht, Eifersucht und Betrügereien wie in den javanisierten indischen Epen – auch das unterscheidet diese Tanztheatergattung von anderen hindu-javanischen und hindubalinesischen Wayang-Formen. Diese Geschichten handeln – beinahe wie bei Shakespeare – vor allem von allen möglichen Intrigen, Machtkämpfen und politischen Morden. Die Darstellungsweise ist realistisch, stilistisch weniger überhöht und nicht so streng typisiert wie in anderen Tanztheatergattungen, obwohl es auch hier sympathische Helden gibt wie den König Hayam Wuruk und grausame Tyrannen wie etwa Gajah Mada. Die Königreiche werden nicht als vergöttlichte, legendäre Regionen vorgestellt, sie sind vielmehr die Zentren der eigenen balinesischen Vergangenheit. Die Grau-

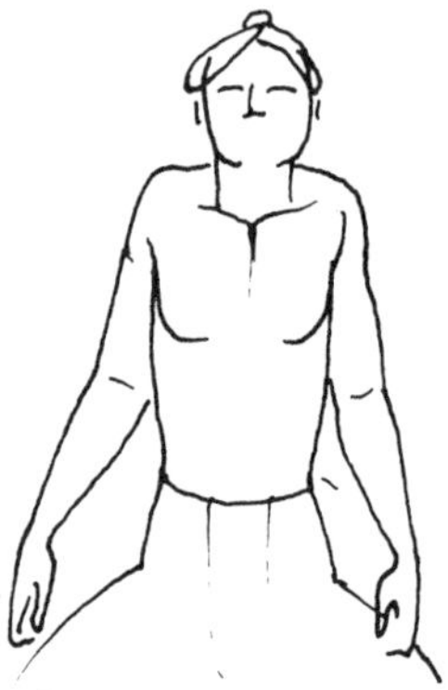

42 Agem

43 Sihapsika

samkeit und grenzenlose Machtbesessenheit mancher Herrscher wird jedoch durch viele humoristische Szenen relativiert, eine Vielzahl individuell sehr unterschiedlicher Spaßmacher stellt mit improvisierten Texten konkrete Bezüge zur Gegenwart her. Auf diese Weise erfüllt das Wayang topeng auch eine bis an die Grenze des gerade noch Zulässigen reichende gesellschaftskritische Funktion.

Eine Topeng-Aufführung beginnt meist schon nachmittags. Dabei können eine größere Anzahl von Tänzern auftreten, von denen jeder nur eine Rolle übernimmt. Oft sind es aber nur fünf oder sechs Darsteller, die mit wechselnden Masken mehrere Gestalten interpretieren. Zu Beginn werden nach dem Öffnen eines Vorhangs zunächst alle auftretenden Masken mit eigenen Tänzen vorgestellt. Es gibt aber auch nur von einem einzigen Tänzer ohne Vorhang ausgeführte Topeng-Spiele, das *Topeng Pajegan.* Er setzt sich in stets gleichem Kostüm die verschiedensten Masken nacheinander auf, spricht, spielt und tanzt ganze Handlungen mit großer Virtuosität und Verwandlungskunst. Wie der Dalang im Wayang kulit ist ein solcher Topeng-Solotänzer ein wahrer Universalkünstler: Die verschiedenen Masken liegen neben den Gamelan-Spielern in einem Korb bereit, und das Publikum schaut zu, wenn er sich eine andere Maske aufsetzt. Manchmal nimmt er auch eine neue Maske unter einem Tuch mit ins Spiel, zieht zur Überraschung der Zuschauer das Tuch plötzlich weg und verwandelt sich in eine andere Gestalt. Topeng Pajegan wird meist von älteren, erfahrenen Tänzern dargeboten, die fähig sein müssen, das Publikum stundenlang ohne Unterbrechung zu fesseln. In jedem Dorf gibt es einen solchen versierten Topeng-Tänzer, der mindesten zwei Dutzend Masken besitzt.

Die Masken sind außerordentlich vielgestaltig. Edle Könige tragen eine weiße Maske mit klaren, feinen, lächelnden Gesichtszügen. Sie bewegen sich ruhig, graziös, überwiegend pantomimisch und sprechen meist nicht selbst, sondern deuten die von einem begleitenden Patih (Minister) deklamierten Worte gestisch aus. Gute Königinnen tragen ebenfalls weiße Masken, sie bewegen sich tief gebeugt, langsam, mit lieblich drehenden Armen und verfeinertem Fingerspiel. Sie werden meist von Männern dargestellt; wenn jedoch eine Königin von einem Mädchen interpretiert wird, tritt sie ohne Maske auf.

Böse Tyrannen wie Maja Danawa oder Gajah Mada tragen dagegen furchterregende bunte Masken mit dämonischen Zügen, sie bewegen sich oft wild, eckig, zornig und nehmen manchmal verschiedene Gestalten an wie Maja Danawa als Huhn, Baum, Bildnis, Nymphe oder wie Tapa Ulung mit dem Schweinekopf. Zu jeder dieser edlen oder bösen Figuren gehören die verschiedensten Untergebenen mit komischen, fratzenhaften Masken, sie preisen ihre Meister, sprechen für sie, parodieren sie auch häufig und kommentieren die Handlung. Die Begleiterin der Königin trägt immer eine komische Maske, manchmal mit merkwürdig schrägem Mund oder gar mit nur einem Auge.

Wichtige Figuren zeichnen sich durch eine außergewöhnliche Darstellungsvielfalt aus wie etwa der von Gajah Mada bestochene Fischer. Zunächst rudert er mit

44 Kipek capung

45 Ngunda

dunkelbrauner Halbmaske, wulstiger Oberlippe und langen Zähnen in einem imaginären Boot, blickt in die Höhe, um das Wetter zu erkunden, hält Ausschau nach Fischen, wirft seine Netze aus, zieht sie wieder ein, wird von einem Krebs gebissen, kämpft gegen den Wind und legt an der Küste an. Wenn er Gajah Mada begegnet, der ihn überredet, König von Majapahit zu werden, nimmt er, ohne die Maske zu wechseln, die Haltung des Königs an und bewegt sich in edlen, schreitenden Bewegungen. So gelingt es ihm, am Hofe die Königin anfänglich zu täuschen, bis er sich ganz allmählich wieder wie ein Fischer benimmt.

Die vielen verschiedenen Spaßmacher treten in den merkwürdigsten vielfarbigen Masken auf, manche mit hervorquellenden Augen, andere mit großen Löchern anstelle der Augen, gewaltigen Zähnen, Stupsnasen, ganz platten oder Schweinenasen oder auch mit Hasenlippen. Sie geben lustige Kommentare zu aktuellen Ereignissen und machen allerlei spielerischen Jux. Die Topeng-Tänzer haben in der Gestaltung dieser komischen Charaktere, mit ihren oft grilligen, aber immer mit dem Gamelan synchronen Bewegungen eine erstaunliche Meisterschaft entwickelt. Einige Maskenfiguren sind besonders beliebt: ein komischer Alter mit langem weißem Vollbart, der vor Müdigkeit und Schwäche fortwährend umkippt; ein braungesichtiger Priester mit gewaltiger Nase und riesigen Zähnen, der übertrieben pathetische Handgesten macht; eine Art »dummer August« mit kurznasiger grauer Maske, der einfältig über alles mögliche lacht; zwei Homosexuelle, die liebreizend miteinander kokettieren; ein Blinder mit gelber Maske ohne Augen und vielen Runzeln, der immerfort hinfällt. So gibt es eine unendliche Vielfalt burlesker Szenen mit den unterschiedlichsten komischen Typen, denen gegenüber die edlen Könige um so majestätischer wirken.[5]

Die *technischen Grundlagen* des balinesischen Maskentanzes sind trotz zahlreicher örtlicher Varianten in einer Reihe elementarer Haltungen und Bewegungen namentlich fixiert.[6] Im Gegensatz zu allen anderen Tanzgattungen werden im Maskentanz die Schultern immer hochgezogen, so daß der Eindruck entsteht, der Kopf mit Maske sitze und bewege sich direkt auf dem Rumpf. Das charakterisiert schon die rhombische Grundposition *Agem*: Die Oberschenkel werden bei gebeugten Knien und einander berührenden Fersen weit nach außen gedreht (Zeichn. 42). Bei der Haltung *Sikap siku* wird der rechte Arm mit halb gekrümmtem Ellenbogen in Schulterhöhe, der linke etwas tiefer schräg nach vorn gehalten (Zeichn. 43). Besonders wichtig für den Maskentanz sind einige Kopfhaltungen mit einer Neigung halb zur Seite, nach oben oder unten. Bei der Libellenbewegung *Kipek capung* werden Kopf und Körper nach rechts geneigt, der Blick halb nach links gewendet, während die seitwärts erhobenen Arme und die gespreizten Finger zittern (Zeichn. 44). *Nyocot* bedeutet, sich in gebückter Haltung fortbewegen, wobei die Grundposition Agem nicht aufgegeben, der rechte Arm seitwärts halb gebeugt, der linke Arm mit erhobenem Handgelenk nach vorn gehalten wird. Wie das Hüfttuch geschürzt werden muß, ist in *Ngambil saput* festgelegt. In weiteren Grundbewegungen wird das Greifen nach einer Kopfbedeckung, nach dem Kris und nach

46 Malpal

dem Oberarmschmuck exakt bestimmt. *Ngunda* ist das Emporschreiten mit dem einen Fuß in Wadenhöhe des anderen, nach vorn gebeugten Armen und gespreizten Fingern (Zeichn. 45). Das schnelle Gehen *Malpal* erfolgt dagegen wie im javanischen Tanz mit rechtwinklig erhobenem Bein und angewinkeltem Fuß (Zeichn. 46). Mit der Handhaltung *Ngutus* wird das Entsenden eines Boten mit einem Auftrag angedeutet: Bei hoch gehaltenem Handgelenk werden der vierte und fünfte Finger in die Handfläche gedrückt, der Mittel- und Zeigefinger einander berührend hoch gestreckt, der Daumen ebenfalls aufgerichtet, nur im obersten Glied gebogen (Zeichn. 47). *Matutang* bedeutet etwas in Ordnung bringen, korrigieren: Daumen und Zeigefinger mit den Spitzen aneinander bilden einen Kreis, der Mittelfinger wird ein wenig, der vierte hoch gehoben und der fünfte so weit wie möglich nach außen gestreckt (Zeichn. 48). Bei all diesen und weiteren Haltungen und Bewegungen verbleiben die Schultern stets in hochgezogener Stellung.

Für die komischen Figuren ist dagegen das Mißachten aller traditionell festgelegten Positionen und Bewegungen kennzeichnend. Indem sie die Knie nach innen anstatt nach außen drehen, den Kopf plötzlich hängen lassen, Arme und Beine ganz entspannt schwingen und andere unerwartete Haltungen und Gesten ausführen, bringen sie die Zuschauer zum Lachen.

Das Maskentanztheater Jauk

Jünger als das Wayang topeng ist ein anderes Maskentanztheater auf Bali, das gewisse Gemeinsamkeiten mit dem dramatischen Baris aufweist und wohl auch auf einen alten Ritus zurückzuführen ist. *Jauk* ist der Typ eines dämonischen Maskentänzers, der vorwiegend grimmig, leidenschaftlich und heftig agiert. Er trägt eine Maske mit großen, hervorquellenden Augen, wildem Schnurrbart, herausstehenden Oberzähnen, Handschuhe mit sehr langen durchsichtigen Nägeln und eine hohe runde goldene Krone, die sich kurvenartig bis zu einer Spitze verjüngt. Zum Maskentheater entwickelte sich der Jauk-Tanz wahrscheinlich erst im 18. Jahrhundert.

Im Gegensatz zum Topeng-Tanztheater werden im Jauk einige Teile aus den großen Hindu-Epen gespielt, und zwar vorwiegend Episoden, in denen Kampfszenen mit dämonischen Figuren wie Rahwana aus dem Ramayana oder Duryodhana und Bhima aus dem Mahabharata vorkommen.

Eines der beliebtesten Jauk-Spiele beinhaltet die dramatischen Ereignisse um die Brautwahl der schönen Draupadi durch die verfeindeten Pandawa- und Kaurawa-Brüder. Nachdem der böse, eifersüchtige Duryodhana versucht hat, seine fünf Pandawa-Vettern zu ermorden, ziehen sich diese als Brahmanen vermummt in den Wald zurück zu ihrer Mutter Kunti. Als sie die Botschaft erhalten, daß ein Held, der mit einem Bogen fünf Pfeile in vorgegebene Ziele zu schießen imstande sei, die liebliche Kriegertochter Draupadi als Braut erringen könne, kommen sie aus dem Wald, um sich an dem Wettstreit zu beteiligen. Auch ihre Kaurawa-Vettern mit Duryodhana als Oberhaupt und andere Könige bewerben sich um die begehrte Draupadi. Alle schießen ihre Pfeile ab, aber verfehlen die Ziele. Nur dem anmutigen Karna, dem vermeintlichen Sohn eines Fuhrmanns, der ihn als kleines Kind an einem Fluß gefunden hatte, gelingt es ohne Schwierigkeiten, die fünf Ziele zu treffen. Weder Karna noch die Pandawa-Brüder wissen jedoch, daß dieses Findelkind ein Sohn Kuntis und des Sonnengottes Surya ist, also ein Halbbruder der Pandawa. Zu Karnas Verzweiflung weist Draupadi ihn ab, weil er einer niederen Kaste angehört. Schließlich gelingt es dem dritten Pandawa-Bruder Arjuna, die

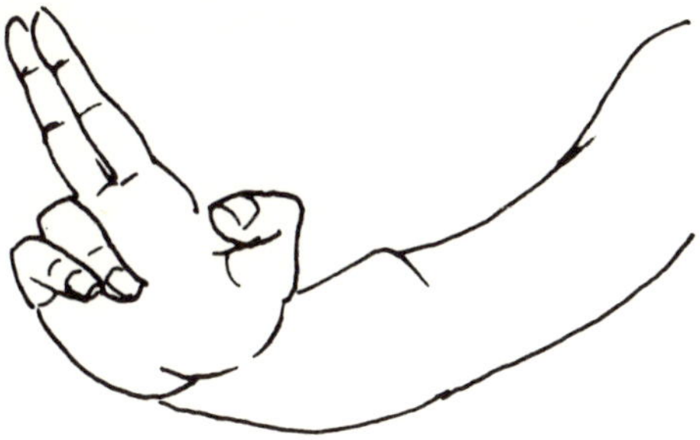

47 Ngutus

48 Matutang

fünf Pfeile ins Ziel zu bringen. So gewinnt er Draupadi, die sich ihn auch als Sieger gewünscht hatte. Wütend über ihre Niederlage verwickeln Duryodhana und die Kaurawa ihre Vettern in heftige Kämpfe, die mit dem Sieg der Pandawa enden. Als sie ihrer Mutter Kunti berichten, daß sie gewonnen haben, bittet sie ihre Söhne, sich den Gewinn zu teilen. So wurde Draupadi die Gattin der fünf Pandawa-Brüder.

In einem anderen Jauk-Spiel klärt Kunti den von Draupadi abgewiesenen Karna auf, daß er ihr Sohn ist, und sie versucht ihn mit den Pandawa, seinen Halbbrüdern, zu versöhnen. Karna jedoch wählt in seiner Enttäuschung die Seite der Kaurawa. Nachdem er viele Heldentaten begangen hat, wird er im Kampf gegen die Pandawa von seinem Halbbruder Arjuna getötet. So kehrte sein Glanz zu seinem Vater, der Sonne, zurück.

Während es im Wayang topeng bei Königen und anderen edlen Figuren viele graduelle Unterschiede in der Form und Farbe der Masken wie auch im Duktus der Bewegungen gibt, werden im Jauk deutlich zwei Typen unterschieden, die verfeinerten und die groben Charaktere. Die verfeinerten tragen weiße Masken mit edlen Gesichtszügen und bewegen sich sittsam, ruhig und entschlossen. Zu ihnen gehören aber nur Arjuna, Rama, Laksmana und wenige andere. Die überwiegende Mehrheit der Helden, also auch Yudistira, Bhima und die anderen Brüder Arjunas sowie selbstverständlich alle Kaurawa, tragen grimmige Jauk-Masken. Wie Beryl de Zoete und Walter Spies berichteten, konnte es aber auch vorkommen, daß Arjuna als Hindu-Dämon mit roter Maske dargestellt wurde.[7] Wenn nämlich in einem Dorf die notwendige Maske nicht vorhanden ist, benutzt man eine andere, ohne daß die Zuschauer daran Anstoß nehmen, in ihrer Vorstellungskraft identifizieren sie edle Figuren auch mit dämonischen Masken. Wie im Topeng überlassen im Jauk die Hauptfiguren das Sprechen ihrer Texte den sie begleitenden komischen Figuren, die nur mit Halbmasken oder auch ganz ohne Maske auftreten. Alle Figuren, also auch die weiblichen wie Draupadi und Kunti, werden von Männern getanzt.

Die Bewegungen der Jauk-Tänzer sind wie im Baris ungewöhnlich heftig, temperamentvoll, aber sehr differenziert. Während bei der Brautwerbung um Draupadi Arjuna im Bogenschießen sehr ruhig, gelassen und selbstsicher tanzt, spielen Yudistira und Bhima, vor allem aber die Kaurawa-Brüder diese Szene individuell sehr unterschiedlich mit Feuer, voller Zorn, ja mit rasendem Temperament, stets in Übereinstimmung mit dem dämonischen Charakter der jeweiligen Maske sowie dem Tempo und den scharfen Akzentuierungen der Gamelan-Musik.

Das Tanztheater Wayang wong

Das klassische balinesische Wayang wong unterscheidet sich wesentlich vom javanischen. Während auf Java alle Figuren außer einigen bösen Riesen und Tiergestalten wie den Affen und dem legendären Vogel Garuda ohne Masken auftreten, sind auf Bali nur die edlen Figuren und die Frauengestalten maskenlos, alle anderen, die bösen Menschen und alle Tierfiguren, tanzen mit Masken. Aber auch Rama und Laksmana treten manchmal mit Masken auf. Vor allem aber beinhalten die Stücke des javanischen Wayang wong Episoden aus dem Ramayana, dem javanisierten Mahabharata, im Langen driya auch legendarisierte historische Ereignisse aus der Majapahit-Zeit und andere Sujets. Wayang wong ist also auf Java ein Gattungsname für verschiedene Genres des von Menschen dargestellten Tanztheaters. Auf Bali dagegen bezieht sich Wayang wong ausschließlich auf die Darstellung von Teilen des Ramayana. Werden in ähnlichem Stil Episoden aus dem Mahabharata aufgeführt, so heißt dieses Tanztheater Parwa.

Jede Wayang-wong-Aufführung gilt als ein magisches Zeremoniell. Es wird bei wichtigen Tempelfeiern, vor allem aber zum Kuningan-Fest aufgeführt, wenn die Ahnen vom Gunung Agung herabsteigen und eine Woche lang in den Schreinen der Haustempel verweilen. Daher finden diese Aufführungen auch mehrere Tage hintereinander, manchmal sogar die ganze Woche lang statt. Dabei wird auf die chronologische Folge der einzelnen Ramayana-Episoden kein Wert gelegt, denn jedermann ist mit dem Inhalt vertraut.

Im Gegensatz zum Topeng wird kein Vorhang benutzt, die verschiedenen Charaktere werden einleitend nicht in einzelnen Tänzen vorgestellt, sondern die Aufführung beginnt ohne jegliches Vorspiel, das seitwärts postierte Gamelan-Orchester fängt an zu spielen, die Figuren treten von hinten auf, und die Zuschauer werden sogleich mitten in die Handlung geführt. Die Darstellungsweise, Kostüme, Masken und die Tanzbewegungen sind keineswegs einheitlich, sie unterscheiden sich in vielen Details von Dorf zu Dorf. Aber die Typisierung der Charaktere wird strikt eingehalten, ihr Bewegungsduktus ist entweder verfeinert, weich, elegant (alus) oder kraftvoll, dynamisch, ungestüm (gagah). Sogar bei den Affen ist dieser Unterschied ausgeprägt: Der Affenkönig Sugriwa und sein Zwillingsbruder Subali agieren selbstbewußt, ruhig, alus, auch der beliebte Hanuman bleibt trotz aller Lebhaftigkeit stets verfeinert. Die anderen Tierfiguren werden dagegen sehr verschieden dargestellt. Auch die komischen Begleiter der Hauptdarsteller weichen im Bewegungsduktus und im Aussehen deutlich von allen anderen ab.

Rama, seine Gattin Sinta und sein Bruder Laksmana sind die herausragenden edlen Charaktere, auch Wibishana, ein Bruder des bösen Rahwana, gehört dazu, denn er hatte sich von Rahwana getrennt und ist auf Ramas Seite übergegangen. Rama trägt einen breiten, an den Seiten mit Blumen geschmückten, nach oben geschwungenen und kurvenreich sich verengenden Kopfschmuck mit einer gläsernen Spitze. Laksmana ist an einer Kopfbedeckung mit hochstehenden, nach innen gekrümmten Hörnern zu erkennen. Sinta ist wie die Legong-Tänzerinnen mit einer blumenreichen, von flügelartigen Seitenstücken flankierten Krone und einem Garudakopf an der Rückseite geschmückt. Rama und Sinta haben langes, mit Blumenblättern durchwirktes Haar. Sinta wird immer von einer Condong begleitet, die ähnlich wie ihre Herrin gekleidet ist, aber eine kleinere blumenverzierte Krone trägt. Beide tanzen mit sanft fließenden, weit ausladenden weichen Bewegungen in wechselnden Kurven über den ganzen Tanzplatz, die Augenbrauen erhoben und den Blick nach unten gesenkt. Sintas Kleid ist eng anliegend mit einer langen, farblich kontrastierenden Schleppe, meist flammend rot oder mattgrün. Rama und Laksmana tragen wie edle Könige enge lange Hosen mit am Gurt befestigten golddurchwirkten langen Schärpen, die beim Tanzen je nach der Schnelligkeit der Bewegungen leicht oder lebhaft aufflattern. Sinta tanzt sehr verfeinert, stets mit halb gebeugten, nach außen gedrehten Knien, die Füße behutsam, aber sehr exakt voreinander setzend, während sie die Handgelenke mit gestreckten Fingern unablässig elegant dreht. Rama bewegt sich mit ebensolcher Grazie, doch er kann bei stärkerer innerer Erregung auch ruckartig zusammenzucken, die Hände rascher drehen und die Schärpen mit den Fingern auffliegen lassen, alles jedoch in vollendeter Harmonie und empfindsamer Flexibilität.

Rama wird immer von zwei maskierten Dienern begleitet: Tualén und Merdàh. Doch während im Wayang kulit die komischen Figuren sich häufig verselbständigen und durch ihre Anspielungen und Witze das Publikum manchmal für längere Zeit zum Lachen bringen, bleiben sie im Wayang wong immer im Schatten ihres Herrn. Sie übersetzen die alten Kawi-Texte Ramas ins Balinesische, beraten in manchen Situationen ihren Meister und machen ihre Scherze dazu, aber drängen sich nur selten in den Vordergrund. Wie sein javanisches Pendant Semar ist auch Tualén dick und unförmig, sein um die Hüfte geschlungenes, bis zum Boden reichendes, blau und schwarz kariertes Batiktuch (kain) ist vorn durch Bambusstäbe aufgebauscht, darüber hängt eine nachlässig getragene schwarze Jacke. Seine braun-gelbe Maske zeichnet sich durch tiefliegende Augen, eine enorm wulstige Oberlippe und eine kleine Stupsnase aus. Merdàhs Maske dagegen ist zinnoberrot, die Nase dick und knollig, die breiten Lippen halb geöffnet. Beide bewegen sich in unverkennbar komischem Duktus, sie trotten hinter ihrem Herrn her, machen tölpelhafte Bewegungen mit oft nach innen gedrehten Beinen, schlenkern mit den Armen, die Hände schlapp herabfallend oder willkürlich drehend. Sie agieren also wie im Wayang topeng im größten Gegensatz zu den verfeinerten Bewegungen Ramas. Geradezu grotesk wirkt es, wenn der dicke Tualén die sublimen Schritte, Kopf- und Handbewegungen Ramas possenhaft nachahmt.

Auch der dämonische Rahwana mit schwarzer Maske und langem, in kleine Locken zerfasertem Bart und sein erster Minister mit weißer Maske werden von zwei närrischen, maskierten Parekan begleitet, Delem und Sangut. Die unterscheiden sich deutlich von Ramas Begleitern. Delem ist an einer enorm breiten, runden Nase und kugelartig hervorquellenden Augen zu erkennen, Sangut an einem breiten, offenen, karpfenähnlichen Maul, dessen Ansatz zwischen den Augen beginnt und anstatt der Nase nur eine kleine rundliche Erhöhung erkennen läßt. Ihre Bewegungen sind meist hastig und überspannt, Sangut schwankt von einer Seite zur anderen, und Delem schwingt die Arme kreisförmig durch die Luft. Manchmal imitiert Sangut diese Bewegungen oder läßt eine Hand mit rückwärts gestreckten Fingern heftig zittern.

Die Affen sind außer durch ihre Masken auch durch sehr charakteristische Bewegungen voneinander unterschieden. Der kraftvolle König Sugriwa wird mit bedächtigem Habitus und eckigen Haltungen der Arme und der auswärts gedrehten Beine dargestellt. Abwechselnd hebt er das rechte und linke Bein, den Oberschenkel im rechten Winkel zum Körper haltend. Dabei streckt er den entgegengesetzten Arm mit leichten Kreisbewegungen zur Seite, während er mit dem anderen das um die Hüfte gewundene Batiktuch (kain) bis unter die Achselhöhle emporzieht. Wenn er Rama zuhört, geht er in Hockstellung mit weit auswärts gedrehten Knien, die Füße fest auf dem Boden, die rechte Hand am linken Fuß haltend. Wenn er selbst spricht, stellt er sich ruckartig in aufrechte Position, die Füße seitwärts gedreht, und schwingt den Körper ruhig vor- und rückwärts. Dabei werden die Ellenbogen fest an die Hüften gedrückt, die Arme mit auswärts gewendeten Handflächen nach vorn gestreckt. Wie andere Affen bewegt auch er den Kopf oft ruckartig hin und her. Auch bei starker Erregung bleibt Sugriwa immer edel und ruhig im Bewegen und Sprechen.

Hanuman dagegen, eine der beliebtesten Figuren des Wayang wong, der sich durch einen weißen Schwanz von allen anderen Affen unterscheidet, ist trotz aller Verfeinerung (alus) stets lebhaft, seine Schritte sind weit, er springt rasch hin und her. Wenn er spricht, wendet er den Kopf plötzlich nach rechts und links, die linke Hand mit rückwärts gedrehtem Ellenbogen an die Brust legend, während er mit der rechten seine Schärpe nach vorn zieht. Hanuman gewinnt auch durch lustige Sprünge und lebhafte affenartige Armbewegungen die Sympathien der Zuschauer. Die anderen Affen bewegen sich durchaus nicht uniform, sondern je nach Charakter und Maske sehr differenziert. Dennoch lassen sie oft in Hockstellung ihre Arme lang herunterhängen, drehen Oberkörper und Kopf mit plötzlichem Ruck zur Seite, eilen hurtig und geräuschlos in verschiedene Richtungen und kratzen sich die Achselhöhlen und den Kopf.

Das Auftreten anderer Tierfiguren ist ebenfalls sehr verschiedenartig. Da ist der von Rahwana zu Sinta in den Wald entsandte Bote in Gestalt eines Hirsches mit großem Geweih. Mit lebhaften Schritten trottet er über den Tanzplatz, macht einladende Bewegungen zu Sinta und springt mit emporgerichteten Zehen von einer Haltung in die andere. Wenn Rama mit Pfeil und Bogen erscheint, entspinnt sich ein Kampf: Während sich Rama mit raschen, aber immer edlen Bewegungen an den Hirsch heranpirscht, stürmt dieser aufgeregt in Zickzackbewegungen vor und zurück, hin und her, bis Rama ihn schließlich erlegt. Mit hängendem Kopf humpelt das getroffene Tier weg.

Da ist ferner der treue Vogel Jatayu, der Sinta im Wald zu Hilfe eilt, als Rahwana sie entführen will. Er hat einen langen Schnabel mit Zähnen, große Augen, sein Körper ist mit bunten Federn aus Stoff bedeckt, der Schwanz hoch aufgerichtet, an den Händen und Unterarmen trägt er Flügel aus bemaltem Leder. Er stößt eigenartige Rufe aus, stürzt mit gebeugten Knien und leicht zitternden »fliegenden« Hüpfbewegungen hin und her, die Flügel heftig hoch und bis auf die Erde schlagend. In einer erregenden Szene zu äußerst aufreizender Gamelan-Musik nähert sich Rahwana mit weiten, wirbelnden Drehungen dem wild aufflatternden Vogel, sticht ihn mit einem Kris nieder und verschwindet mit Sinta in »fliegenden« Bewegungen. Jatayu kriecht verzweifelt am Boden, die Flügel in ständiger heftiger Flatterbewegung, da erscheinen Rama mit seinen Begleitern und Laksmana. Der verwundete Vogel kann gerade noch erzählen, was vorgefallen ist, Tualén übersetzt ins Balinesische, flügellahm schwankt Jatayu hin und her, bis er tot niedersinkt.

Andere Tiere treten paarweise auf, so die Löwen Nala und Singa mit schwerfälligen Sprüngen, stoßartigen Schritten und Kopfbewegungen, die Vögel Goaksa und Vinata mit weiten Sprüngen beider Beine gleichzeitig, der Hund Bawimuka und das Schwein Asiboda mit vorsichtigen Tritten, hoch erhobenen Füßen und blinzelnden Augen. Und schließlich sind da noch die Schlange Drua mit langem, sich aufbäumendem Hals und schleichendem Sichwinden sowie der Elefant Asti mit trägen, stampfenden Schritten. Alle diese Tierbewegungen sind traditionell fixiert und namentlich bestimmt, so daß sie von den Ausführenden schon in jungen Jahren erlernt werden können. Möglicherweise sind manche dieser Tiertänze animistisch-totemistischen Ursprungs, doch eine natürliche Freude an der Nachahmung, eine ganz unreflektierte Naturverbundenheit mag dazu geführt haben, daß sie schon frühzeitig in das Tanztheater übernommen worden sind.

Das Tanztheater Parwa

Im Unterschied zu dem javanischen Schattenspiel Wayang purwa,[8] dessen ursprünglich einheimische Sujets mit Episoden aus dem Ramayana und Mahabharata verschmolzen, bezieht sich das balinesische Tanztheater Parwa ausschließlich auf Teile der javanischen Mahabharata-Adaption. Es ist dem Wayang wong sehr ähnlich und wird nur von Männern getanzt; die edlen Charaktere wie Kresna, Arjuna, Bhima oder Abhimanyu treten ohne Masken auf. Die komischen Parekan Tualén und Delem spielen ebenfalls eine große Rolle, nur sind ihre Scherze verschieden, alles hängt bei ihnen von der Improvisationsfähigkeit der Interpreten ab.

Von den zahllosen Parwa-Stücken soll hier als Beispiel nur der sehr poetisch dargestellte Raub Subhadras erwähnt werden. Gott Kresna, sein Bruder Baladeva und ihre Schwester, die himmlische Nymphe Subhadra, sind mit ihrer Begleiterin in die Berge gezogen, um sich der Meditation zu widmen. Eines Tages begegnet Arjuna Baladeva, der ihn bittet, mit ihnen zusammen Einkehr zu halten. Doch als Arjuna die schöne Subhadra erblickt, verliebt er sich sofort in sie. Kresna belehrt ihn, daß sie noch Jungfrau sei und nur den Helden heiraten wolle, der es wagen würde, sie mit Gewalt zu nehmen. Nach einigem Zögern entschließt er sich, Subhadra während eines wunderschönen Tanzes plötzlich zu rauben und zu entführen. Baladeva wird wütend, schlägt Arjuna mit einem Palmblatt, zieht einen Kris und fordert ihn zum Kampf heraus. Arjuna kann gerade noch mit Subhadra hinwegeilen, die Füße von der Ferse bis zu den Zehen abrollend, so daß der Eindruck des Fliegens entsteht. Nach mehreren dramatischen Auseinandersetzungen überzeugt Kresna seinen Bruder, daß Arjuna ein vortrefflicher Gatte für Subhadra werden würde. Es gelingt ihnen, das junge Liebespaar zurückzuholen und mit Baladeva zu versöhnen. Mit der festlichen Hochzeit Arjunas und Subhadras endet das Tanzspiel.

Im Vergleich mit dem javanischen, bis zu Beginn unseres Jahrhunderts exklusiv höfischen Wayang wong werden auf Bali Wayang wong und Parwa von zahlreichen dörflichen Gruppen gespielt, und zwar viel lebendiger, temperamentvoller, trotz aller Verfeinerung in den Körperbewegungen und Gesten nicht so streng stilisiert, in schlichteren Kostümen und von Ort zu Ort verschieden, auch die Gamelan-Musik ist dramatischer, dynamischer. Vermutlich sind diese Theatergattungen schon vor langer Zeit von den regional begrenzten Königshöfen in die Dörfer gedrungen. Das gilt auch für die zahlreichen anderen Arten der auf so kleinem Raum beispiellos vielfältigen dramatischen Kunst.

Das Tanztheater Gambuh

Die Balinesen selbst halten Gambuh für die älteste, seit der Blütezeit Majapahits im 14. Jahrhundert bis heute ziemlich unverändert erhaltene Gattung des Tanztheaters. Außer den traditionellen Leibwächtern des Königs und den komischen Dienern gebrauchen alle Figuren die altjavanische Sprache, die Kostüme entsprechen dem Pomp der Majapahit-Könige, die Tänze verselbständigen sich zum Teil gegenüber der dargestellten Handlung, und der Aufwand an Königen, Prinzessinnen und Prinzen, deren Gefolge und Heerscharen ist enorm. Die Tanzbewegungen aller anderen Theaterformen wie auch deren Gamelan-Musik können letztlich vom Gambuh abgeleitet werden. Daher gibt diese nur auf Bali erhaltene Wayang-Gattung auch heute noch einen Eindruck von dem festlichen Glanz und Zeremoniell am Hofe Majapahits zur Zeit Hayam Wuruks. Gambuh scheint van Lelyvelds These[9] zu bestätigen, daß das Tanztheater ohne Masken – Raket oder Wayang orang – auch in Ostjava bereits im 14. Jahrhundert existiert haben muß.

Wegen des großen Aufwandes wird Gambuh schon seit Jahrzehnten nur selten gespielt, vorwiegend in Batuan und Tabanan im Süden der Insel. Es ist auch lange nicht so populär wie Topeng, Baris, Legong und von allem Arja, deren Elemente im Gambuh enthalten sind.

Die Aufführung findet auf einem großen, viereckigen Platz statt, beginnt abends um neun Uhr und dauert meistens mehrere Nächte lang. Alle auftretenden Charaktere haben einen eigenen Bewegungs- und Sprechduktus sowie dementsprechende Rhythmen, Melodien und Klangfarben des begleitenden Gamelan-Orchesters.

Ehe die Hauptperson der Handlung, meistens ein König oder Prinz, selbst auftritt, vollzieht sich ein ganzes Zeremoniell. Zunächst erscheinen zwei phantastische Krieger, Demang und Temunggung, mit langen Bärten, der eine rot, der andere schwarz, mit langem, dunklem Haar, goldener, mit Blumen verzierter Kopfbedeckung und je einem Kris. Sie tanzen zu lebhafter Musik mit eckigen, ruckartigen Bewegungen, wechseln ihre Positionen, stoßen wilde Schreie aus, lachen bisweilen laut, als ob sie von Dämonen besessen seien. Ihr Auftritt enthält auch komische Elemente, so bewegen sie sich manchmal beinahe sitzend in immer rascherem Tempo rückwärts aufeinander zu, bis sie sich mit den Rücken heftig stoßen. Bei aller Derbheit und Grobschlächtigkeit sind ihre Haltungen, Schritte, Sprünge und Drehungen sehr virtuos. Am Ende ihres Tanzes kündigen sie das Auftreten des Patih, des ersten Ministers, an. Die Musik wird zarter, langsamer, der Patih bewegt sich ruhigen Schrittes mit eleganten Drehungen über den Platz, seinen weiten Mantel mit zierlich gestreckten Fingern seitwärts haltend. Der Charakter des Patih deutet bereits auf den Grad des Edelmutes und der Heldenhaftigkeit seines Königs hin. Je feiner, exklusiver er erscheint, je zarter, graziöser er tanzt und je einschmeichelnder, schmelzender er spricht, desto klüger und stärker ist dann auch sein später auftretender Herr. Doch bevor dieser erscheint, kommen noch die unmittelbaren Vorboten des Königs, die Arya Jaksa und Kenuruhan. Der Patih empfängt sie kniend, denn sie gehören zur königlichen Familie. Sie tragen eine mit glitzernden Steinen und Blumen verzierte Krone, langes Haar und einen schmalen gemalten Schnurrbart. Zunächst schreiten sie leichtfüßig quer über den ganzen Platz, das rechte Handgelenk ständig drehend, während sie mit der linken ihr kostbares Kostüm entfalten. Dann führen sie – immer vollkommen synchron – einige Pirouetten auf einem Fuß aus, bleiben rechts und links abwechselnd lange auf einem Bein stehen und heben den anderen Fuß weit auswärts gedreht empor, den Oberkörper im Gegengewicht zur anderen Seite geneigt. Immer wieder folgt dieser Haltung eine plötzliche Drehung. Schließlich tanzt der Patih mit ihnen zusammen, bis sie sich ehrfürchtig entfernen.

Nun erst erscheint der König selbst, nur vom Patih demütig empfangen. Seine Krone ist weitaus höher und schöner als die der Arya, sein Gewand ist wahrhaft königlich. Wie im Topeng und im javanischen Wayang wong können die Könige zwei verschiedene Charaktere haben, entweder sehr verfeinert, erhaben und stolz (alus) oder stark, kraftvoll, männlich (gagah). Der verfeinerte tanzt ganz ruhig, graziös, weich, seine Bewegungen gehen elegant ineinander über. Mit zwei Fingern der seitwärts nach unten gerichteten linken Hand hält er den Saum seines Gewandes, während er das rechte Handgelenk emphatisch rollen läßt, dabei die Finger in ständig wechselnder Weise öffnend und schließend. Seine langsamen Schreitbewegungen werden nur hier und da von leichten rascheren Akzenten mit leichtem Kopfwenden unterbrochen. All seine Haltungen und Gebärden werden von majestätisch wirkender innerer Spannung geprägt. Er spricht mit ganz hoher, feiner Stimme. Der kraftvolle König hat dagegen eine starke Stimme mittlerer Tonhöhe, seine Schritte sind weit ausladend, bisweilen von heftigen, ruckartigen Akzenten des ganzen Körpers unterbrochen. Sein Auftreten strahlt Macht, Energie und Strenge aus. Manchmal setzt er einen Fuß auf den Nacken eines tief gebeugten Leibwächters, der sein Fußgelenk in Erwartung eines Befehls umklammert.

Mehrere Diener erscheinen gleich nach dem Auftritt des Königs in gebührendem Abstand. Obwohl sie im Vergleich mit anderen Tanztheaterformen wegen der Anwesenheit ihres Herrn nur wenig Gelegenheit zum Parodieren haben, machen sie dennoch allerlei Späße und auch kritische Anspielungen. Sie tragen kein langes Haar, sind wie Bauern gekleidet und haben recht verschlissene Kopftücher. Hinter dem Rücken des Königs machen sie zum Gaudium der Zuschauer in schlängelnden Kurven rasche kleine Sprünge und schneiden Grimassen. Bei den Auftritten der Leibwächter und Diener spielt das Gamelan heitere volkstümliche Weisen.

Auch das Erscheinen der Königin wird dramaturgisch gezielt vorbereitet. Den Arya der Könige entsprechen hier die erste Hofdame, Condong, und vier weitere höfische Begleiterinnen, manchmal auch eine ganze Reihe adliger Damen. Sie sind wie Prinzessinnen gekleidet, den Oberkörper in ein eng anliegendes goldenes Tuch gehüllt mit einer Schärpe über der linken Schulter, ihre Kronen mit den schönsten Blumen geschmückt. Sie tanzen lange und sehr ruhig, den Körper weich und elegant hebend und senkend. Nach einem Solo der Condong, die auch von einem Jungen getanzt werden kann, mit leichten Sprüngen, beherrschter Elevation und geschmeidigen Arm- und Handbewegungen tritt endlich die Königin selbst auf. Wie der verfeinerte König tanzt auch sie majestätisch, stolz, voll innerer Spannung, in den Bewegungen äußerst flexibel, die Finger häufig weit nach hinten beugend. Die Blumen auf ihrer hohen Krone verbreiten betäubenden Duft.

Eine weitere Hauptfigur im Gambuh ist ein schöner Prinz, der, als Bauer, Handwerker oder Musikant verkleidet, heimlich von einer Prinzessin geliebt wird, sich aber eines tyrannischen Widersachers erwehren muß. Auch diese edle Figur wird von mehreren, meist vier Begleitern tanzend eingeführt, drei von ihnen im Gagah-Charakter, der vierte verfeinert, alus.

Kampfszenen gehören im Gambuh zu den Höhepunkten einer Aufführung. Außer den Königen, Prinzen verschiedenen Grades, Leibwächtern und Hofdamen treten dann Krieger mit einem Stab in der rechten Hand auf, meist in Vierergruppen, die sich heftig bekämpfen. Doch trotz leidenschaftlicher Erregung bleiben diese Aktionen stets streng stilisiert, das gilt auch für die Zweikämpfe. Es kommt auch vor, daß ein König in den Kampf eingreift, mit weiten Schritten über den Platz eilt und den Streit schlichtet. In der Schlußszene wird von dem geschlagenen Heer aus Rache eine speziell dafür aufgebaute Bambushütte in Brand gesteckt, die Geschlagenen fliehen, die Sieger triumphieren.

Die Tänze der unterschiedlich typisierten Personenkreise dominieren im Gambuh. Die Handlung bildet nur den dramaturgischen Rahmen, ist aber oft recht kompliziert. Meist werden von den Hofdamen oder den Begleitern des Königs Intrigen gesponnen, die dann in Zweikämpfe oder Gefechte zwischen zwei Heeren münden. Die Sujets sind nicht wie im Topeng der javanischen Geschichte entlehnt, sondern behandeln vorwiegend Episoden aus dem Malat, der volkstümlichen balinesischen Version des javanischen Panji-Zyklus.

Da ist zum Beispiel die Geschichte des Prinzen Nusapati, der sich in die Prinzessin von Daha (Kediri) verliebt hat und sie auf einer langen Wanderung vergeblich sucht. Als er in einen Wald des Königreichs Tratebang gerät und nachts ein Feuer entzündet, um den Weg zu finden, gerät der Wald in Brand. Der herrschsüchtige König von Tratebang sendet seine Krieger zur Bestrafung des Brandstifters aus. In einem ungleichen Kampf wird Nusapati überwältigt und vor den König gebracht. Hier wird eine Intrige eingefädelt; es kommt zu einem Zweikampf zwischen Nusapati und dem König, aus dem der junge Prinz als Sieger hervorgeht. Dieser Kampf findet auf dem Berg Merasmin statt, daher ändert Nusapati seinen Namen in Panji Malat Rasmin und wird König von Tratebang. Doch seine geliebte Prinzessin hat er noch nicht gefunden.

In einem anderen Stück kommt Panji dem König von Gegelang zu Hilfe, als dieser von einem seiner adligen Untertanen angegriffen wird, während ein anderer Rebell den Königspalast zu überwältigen versucht. Panji besiegt die beiden Widersacher des Königs, der den jungen Helden als Dank zu seinem Adoptivsohn ernennt.

Mehrere Panji-Geschichten handeln von den Liebesabenteuern des jungen Prinzen. Einmal kommt er mit dem König von Gegelang dem edlen König von Singhasari zu Hilfe, dessen wunderschöne Tochter Nawang Sasih der habsüchtige König von Pejarakan vergeblich begehrt. Dieser entfesselt deshalb einen Krieg gegen das Königreich Singhasari, wird aber geschlagen, und Panji gewinnt die Liebe der schönen Prinzessin.

Ein anderes Mal verliebt sich Panji in Nawang Ngerum, die Tochter eines Edelmannes des Singhasari-Reiches. Als er der Sitte entsprechend um ihre Hand bittet, erfährt er, daß sie bereits einem anderen versprochen sei. Daraufhin wendet er sich von ihr ab. Nawang Ngerum jedoch, in Liebe zu Panji entbrannt, begeht aus Verzweiflung Selbstmord. Panji ist darüber entsetzt, fühlt sich an ihrem Tode schuldig und zieht in die Einsamkeit des Waldes.

Außer diesen und über zwei Dutzend anderen Geschichten aus dem Panji-Zyklus wird in einem Gambuh-Tanzspiel die tragische Erzählung des Königssohns Rangga Lawé dargestellt, die auch im Wayang topeng vorkommt. Im Gegensatz zu der direkteren, weniger stilisierten Spielweise des Topeng wird diese Handlung im Gambuh tänzerisch zeremoniell, feierlich überhöht.

Das Tanztheater Cupak

Stilistisch mit dem Gambuh verwandt, jedoch einfacher, weniger würdevoll und deshalb unmittelbar ansprechender ist eine andere Art des Tanztheaters mit einer original balinesischen Handlung. Es gibt auf der Insel zahlreiche Erzählungen, die im Königreich Daha spielen, doch damit ist nicht das mächtige mitteljavanische Kediri-Reich gemeint, das im 12. und zu Beginn des 13. Jahrhunderts auf dem Höhepunkt seines Ruhmes stand, sondern ein legendäres Königreich auf Bali selbst. Auch die sehr populäre Geschichte um die Zwillingsbrüder Cupak und Grantang soll sich in Daha zugetragen haben.

Ein jung verheirateter Brahmane arbeitet auf einem Reisfeld. Als seine junge Frau auf dem Wege ist, ihm Essen und Trinken zu bringen, wird sie von den Göttern Brahma und Vishnu geraubt. Sie gebärt Zwillinge: Cupak, der Erstgeborene, ist Brahmas, sein Bruder Grantang Vishnus Sohn. Beide sind in Charakter und Erscheinung gegensätzlich: Cupak ist häßlich, faul und habgierig, Grantang aber schön, klug und fleißig. Wenn ihre Väter sie aufs Feld schicken, leistet Grantang die Arbeit, Cupak jedoch schläft und beschmiert Beine, Körper und Hände mit Erde, um den Eindruck zu erwecken, auch er habe emsig gearbeitet.

Eines Tages gibt der König von Daha bekannt, daß seine geliebte Tochter Mustikaning Daha (das Kleinod von Daha) von dem Riesen Detya Menarung entführt worden sei, wer den Dämon töte, würde seine Tochter zur Gemahlin erhalten. Die Zwillingsbrüder machen sich auf den Weg, um Mustikaning zu suchen. Unterwegs ißt und trinkt Cupak beinahe den ganzen mitgenommenen Vorrat an Nahrungsmitteln auf, Grantang bekommt in dieser sehr dramatisch und komisch getanzten Szene kaum etwas ab. Nach einigen Tagen kommen sie zum Palast des Riesen und klettern auf einen Tamarindenbaum, um alles gut beobachten zu können. Als sie die Prinzessin Mustikaning schreien hören, zittert Cupak vor Angst, der mutige Grantang aber steigt herab, versetzt durch seine magische Kraft als Göttersohn den Riesen in tiefen Schlaf und rettet die Prinzessin. Als Erstgeborener beansprucht jedoch Cupak die schöne Mustikaning für sich. Vor Freude über die gelungene Tat willigt Grantang ein. Die Prinzessin teilt mit, daß der schlafende Riese nur durch einen Schuß in den Mund getötet werden könne. Cupak bringt den Mut dazu nicht auf, Grantang nimmt Pfeil und Bogen und vernichtet den Dämon. Als Dank schenkt die Prinzessin ihrem Befreier einen wunderschönen Ring. Cupak behauptet dann zwar, er habe den Dämon vernichtet, aber die drei sind froh, zum König zurückkehren zu können.

Auf dem Rückweg schlafen sie bei einem Brunnen ein. Die Schwester des getöteten Riesen, Ni Butawili, raubt Mustikaning zum zweiten Mal und zieht sie hinunter in den Brunnen. Als die Brüder erwachen, hören sie das Schreien der Prinzessin in der Tiefe. Wieder ist es Grantang, der sie herausholen muß, denn Cupak behauptet, nur er sei so stark, das Seil festhalten zu können, mit dem Mustikaning und sein Bruder hinaufgezogen werden müßten. Grantang geht in den Brunnen und tötet Ni Butawili, die Prinzessin gelangt an dem Seil in die Freiheit, aber als Grantang hinauf will, schneidet Cupak das Seil durch und läßt seinen Bruder tief im Brunnen liegen. Der böse Cupak kehrt mit der Prinzessin an den Königshof zurück, wird wie ein Held empfangen und alles für seine Hochzeit mit Mustikaning vorbereitet.

In seiner Verzweiflung baut sich Grantang aus den Knochen der verwesten Riesin Ni Butawili mühselig eine lange Treppe, gelangt aus dem Brunnen, schleppt sich völlig entkräftet zum Königshof, wird dort aber ausgelacht. Cupak entbrennt in Wut, als er seinen Bruder wiedersieht, und versucht ihn auf andere Weise umzubringen. Er hetzt eine Hundemeute auf ihn, aber die Tiere lecken freundlich seine Hände. Dann läßt er ihn fesseln und in einen See werfen, aber ein Fischer rettet ihn und nimmt ihn in sein Haus auf. Als die Prinzessin vernimmt, daß Grantang noch lebt, läßt sie die Fischersfrau zu sich kommen und entdeckt an ihrer Hand den Ring, den sie Grantang geschenkt hatte. Heimlich trifft sie sich mit Grantang und überredet ihn, an den Hof zurückzukehren, sie werde die Wahrheit enthüllen. Doch der König hat Cupak seine Tochter versprochen, obwohl er häßlich ist. Die Prinzessin weint schrecklich und erklärt, nur den stärksten Mann heiraten zu wollen. Da läßt der König viele junge starke Männer kommen. Alle kämpfen vergeblich gegen Cupak, denn er ist Brahmas Sohn. Schließlich erscheint der sanftmütige Grantang, um den Kampf aufzunehmen. Cupak erkennt seinen Bruder nicht und verspottet ihn wegen seiner schmächtigen Gestalt. Grantang läßt Cupak anfänglich überlegen sein. Dessen Stolz und Dünkelhaftigkeit steigen maßlos. Dann aber bietet Grantang seine ganze Kraft auf und besiegt seinen Zwillingsbruder, der in die Verbannung geschickt wird. Jetzt steht der Hochzeit der Prinzessin Mustikaning mit Grantang nichts mehr im Wege. Edelmut, Menschlichkeit und Wahrheit haben triumphiert.

Die szenisch-tänzerische Gestaltung dieser schönen Geschichte ist sehr vielfältig und differenziert. Die gegensätzlichen Zwillingsbrüder stehen ganz im Mittelpunkt. Cupak erscheint als tyrannischer Typ mit langem Haar, schwarzem Schnurrbart und phantastisch aufgeputzt, manchmal auch mit Maske. Zwar bleiben seine Posen und Bewegungen majestätisch, stolz, denn er ist ja Brahmas Sohn, doch seine Feigheit, Gefräßigkeit und Faulheit sind auch durch ein ständiges selbstzufriedenes Lächeln nicht zu übertünchen. Grantang dagegen ist feinnervig, klug, bescheiden, gütig und agiert vor allem in den Szenen mit der Prinzessin sehr subtil. Wie Rama kann er aber auch enorme Kraft entwickeln, in dem entscheidenden Kampf gegen seinen Bruder glänzt er mit brillanten hohen Sprüngen. Mustikaning ist wie alle Prinzessinnen liebreizend, sanftmütig und elegant. Der König tanzt wie im Gambuh ganz statisch, beherrscht, mit energischen weiten Schritten. Die bösen Dämonen sind wie immer in phantastische Kostüme gehüllt, sie haben lange schwarze oder rote Haare, ihre Gesichter werden zu bösen Fratzen geschminkt oder von abscheuerregenden Masken verhüllt. Auch das komische Element kommt nicht zu kurz, etwa in der Freßszene Cupaks, besonders aber in teils clownesken Szenen am Königshof.

Wegen ihrer Beliebtheit, Unterhaltsamkeit und gewiß auch wegen ihrer ethisch-moralischen Werte wird die Cupak-Geschichte auch gern im Schattenspiel Wayang kulit gezeigt.

Das Tanztheater Tantri

Eine weitere Legende, die in Südbali als Tanzspiel aufgeführt wird, ist Tantri, nach einer javanischen Version der Märchen aus Tausendundeiner Nacht. Ein König verlangt jede Nacht nach einer anderen Jungfrau, die ihm Geschichten erzählen muß. Keiner gelingt es, den König mehr als einmal zu fesseln. Nur Tantri, einzige Tochter seines Patih, ist imstande, die Neugier des Königs durch immer wieder neue, nie endende Tiergeschichten wachzuhalten, so daß sie sich ihm unersetzlich macht und er sie schließlich heiratet.

Ursprünglich erschienen zu Beginn der König und Tantri ganz im Gambuh-Stil, bevor einige der Tierfabeln getanzt wurden. Doch schon seit mehreren Jahrzehnten verzichtet man auf diese zeremonielle Einleitung und beschränkt sich auf die manchmal geradezu grotesken Tiergeschichten. Da wird der König mit seinem Gefolge von einem Tiger mit Löwenschwanz gejagt, er klettert auf einige Erhöhungen, um sich zu retten. Oder ein komischer Affendämon übergibt dem König ein merkwürdiges blaues Affenbaby, das über einem Feuer gebraten und vom König verspeist wird; als die Affeneltern kommen, um ihr Baby abzuholen, beginnen der König und seine Getreuen heuchlerisch zu schluchzen. In diesen und anderen Geschichten werden verschiedene Typen von Tiercharakteren tanzend vorgestellt, der König und Tantri spielen nur noch eine untergeordnete Rolle.

Das Tanztheater Arja

Von den anderen Arten des Tanztheaters unterscheidet sich Arja vor allem dadurch, daß die Texte nur selten gesprochen, meist jedoch gesungen werden. Hier kommt es auf brillanten Tanz, gute Stimmen und geistreiche Komik an. Die Handlung wird vom Beginn um Mitternacht bis zum Ende beim Morgengrauen konsequent durchgeführt, also nicht wie im Gambuh von langen zeremoniellen Tänzen oder wie im Topeng durch die Auftritte von vielerlei Masken überwuchert. Auch das Sujet der Handlung ist weniger wichtig als die spannungsvolle Knüpfung, Durchführung und Lösung einer Intrige, also die Handlung selbst.

Arja scheint eine lange Tradition zu haben. Nach Soedarsono[10] ist es schon seit dem 17. Jahrhundert sehr populär gewesen, hat aber verschiedene Entwicklungsstadien durchlaufen. Früher wurde es nur von Männern getanzt und gesungen, das komische Element nahm noch nicht so breiten Raum ein wie jetzt. Es wird aber auch berichtet, daß Arja nur von Frauen und Mädchen gespielt wurde, wahrscheinlich gab es auch örtliche Varianten. Seit Beginn unseres Jahrhunderts bleiben die männlichen und die komischen weiblichen Rollen den Männern vorbehalten, die lieblichen Frauenrollen werden von Mädchen gespielt.[11]

Wie im Gambuh und Cupak sind auch im Arja alle Figuren typisiert. Da ist der jugendliche Held oder Prinz, der meist seine Geliebte sucht, bis er sie nach vielen Verwicklungen und Abenteuern endlich findet. Er ist festlich in Gold gekleidet, singt mit lauter, wehklagender oder jauchzender Stimme und tanzt sehr beherrscht, die Beine und Füße weit nach außen gedreht, ein Knie oft bis zur Hüfthöhe erhoben, die Handgelenke mit rückwärts gebeugten Fingern ständig in rollender Bewegung. Seine Stimmungen reichen von tiefstem Schmerz, wenn er seine Geliebte verloren zu haben meint, über höchste Erregung bei der Bezwingung eines Widersachers bis zur jubelnden Freude nach der glücklichen Lösung des Konflikts. Jede Emotion wird in bestimmten Bewegungsformen zum Ausdruck gebracht: Klägliches Weinen äußert sich in langsamen Drehungen mit gesenktem Kopf und herabhängenden Armen, erwartungsvolle Erregtheit in ruckartig sich verändernden straffen Körperhaltungen und überschäumendes Entzücken in hohen, virtuosen Sprüngen.

Der junge Held wird von zwei komischen Figuren begleitet, die zwar verschiedene Namen haben können wie Punta und Wijil oder Patih (Minister) und dessen Bruder Kertalah, aber stets dieselben Clownfiguren bleiben: der eine groß, würdevoll, sich pompös wie ein Pfau spreizend, der andere klein, mickrig, mit weißen Strichen auf Nase und Oberlippe, frech, ja unverschämt, aber lispelnd und stotternd. Der eine singt ein pathetisches Loblied auf seinen Herrn, der andere ahmt ihn urkomisch nach, beide führen lange getanzte Dialoge, machen viele Scherze, verspotten Stimmungen und Haltungen ihres Gebieters, trösten ihn aber auch, wenn er weint.

Da ist die jugendliche Heldin oder Prinzessin Galuh, sie ist, wie überall im balinesischen Tanztheater, immer anmutig, zärtlich und schön, ihre Tanzhaltungen und -bewegungen bleiben auch bei großer innerer Spannung in Situationen der Enttäuschung und Verzweiflung weich, graziös, alus. Sie wird von einer ebenfalls liebreizenden Condong und zwei, meist von Männern interpretierten komischen Figuren begleitet, die mit ihrer Herrin auch unter den abenteuerlichsten Umständen allerlei Schabernack treiben.

Und da sind ferner zwei Gegenspieler, die eine Intrige inszenieren und das edle Liebespaar in größte Bedrängnis führen. Der erste, Limbur, entweder eine Frau oder ein Mann, ist herrschsüchtig, mit tiefer Stimme, befehlenden Gesten, etwas exzentrisch, mit plötzlichem Zucken einer Schulter oder eines Handgelenks und merkwürdigem Schwingen des ganzen Körpers. Er oder sie ist meist Vater oder Mutter, Stiefvater oder -mutter eines der beiden Haupthelden. Limbur wird von einer ebenfalls abstoßend und überspannt gezeichneten männlichen oder weiblichen Gestalt begleitet. Der zweite Gegenspieler, Liku, ist eine häßliche, linkische, albern wirkende junge Frau, die meist im Auftrag Limburs anstelle der edlen Geliebten die Aufmerksamkeit des jugendlichen Helden auf sich zu lenken versucht. In manchen Stücken gelingt ihr das auch, bis kurz vor dem Ende die Intrige enthüllt wird und der Zusammenführung der positiven Helden nichts mehr im Wege steht. Diese humorvoll überspitzt gezeichneten Gegenspieler und die komischen Begleiter des edlen Liebespaares sind bei den Darstellern wie beim Publikum besonders beliebt, da sie sich durch individuelle Charakterisierungs- und Improvisationskunst auszeichnen müssen.

Die Stoffe der Arja-Stücke sind den verschiedensten literarischen Quellen entlehnt, dem Mahabharata-Epos, dem javanischen Panji-Zyklus oder balinesischen Erzählungen. Seit etwa zwanzig Jahren werden auch Teile des Ramayana vom Arja übernommen. Außerdem sind schon seit dem Beginn unseres Jahrhunderts Adaptionen chinesischer Erzählungen oder Geschichten aus der Kolonialzeit gebräuchlich. Auf die Sujets kommt es dabei weniger an als auf die Liebeskonflikte und die tänzerische und vokale Darstellung der edlen, komischen und bösen Typen. Sie tragen auch stets dieselben Kostüme, ob der jugendliche Held nun Arjunas Sohn Abhimanyu, ein chinesischer Prinz oder ein Engländer aus dem frühen 19. Jahrhundert ist. Limbur kann die Todesgöttin Durga, eine böse chinesische Schwiegermutter oder die intrigante Mutter eines reichen jungen Mannes aus dem arabischen Viertel Batavias sein.

Ein Beispiel nach einer balinesischen Erzählung mag den typischen Charakter und den dramaturgischen Aufbau der Arja-Stücke verdeutlichen. Galuh Daha ist die ältere Tochter des Königs von Daha, eine Prinzessin von berückender Schönheit. Als ihre Mutter stirbt, heiratet der König eine zweite Frau, die eine Tochter namens Liku, ein unansehnliches dummes Mädchen, gebärt. Die erste Prinzessin ist dem edlen Mantri Koripan als Gattin versprochen, aber ihre Stiefmutter – als herrschsüchtige Limbur – hat sie entführt und eingesperrt, um ihre eigene Tochter mit Mantri Koripan zu vermählen. Dieser erliegt der Täuschung und erkennt Liku als Braut an. Doch einer seiner Begleiter, der treue, aber freche Kertalah, entdeckt die Intrige und will seinen Herrn benachrichtigen, als dieser gerade mit seiner Braut in einem Tempel Opfer bringt. Mantri Koripan ist über diese Störung so empört, daß er Kertalah fesseln und auf den Friedhof bringen läßt. Dort erscheint dem verzweifelten Gefangenen um Mitternacht ein guter Geist, Kantong Bolong, der ihm magische Kräfte verleiht, so daß er sich der Fesseln entledigen und zu Koripan zurückkehren kann. Doch sein edler Herr läßt ihn ins Gefängnis sperren. Dank seiner magischen Kräfte läßt Kertalah seine Mitgefangenen ein ganzes Possenspiel ausführen, sie kämpfen miteinander, tanzen, schlagen Purzelbäume, machen Kopfstände und viele andere Scherze. Als Mantri Koripan das erfährt, ruft er Kertalah zu sich. Angesichts seines Herrn versagen jedoch die magischen Kräfte des treuen Dieners, Koripan läßt ihn zum dritten Mal gefangennehmen und verbannt ihn in den Wald. Dort begegnet er unerwartet der ersten Prinzessin Galuh, der es gelungen ist, aus dem Gefängnis ihrer Stiefmutter zu fliehen. Kertalah ist glücklich über diese Fügung und zaubert ihr einen märchenhaften Palast mit allem erdenklichen Komfort herbei. Als Mantri Koripan die Kunde von der schönen Prinzessin im Zauberschloß erfährt, eilt er herbei, um sich selbst von diesem Wunder zu überzeugen. Er erblickt Galuh Daha und verliebt sich augenblicklich in das schöne Mädchen. Als er nun endlich von Kertalah über die böse Intrige seiner Stiefmutter aufgeklärt wird und erfährt, daß Galuh seine wahre Braut ist, will er sie auf der Stelle heiraten. Doch Galuh Daha stellt die Bedingung, er soll erst ihre böse Stiefschwester Liku töten, die ihnen beiden soviel Leid zugefügt hat. Er willigt ein, vernichtet Liku, und mit der Hochzeit des geläuterten jungen Paares endet das Stück. Selbstverständlich spielen auch in diesem Stück außer Kertalah noch weitere komische Begleiter der beiden Protagonisten eine wichtige Rolle.

Arja ist bis heute eine der beliebtesten Arten des balinesischen Tanztheaters geblieben. Seine unterhaltsame wie auch ethisch-erzieherische Funktion hat nichts von ihrer Wirkung verloren.

48 Seudati-Tanz der Aceh in Nordsumatra

49 Rahwana in der Gestalt des Goldenen Hirsches, Topeng babakan, Westjava

50 Der böse Dämon Rahwana, Topeng babakan, Westjava

51 Maskenspiel Topeng babakan, Prinz Panji, Westjava

52 Volksmaskenspiel in Westjava

53 *Arjunas Sohn Abhimanyu und der Riese Cakil, Yogyakarta-Stil*

54 Abhimanyu und Cakil, Surakarta-Stil

55 *Kuda kepang – Tanz mit Pferdeattrappen in Zentraljava*

56 Gatotkaca fliegt zu Pregiwa und Pregiwati, historische Aufnahme am Hof in Yogyakarta

57 Arjuna und Gatotkaca aus dem Tanztheaterstück »Pregiwa-Pregiwati«, Yogyakarta

58 Damarwulan und Anjasmara in dem Stück »Damarwulan-Menakjingga«

59 Srikandi in dem Stück »Suprabhawati Tinanding«

60 Der Affenkönig Sugriwa und sein böser Bruder Subali

61 Prinz Panji mit seinen beiden Parekans (Dienern)

62 Bedaya Ketawang, Yogyakarta-Stil

63 Serimpi Renggawati, Sunda-Stil

64 Gambir anom, Yogyakarta-Stil

65 Arjuna, Yogyakarta-Stil, historische Aufnahme

66 Der Vogel Jatayu und Sinta

67 Gatotkaca gandrung, Surakarta-Stil, historische Aufnahme von 1929

68 Spiel mit der Schärpe im Sunda-Tanz

69 Kris-Tanz am Schluß des Barong-Tanztheaters

70 Barong kalekek, Shiva und Devi Sri

71 Barong und Affe im Barong-Tanztheater

72 Legong-Tänzerin auf Bali

73 Legong agung auf Bali

74 Maske Calonarangs als Rangda

75 Legong-Tänzerinnen auf Bali

76 Baris-Tänzerin auf Bali

77 Moderne Legong-Tänzerin auf Bali

78 Moderne Legong-Tänzerin auf Bali

79 Janger-Tänzerin auf Bali

80 Sitztanz Kebyar, Bali

81 Tari tenun – Webertanz

82 Pendet – Begrüßungstanz, Bali

83 *Tari kupu-kupu – Schmetterlingstanz, Westjava*

84 Kuda kepang ohne Pferdeattrappen, Zentraljava

85 Tambulilingan – Bienentanz, Bali

86 Legong-Tänzerin

87 Sonnenschirm-Tanz

88 Baris-Tanz, Bali

89–93 Moderne Ramayana-Aufführung, Java

Das Tanztheater Barong

Besonders charakteristisch für die völlige Verschmelzung vorhinduistischer magischer Vorstellungen und Riten mit dem klassischen Tanz auf Bali sind mehrere Tanzspiele mit dem mythischen Fabeltier Barong. Andererseits zeugt die Ausweitung magischer Zeremonien zu dramatischen Tanzspielen von der außergewöhnlichen Vorliebe der balinesischen Dorfbevölkerung für die künstlerisch gestaltete Darstellung mythisch-legendärer Geschichten.

Barong gilt, wie wir bereits gesehen haben,[12] als Repräsentant des Guten, der Sonne und des Lichts, seine Gegenspielerin, die Hexe Rangda, personifiziert das Böse. Doch beide haben nach mythischer Vorstellung einen gemeinsamen Ursprung. Das Gute und Böse gehören als elementare Gegensätze zusammen und hausen überall nebeneinander.

Es gibt auf Bali eine Legende, daß Barong eine Emanation Rangdas sei. Als er sich während einer Opferhandlung auf die Seite der Dorfbewohner gegen Rangda stellte, nahmen sie ihn als ihren Beschützer an. Seitdem gelte Barong als Schutzgeist des Dorfes, als Hüter der Wälder und Wächter der Friedhöfe, wo er die todbringende Wirkungskraft Rangdas zu bannen imstande sei. Nach einer anderen Legende lebte auf der südöstlich von Bali gelegenen kleinen Insel Nusa Penida ein riesiger böser Dämon mit gewaltigen Krallen namens Gde Jero Mecaling. Eines Tages kam er wieder einmal mit vielen kleinen bösen Geistern, Leyak, nach Bali und nahm dort die Gestalt des Barong an. Mit ihm verbreiteten sich die Leyak über die ganze Insel und brachten Unglück und Krankheiten über die Bevölkerung. Da kam ein Balian, Schamane und Priester, auf eine eigenartige Idee: Er ordnete an, einen künstlichen Barong herzustellen, um den richtigen Barong und die Leyak zu erschrecken. Der Plan gelang, der riesige Dämon und seine vielen kleinen Gehilfen zogen sich wieder nach Nusa Penida zurück. Seitdem sollen in den Dörfern Balis Barongs gemacht worden sein, um böse Geister zu vertreiben.

Von den verschiedenen Barong-Figuren mit Tiger-, Bären-, Elefanten-, Löwen- oder Kuhmaske, die in vielen Dörfern Balis zu rituellen Zwecken verwendet werden, besonders zum Neujahrsfest Galungan, wenn die Ahnen vom Gunung Agung herabsteigen, hat sich im Barong-Tanztheater der *Barong keket*, ein phantastisches vierbeiniges Fabelwesen ohne äußere Ähnlichkeit mit irgendeinem Tier, durchgesetzt. Ein langer, aus Bambusstäben zusammengesetzter Körper ist mit langen weißen Haaren aus gebleichten Palmblättern, Hahnenfedern und kleinen, spiegelnden Perlmutt-Plättchen bedeckt. Sein hochgebogener Schwanz sieht golden aus und ist mit Pfauenfedern und kleinen Schellen verziert, die bei jeder Bewegung zart und hell erklingen. Eine hohe, vergoldete Krone ziert den Kopf mit dem roten Gesicht und herausquellenden Augen, breiten hölzernen Kiefern und einem langen, blumengeschmückten Bart. Wenn Gefahr naht, klappert er im Rhythmus des begleitenden Gamelan laut mit den Kiefern und vermag damit den bösen Geistern Angst zu machen. Der Bart ist das Zentrum seiner Macht, er wird mit heiligem Wasser durchtränkt, das ein Priester in einer Kokosnußschale darunter hält.

Zwei Männer in langen, quergestreiften Hosen bewegen den Barong, nur ihre Beine sind sichtbar. Der vordere Tänzer gibt das Tempo und die Richtung der Bewegungen an, er läßt auch die Kiefer klappern. Der hintere folgt ihm, muß aber bei Drehungen im Kreis weite Tanzschritte machen. Ihr Zusammenspiel erfordert äußerste Präzision. Wenn der Barong zwischen den am Tempelausgang aufgestellten Schirmen erscheint und in die gefährliche Außenwelt schreitet, schaut er sich erst vorsichtig um, zieht sich mehrmals wieder zurück wie der Kopf einer Schildkröte (vgl. Abb. 26). Mit langsamen Schritten steigt er die Tempelstufen herab in völligem Einklang mit der Musik, wendet sich in verschiedene Richtungen, dreht sich um sich selbst, wakkelt mit dem Hinterteil, kniet einige Male nieder, legt sich auch auf den Boden, den Kopf zur Seite wendend und mit dem Schwanz wedelnd. Beim Erscheinen der Hexe Rangda legt er sich platt auf die Erde, klappert mit den Kiefern und springt plötzlich mit allen vieren gleichzeitig hoch. Im Kampf mit dem Bösen schreitet er mit gekreuzten Knien, kriecht vor- und seitwärts, läßt seine lange Zunge erzittern, um sich dann wieder drohend zu erheben, den Kopf wild hin und her drehend. Mit einer erstaunlichen Vielfalt von Bewegungen und Geräuschen bei genauer Übereinstimmung von Tanz und Musik kann er die Zuschauer ganz allmählich oder urplötzlich von gespannter Ruhe in die höchste Erregung versetzen.

Rangda bedeutet auf balinesisch Witwe, ein Begriff, der Scheu und Furcht hervorruft, denn sie ist ja die Frau eines Geistes. Rangda wird mit allem Bösen und Schrecklichen assoziiert, ihr Erscheinen ruft auch heute noch bei vielen Dorfbewohnern Angst und Trancezustände hervor. Sie trägt eine Maske mit langen, zottligen Tressen aus Ziegenhaar, die von einer großen, buschigen Perücke über Schultern und Rücken bis fast zur Erde reichen. Ihr Gesicht ist glitzernd weiß mit goldenen Augenbrauen, enorm großen Augen, wulstiger Nase, fletschenden weißen Zähnen, zwei giftigen Eckzähnen, die wie Hauer bis zur Stirn reichen, und einer lang herabhängenden roten Zunge mit Flammenornamenten. Arme und Beine sind mit gestreiftem Stoff umhüllt, an dem struppiges Haar baumelt. Sie trägt lange Handschuhe mit behaarten Fingern und sehr langen, beinahe durchsichtigen magischen Fingernägeln. Wenn sie am Tempelausgang erscheint, streckt sie erst die Arme vor und läßt die Finger zittern. Ihr Tanz kann sehr ungestüm sein: Sie stößt heisere Schreie aus, schleudert ihren Körper vor- und rückwärts, so daß die zottligen Haare hoch auffliegen oder über den Erdboden fegen, konvulsivische Zuckungen und ganz stilles Beobachten des Barong wechseln einander ab, dann wieder wirft sie sich auf die Erde. Wenn sie den zurückweichenden Barong angreift, streckt sie ihre Pranken mit zitternden Fingernägeln über ihm aus. Ab und zu ergreift sie zwei lange, gebogene Banner, die sie am Ende kreuzt als Symbol des Wegfliegens durch die Luft.

Der Kampftanz des Barong gegen Rangda ist außerordentlich dramatisch. Kurz vor dem Ende scheint der Sieg des Barong noch in Frage zu stehen, doch da schnellen nur mit einem Lendenschurz bekleidete Männer mit Krissen zu seiner Hilfe herbei. Aber Rangda versetzt sie in Selbstvergessenheit, so daß sie die Krisse gegen sich selbst richten. Einige springen wild umher, andere werfen sich schreiend auf den Boden, wieder andere bleiben verzückt stehen und pressen den Kris auf die Brust (Abb. 69). Die Magie des Barong macht sie jedoch unverletzlich. Sobald Rangda entflogen ist, eilt der Priester herbei, besprenkelt die Männer mit heiligem Wasser und führt sie zum Barong, mit dessen Bart ihre Gesichter gewischt werden. So erwachen sie aus ihrer Trance. Mit diesem äußerst erregenden Kristanz endet das Schauspiel. Der Sieg des Barong bedeutet aber nicht, daß Rangdas böse Macht vernichtet ist. Sie wurde nur auf den Friedhof vertrieben, wo die böse Hexe haust.

Dieser Kampftanz wird in vielen Dörfern Balis in zahlreichen Varianten ausgeführt. Im Barong-Tanztheater nimmt er innerhalb einer längeren Handlung eine zentrale Stellung ein. Rangda tritt oft nicht selbst auf, sondern ist in einer anderen bösen Gestalt verkörpert. Drei Beispiele mögen zeigen, wie verschieden dieses Tanztheater sein kann.

Barong und Rangda gehören zu den irdischen Erscheinungen der Götterwelt, in manchen Barong-Spielen treten jedoch die Götter selbst auf, besonders Shiva und seine der schwarzen Magie fähige Gattin Devi Sri, die als Göttin der Fruchtbarkeit geehrt und gleichzeitig als Todesgöttin Durga gefürchtet wird. Das Tanzspiel *Barong Kalekek* beginnt mit einem Zweitanz Shivas mit Devi Sri auf dem heiligen Berg Waralau (Abb. 70). Plötzlich fordert der Gott seine Gattin zum Beischlaf auf, sie verweigert sich jedoch, da sie nur auf Reisen zu diesem Berg seien. Shiva wird böse, ergießt seinen Samen in eine Höhle und zeugt dank seiner übernatürlichen Kräfte Zwillinge, einen Sohn namens Kalawenara und eine Tochter, die er Kalekek nennt. Er gebietet seinen Kindern, Nahrung für Opfergaben zu suchen. Devi Sri ist zutiefst beleidigt und will ihrem Gatten beweisen, daß sie ihm an magischen Kräften nicht nachsteht. Während sie ein Bad nimmt, legt sie ihre Kleider auf das Grab einer erst kürzlich verstorbenen schwangeren Frau. Aus dem Grab erscheint ein Mädchen, dem sie den Namen Butaseliwar gibt. Aber da ihr Gatte zwei Kinder gezeugt hat, bringt sie noch einen Sohn Cuwildaki hervor. Eines Tages sucht Shivas Tochter Kalekek in Gestalt des Barong auf einem Friedhof nach Nahrung für eine Opfergabe. Da begegnet sie Butaseliwar und Cuwildaki, die ebenfalls Nahrung suchen. Die beiden Nachkömmlinge der Devis Sri greifen Barong Kalekek an, ein heftiger Kampf entbrennt. Barong Kalekek verteidigt sich mutig, doch schließlich unterliegt er der Übermacht seiner beiden Gegner, die ein Feuer entzünden und ihn zu Asche verbrennen. Als Shiva erfährt, daß seine geliebte Tochter getötet wurde, richtet er seine Wut gegen seine Gattin, die indirekt Schuld daran trüge und ihn schmählich beleidigt hätte. Er straft sie mit dem Verbot, in den Götterhimmel zurückzukehren, und dem Befehl, als schrekkenerregende Todesgöttin Durga auf dem Friedhof zu bleiben. Dann erweckt Shiva Kalekek von neuem zum Leben und gebietet ihr, Durga bei den Gräbern zu bewachen. Als Banaspati Raja, Königin des Waldes, stehen ihr stets Kristänzer zur Seite, um Durga zu bekämpfen.

In einem anderen dramatischen Barong-Spiel wird die Herkunft der schwarzen Magie und der Hexe Rangda ganz anders erzählt. Schauplatz der Handlung ist Nordsumatra. Dort lebte einmal ein König von Sandipura, der den schönsten Garten der Welt anlegen ließ, aber noch nie eine Frau berührt hatte. Gleichzeitig praktizierte die Witwe des Königs von Medan in ihrem Reich die schwarze Magie. Sie hatte eine Tochter namens Sinimbar, die so rein war, daß sie sich nur vom Duft der Blumen ernährte. Sinimbar erfährt von dem schönen Garten des Königs von Sandipura, zieht mit ihrem Gefolge dorthin und ist von dem Blumenduft bezaubert. Doch der Gärtner berichtet seinem König, daß sein Garten zertreten worden sei. Daraufhin begibt sich der König mit seinem Patih und weiteren Höflingen zum Garten, sieht die Zerstörung und befiehlt dem Patih, Sinimbars Dienerinnen festzunehmen und zu schlagen. In einem Zweitanz des Königs und Sinimbars entschuldigt sich die junge Prinzessin und bietet pures Gold als Schadenersatz an. Aber der König sagt, er sei kein Kaufmann, er verlange vielmehr, daß sie bei ihm bleibe und seine Gemahlin werde. Daraufhin fliegt sie hoch in den Lüften davon. Der König ist traurig und weint, da kehrt Sinimbar zurück. Beide beschließen, zu ihrer Mutter nach Medan zu ziehen und diese um ihre Einwilligung zu bitten. Zuvor aber erklärt er ihr, daß dieser Garten auf Shivas Beschluß als Ehrenfriedhof heilig sei und von Banaspati Raja, der Königin des Waldes, persönlich beschützt werde, vor Sinimbar habe noch nie ein fremder Mensch diesen Garten betreten. Dem Wunsch des Königs folgend, erscheint Banaspati Raja in Gestalt des Barong vor den beiden. Der König und Sinimbar begeben sich nach Medan und erwirken die Einwilligung zur Heirat. Um die Hochzeit vorzubereiten, zieht der König wieder in sein Reich Sandipura. Sinimbars Mutter jedoch, die böse Witwe in Gestalt Rangdas, entsendet ihre Dienerin Larong in den Ehrenhain von Sandipura, dort trifft sie mit dem Barong zusammen. Es kommt zu einem schweren Kampf zwischen beiden. Larong entgeht nur knapp der Niederlage, weiß aber fliegend zu ihrer Meisterin nach Medan zu entfliehen. Daraufhin eilt die böse Witwe selbst als Rangda nach Sandipura und fordert Banaspati Raja, also den Barong, zum Kampf heraus. In diesem langen, heftigen Gefecht geht die schwarze Magie als Siegerin hervor, der Barong und alle, die ihm zu Hilfe eilen, werden von Rangda getötet. Als der König die Nachricht erhält, daß seine zukünftige Schwiegermutter eine Hexe ist, verzichtet er auf die Hochzeit mit Sinimbar. In ihrer Wut bittet sie daraufhin die Todesgöttin Durga um Erlaubnis, dem Königreich Sandipura Schrecken und Tod zu bereiten. Nachdem schon viele Menschen gestorben waren, ruft der König seine Minister und Priester zusammen, schickt seinen Patih Maling Maguna nach Medan, um die böse Witwe zu töten, doch er wird von ihr ermordet. Daraufhin befiehlt der König, das ganze Königreich Medan durch Feuer zu verwüsten. Aber die Todesgöttin Durga warnt Rangda noch rechtzeitig, so daß sie aus Medan fliehen kann. Sie zieht über das Land und die See und läßt sich auf Bali nieder. Seit dieser Zeit praktiziert sie dort die schwarze Magie.

Von weiteren Barong-Spielen ist vor allem die Verbindung der Barong-Rangda-Mythe mit einer Episode aus dem Mahabharata bekannt geworden. Seit den sechziger Jahren wird dieses Tanzspiel *Barong Kuntisraja* mit großem Erfolg in Batubulan vor ausländischen Touristen aufgeführt. In einem Vorspiel erscheinen zunächst einige maskierte Figuren: Ein Tiger mit einem Affen als Begleiter und drei Männer, die im Wald Palmwein herstellen. Die drei Männer werden böse und greifen den Tiger an. Der Kampf, in dem der Affe possierlich hin und her springt, endet damit, daß der Tiger einem der Männer die Nase abschlägt. Nun erst beginnt das eigentliche Spiel, an dem der Affe als lustige Figur mehrmals teilnimmt (Abb. 71). Zunächst treten zwei schöne junge Mädchen auf, es sind die Dienerinnen Rangdas, sie erwarten die Ankunft zweier Höflinge der Königin Devi Kunti. Sobald diese erschienen sind, verwandeln sich Rangdas Dienerinnen in Hexen und bedrängen die Höflinge. Jetzt tritt auch der Patih der Königin auf, der mit den Höflingen das Schicksal des Prinzen Sadewa beklagt, der noch am gleichen Tag der bösen Rangda geopfert werden soll. Nun treten die Königin Devi Kunti selbst und ihr Sohn Sadewa auf, der von einem ganz jungen Mädchen getanzt wird. Die Mächte des Bösen in Gestalt zweier Hexen ergreifen Besitz von der Königin und dem Patih. Devi Kunti befiehlt ihrem Minister, den Prinzen Sadewa auf den Friedhof zu bringen und ihn an einen Baum zu fesseln. Rangdas Macht scheint nun über alle zu triumphieren. Doch da kommt als Retter in der Not Gott Shiva in Gestalt eines Priesters herbei und verleiht Sadewa Unsterblichkeit. Nun erscheint Rangda als Todesgöttin Durga und will Sadewa vernichten. Als sie erkennt, daß ihr das nicht gelingen kann, gibt sie sich geschlagen und bittet Sadewa, sie zu töten. Der edle Prinz lehnt ab, und Durga verschwindet. Jetzt sendet Rangda ihre schreckliche Gehilfin Kalika zu Sadewa. Auch sie bittet den Prinzen, sie zu vernichten. Sadewa weigert sich abermals. Dank ihrer Zauberkraft verwandelt sich Kaleka in einen starken Bären und greift den Prinzen an, doch sie wird von Sadewa geschlagen. Auch in Gestalt eines riesigen Vogels gelingt es ihr nicht, den Prinzen zu überwinden. Schließlich erscheint sie als Rangda selbst mit entsetzenerregender roter Maske und langen schwarzen Haaren. Trotz seiner Unsterblichkeit ist Sadewa nicht fähig, sie zu töten. Er versinkt in Meditation, mit Hilfe der Götter verwandelt er sich in den Barong. Ganz allmählich entwickelt sich ein immer heftiger werdender Kampf zwischen ihm und Rangda. Auch als der Barong seine Gehilfen, die Kristänzer, zu Hilfe ruft, bleibt der Kampf unentschieden. Da berührt der Barong die Hexe Rangda mit seinem magischen Bart, und ihre Zauberkraft erlischt. Ein Priester bespritzt die Kristänzer mit heiligem Wasser, worauf sie unverletzt aus ihrer Trance erwachen.

So symbolisiert das Ende auch dieses Barong-Spiels, daß die Mächte des Bösen nicht vernichtet, sondern trotz aller moralischen und auch physischen Überlegenheit des Barong nur vertrieben werden können und weiter existieren.

Das Tanztheater Calonarang

Mit dem Spiel um Barong und Rangda eng verbunden ist das Calonarang-Tanztheater. Doch während Barong auch tagsüber aufgeführt wird, besonders vor Touristen, hat jede Calonarang-Vorstellung in Südbali noch stets eine gewisse exorzistische Bedeutung, sie findet nur an bestimmten Tagen in der Nähe eines Friedhofs statt und beginnt erst um Mitternacht. Anwesend sind beinahe ausschließlich Einheimische. Wegen der in diesem Tanzspiel vorherrschenden magischen Zauberkräfte, des Kampfes zwischen der schwarzen und weißen Magie, bemächtigt sich der Zuschauer meist große Erregung, Kinder und ängstliche Menschen werden gewarnt, es sich anzusehen.

Für die Aufführungen wird ein großer Platz mit einem Papaya-Baum in der Mitte gewählt, um den Calonarang mit ihren Gehilfinnen, den Sisia, tanzt. Von der einen Seite erscheinen im flackernden Licht zweier Fackeln die handelnden Figuren, auf der anderen befindet sich etwas erhöht ein kleines Bambushäuschen, das über eine mit Blättern verzierte und von zwei großen Schirmen umsäumte Bambusbrücke erreichbar ist. Dort haust die böse Hexe Calonarang. Jedermann auf Bali kennt ihre Geschichte.

Diese beruht auf legendarisierten historischen Vorgängen aus der Zeit König Erlanggas. Die Witwe Calonarang lebte mit ihrer Tochter Ratna Manggali in einem Bambushäuschen. Doch wegen der magischen Zauberkräfte ihrer Mutter wagte niemand das außergewöhnlich schöne Mädchen zu freien. Calonarang war darüber sehr böse und brachte der Todesgöttin Durga Opfer, die ihr befahl, Krankheit und Elend über die Insel zu bringen. So tanzte sie Tag und Nacht mit ihren Gehilfinnen. Als nun die Pest ausbrach, schickte Erlangga bewaffnete Truppen zu ihr, aber Calonarang spie aus ihrem Mund, ihren Augen und Ohren Feuer und vernichtete sie. So verbreitete sie mit ihren Sisia Angst und Entsetzen. Erlangga bat daher den mächtigen Priester und Beherrscher der weißen Magie Mpu Baradah um Hilfe. Dieser schickte seinen Sohn Bahula zu Calonarang, um deren Tochter zu freien. Calonarang war darüber sehr erfreut und gab ihre Einwilligung. Als Bahula der schönen Ratna Manggali seine Liebe erklärte, bat er sie, ihm das Geheimnis von Calonarangs magischen Kraft mitzuteilen. Diese hätte sie aus einem heiligen Buch geschöpft, erklärte ihm Ratna Manggali. Auf Bahulas Drängen übergab Calonarang ihm dieses Buch, das er sogleich seinem Vater Baradah überreichte. Der weise Priester entdeckte, daß in diesem Buch nur Gutes stand, das aber von Calonarang zu bösen Zwecken mißbraucht wurde. Daraufhin begab sich Baradah selbst mit dem Buch zu Calonarang, um sie von der Verwerflichkeit ihrer Handlungen zu überzeugen. Die Begegnung dieser beiden mächtigen Personen führte zu einem heftigen Streitgespräch. Baradah klagte die Hexe wegen ihrer furchtbaren Taten an, die nur durch den Tod gesühnt werden könnten. Calonarang wurde wütend und ließ, um die Macht ihrer Magie zu beweisen, einen großen Banyan-Baum in Flammen aufgehen. Da forderte Baradah sie auf, den Baum wieder zum Leben zu erwecken. Doch das vermochte sie nicht. Dank seiner weißen Magie gelang jedoch dem weisen Priester dieses Wunder. Endlich gab sich Calonarang geschlagen, und Baradah wies ihr den Weg in den Himmel. Soweit die Legende.

Diese wird in dem Tanztheaterspiel jedoch nicht als durchgehende Handlung dargestellt, sondern als Folge einzelner Teile. Zunächst treten die vier Gehilfinnen Calonarangs auf. Ihr schon an anderer Stelle erwähnter Tanz[14] ist trotz magischer Verzückung außerordentlich beherrscht und bis in die kleinsten Details aufeinander abgestimmt. Sie tragen weiße Brusttücher, lange grüne Röcke, je zwei schmale, von den Hüften herabfallende seidene Schärpen und weiße Kopftücher. Sie trippeln in Zickzackbewegungen mit rechteckig abgewinkelten Armen um den Baum, die Handgelenke ständig graziös, manchmal auch erregt zitternd. Dann schleudern sie die Arme hoch, bewegen sich rasch in Kreisen, senken sich plötzlich mit gebeugten Knien und erheben sich sogleich wieder auf die Zehenspitzen. Sie senken die Köpfe, neigen die Oberkörper nach vorn und machen beschwörende Armbewegungen. In exakter Übereinstimmung mit der Gamelan-Musik schreiten sie zierlich vorwärts, machen unvermittelt schnelle Sprünge, tanzen zu zweit Rücken an Rücken, dann nach rascher Drehung wieder einander zugewandt.

Danach erscheint die schöne Ratna Manggali, die vier Sisia treten abwartend zur Seite. Mit zarten, eleganten Bewegungen, die Augen keusch niedergeschlagen, tanzt sie ein langes Solo. Dann erst tritt Calonarang selbst auf in Gestalt eines alten Weibes mit drohend geschwungenem Stock – diese Rolle wird von einem älteren Mann getanzt. Mit ruckartigen Körperbewegungen, fortwährendem Hin- und Herschwanken, sich ab und zu auf den Stock stützend, führt sie einen furchterregenden Hexentanz aus. Die vier Sisia knien demütig vor ihr nieder. Mit krächzender Stimme ermahnt Calonarang ihre Gehilfinnen, noch mehr Unglück über das Land zu bringen. Sie werfen ihre Kopftücher ab, so daß ihr langes schwarzes Haar lose herabfällt. Wild kreischend zieht sich die Hexe über die Brücke in ihr Bambushäuschen zurück.

Von der anderen Seite stürzt ein Bauer herein und erzählt ganz aufgeregt, er habe Leyak, böse Geister, gesehen. Ihm folgt ein komischer Begleiter. Gleich danach erscheinen ein Leyak mit schreckenerregender Maske und mehrere grotesk-unheimliche Figuren, darunter ein nackter Junge mit weiß geschminktem Gesicht und um die Hüfte gebundenem Schwanz. Sie führen einen schaurig-skurrilen Grabtanz für ein gestorbenes neugeborenes Kind aus. Da tritt der Abgesandte König Erlanggas, festlich in Rot und Gold gekleidet, mit raschen, stolzen Bewegungen auf. Mit befehlenden Gebärden schreitet er über den ganzen Tanzplatz und macht dem Teufelsspuk ein Ende. Seine komischen Begleiter imitieren seine Haltungen und nähern sich neugierig dem Hexenhaus. Schließlich erscheint König Erlangga persönlich mit einem Kris bewaffnet. Er geht über die Brücke zum Bambushäuschen und fordert Calonarang zum Kampf heraus. Sie kommt, jetzt aber als Rangda mit Maske (Abb. 74) und langen Fingernägeln. Während die Musik mit heftigen Akzenten in schnellem Tempo erklingt, sticht der König mit dem Kris, Rangda wehrt sich mit einem Zauberstab. Mit wilden Gebärden greifen der Abgesandte Erlanggas und seine Begleiter in den Kampf ein. Nachdem das Gefecht eine ganze Weile unentschieden getobt hat, zieht sich der König mit seinem Gefolge zurück. Rangda tanzt triumphierend um den Baum.

In einigen Versionen dieses Tanzspiels folgt nun der Auftritt des Priesters Mpu Baradah, die Werbung seines Sohnes Bahula um Ratna Manggali und deren festliche Hochzeit. In anderen Fassungen gerät Rangda bei ihrem Triumphtanz in Trance, sticht sich selbst mit dem Kris, und erst nach dem Liebestanz Bahulas mit Ratna Manggali tritt Baradah im Priestergewand mit dem magischen Buch in der Hand auf. Mit beschwörender Falsettstimme fordert er Calonarang auf, ihre Schreckenstaten zu beenden. Sie erscheint jetzt wieder als alte Frau, wild mit ihrem Stock fuchtelnd, aber schon vor Furcht zitternd. In einem trotzigen Tanz versucht sie, die weiße Magie des Priesters zu brechen. Sie verwandelt sich noch einmal in Rangda, mit hitzigen Gebärden um den Baum tanzend, wirft sie ein großes Tuch über die Zweige, damit die Illusion erweckend, sie habe den Baum vernichtet. Nach einem turbulent getanzten Dialog zieht Baradah das Tuch herunter und schlägt die Hexe nieder, ohne sie jedoch zu töten. Die weiße Magie hat gesiegt, aber das Böse existiert weiter.

Bisweilen wird auch eine Kombination des Calonarang mit dem Barong aufgeführt. Zunächst erscheint der Barong als Symbol des Guten, dann folgt Calonarang mit ihren Sisia, auch der König tritt auf, doch die Stelle seines Abgesandten nimmt der Barong ein. Den Höhepunkt bildet dann der Kampf des Barong gegen Calonarang alias Rangda, die zum Schluß vom Barong und den Kristänzern geschlagen wird.

Von den zahlreichen Arten des balinesischen Tanztheaters zeigt Calonarang am deutlichsten die Symbiose gentilgesellschaftlicher Riten, vor allem exorzistischer Zeremonielle, mit dem an den Königshöfen vom Hinduismus geprägten klassischen Tanz. Calonarang wird auch heute noch zelebriert, um drohende Gefahren, besonders Epidemien, abzuwenden.

Das Tanztheater Baris Melampahan

Die außergewöhnliche Beliebtheit des Tanztheaters auf Bali veranlaßte im Laufe der Zeit einige hervorragende Tänzer, zeremonielle Riten zu verselbständigen, sie mit der Einführung von Sujets aus der hinduistischen Mythologie zu theatralischen Vorführungen zu erweitern und umzufunktionieren. So hat, wie schon an anderer Stelle erwähnt,[15] der Tänzer Limbak um 1930 den rituellen Beschwörungstanz Kecak, ursprünglich ein Bestandteil der Sanghyang-Zeremonien, durch die Einfügung einer Episode aus dem Ramayana zu einem eindrucksvollen Tanzspiel entwickelt und ihm als »Affentanz« eine völlig neue Bedeutung gegeben. In ähnlicher Weise schuf wahrscheinlich schon gegen Ende des vorigen Jahrhunderts ein bisher unbekannt gebliebener Tänzer aus den großen martialischen Baris-Zeremonien, die wir bereits kennengelernt haben,[16] das heroische Tanztheater *Baris Melampahan*, theatralische Darbietungen von klassischer Schönheit und enormer Brillanz.[17] Die in höchster Vollkommenheit stilisierten Baris-Kampftänze geben diesen Spielen zwar die charakteristische Gestalt, doch sie sind in eine konkrete Handlung eingebaut und zu einer dramaturgisch konsequenten Folge glänzender Solo-, Duo- oder Gruppentänze heroischer Gestalten ausgeweitet. Die Spiele erreichen stets im Kampf zweier oder mehrerer herausragender Charaktere ihren Höhepunkt.

Bevor die eigentliche Handlung einsetzt, beginnt das Baris-Melampahan-Spiel mit einer Reihe von Tänzen, die den zeremoniellen Riten entsprechend von zwei bis drei oder auch fünf bis sechs Tänzern ausgeführt werden. Im Gegensatz etwa zum Gambuh und Calonarang stellen diese Tänzer keine Begleitfiguren der Hauptcharaktere dar, sondern einige von ihnen verkörpern in der anschließenden Handlung die wichtigsten Helden, ohne sich indessen anfänglich als solche vorzustellen.

Die Fabeln des Baris Melampahan sind den Epen Ramayana und Mahabharata entlehnt, allerdings werden nur solche Episoden ausgewählt, die in einem dramatischen Kampf zwischen den Hauptfiguren gipfeln.

So versucht Curpanakha, die dämonische Schwester des Riesen Rahwana, die edlen Helden Rama und Laksmana zu verführen, doch in einem äußerst heftigen Kampf schlägt Laksmana der gefährlichen Hexe, die auch von einem nur wenig geschminkten Mann getanzt wird, die Nase ab, mit »fliegenden« Bewegungen auf Zehenspitzen eilt sie durch die Luft hinweg. Rahwana will nun seine gedemütigte Schwester rächen. In einem langen Zweitanz beobachten sich Laksmana und Rahwana zunächst sehr argwöhnisch, allmählich werden ihre Drehungen schneller, ihre Sprünge höher, ohne sich jedoch zu berühren, bis schließlich Laksmana in höchster Erregung den Riesendämon besiegt. Danach folgt ein komisches Intermezzo, in dem einige Begleiter Laksmanas die Bewegungen ihres Herrn mit akrobatischer Fertigkeit parodieren. Als dann anstelle des geschlagenen Rahwana zwei furchterregende Rangda mit langen Fingernägeln erscheinen, laufen die komischen Gestalten ängstlich weg. In seinem dritten Kampf bezwingt Laksmana dann die beiden Rangda. Aus dem Ablauf dieses Spiels ist ersichtlich, daß nur einige Figuren des Ramayana übernommen worden sind, es fehlen beispielsweise Sugriwa, Hanuman und das Affenheer. Die Gestalten der Rama-Legende dienen hier nur als positive und negative Helden zur Darstellung mehrerer brillanter Baris-Tänze. Auch der Raub der Nymphe Subhadra durch Arjuna und sein Kampf gegen den Riesenkönig Newatakawaca aus der javanischen Mahabharata-Adaption wird in einem weiteren Baris-Tanzspiel sehr suggestiv gestaltet.

Alle Baris-Tänzer zeichnen sich durch heroische, ja majestätische Haltungen und Bewegungen aus. Sie tragen eng anliegende weiße Hosen und eine seidene Jacke, bis zu den Knien sind sie mit prächtigen bunten – gefärbten oder mit Blattgold verzierten – Bändern geschmückt, die während des Tanzens ständig mitschwingen. Ihre Kopfbedeckung besteht aus einer breiten, nach oben spitz zulaufenden dreieckigen Krone, die mit kleinen, bei jedem Wenden des Kopfes erzitternden Silber- und Perlmutt-Stückchen oder an Drähten befestigten Blumen reich verziert ist.

Alle Figuren des Baris Melampahan tanzen in einem eigenen Stil, dem der Baris-Tänze. Im Unterschied zum Wayang wong, Parwa und anderen Arten des balinesischen Tanztheaters tanzen edle Helden wie Rama, Arjuna oder Kresna nicht alus, also verfeinert, ruhig, beherrscht, sondern ihre Gesten und Bewegungen bleiben bei aller Virtuosität und Lebendigkeit stets erhaben, prächtig. Nur die edlen weiblichen Hauptfiguren und ihre Begleiterinnen tanzen alus, sie erscheinen in festlicher Kleidung und mit einem Legong-Kopfschmuck. Auch die komischen Figuren bewegen sich im Baris-Stil. Sie sind immer irgendwie in die Kämpfe ihrer Herren verwickelt und entfalten eine außerordentliche Virtuosität. Doch gerade das Verspotten des Erhabenen, Majestätischen wirkt belustigend. Wenn sie den Liebestanz Arjunas und Subhadras parodieren, springen sie in die unglaublichsten Posen und improvisieren mit viel Witz und Humor. Wie die Baris-Tänze wird auch Baris Melampahan stets von einem großen, klangvollen Gamelan-Orchester begleitet.

Schon die einleitenden Tänze sind charakteristisch für den Baris-Stil. Der Tänzer erscheint mit weit auswärts gedrehten Knien, das eine Bein rechtwinklig erhebend und ruhig niedersetzend. Mit sachten Schritten, immer die Beine nach außen gewendet, bewegt er sich vorwärts. Plötzlich folgen mehrere rasche Schritte, ab und zu bleibt er auf einem Bein stehen, das andere mehr oder weniger hoch erhoben. Während des Schreitens ergreift er die bunten Bänder seiner Kleidung, läßt sie erzittern oder hoch aufwirbeln. Zwischendurch macht er einige hohe Sprünge in verschiedene Richtungen. Dann wieder blickt er auf seine nach außen gedrehte Hand, hält sie wie einen abwehrenden Schild, schaut vorsichtig nach rechts und links, als ob er das Nahen eines Gegners erwartet. Dann dreht er sich auf einem Fuß, spreizt die Finger, richtet sich hoch auf, um sein Selbstbewußtsein zu bestätigen. Bei aller Eleganz und Erhabenheit der Bewegungen strahlt er eine gespannte Energie aus. Doch plötzlich scheint er zornig zu werden, sperrt die Augen weit auf und blickt forschend in die Ferne, mit weiten Sprüngen und heftigen Armdrehungen eilt er vorwärts. Sein Tanz wird immer erregter, schneller, virtuoser, mit raschen Drehungen des ganzen Körpers, wildem Bänderwirbeln, Handdrehungen und aufmerksamen Blicken scheint er seine ganze Kraft gegenüber einem drohenden Gegner prüfen zu wollen.

Alle diese Haltungen, Schritte, Drehungen und Sprünge sind im Baris-Stil zwar exakt festgelegt, dennoch kann sich jeder Tänzer durch den Grad seiner Virtuosität und kraft seiner Ausstrahlung innerhalb einer gewissen Variationsbreite durchaus individuell entfalten. Dazu bieten die spannenden Kampftänze viele Möglichkeiten.

Der klassische Legong-Tanz

Neben diesen verschiedenen Arten des Tanztheaters gibt es auf Bali einen von nur drei jungen Mädchen ausgeführten Tanz, dem eine konkrete Handlung zugrunde liegt, die jedoch in einem so hohen Abstraktionsgrad gestaltet ist, daß sie von einem der balinesischen Mythologie Unkundigen nicht ohne weiteres erkannt werden kann, der *Legong*. Er ist wie die hochstilisierten Serimpi-Tänze auf Java an den Königshöfen entwickelt worden. Doch im Unterschied zu den sehr ruhig getanzten Serimpi zeichnet sich der Legong durch eine starke Dynamik und wechselvolle Tempi aus.

Über den Ursprung des Legong gibt es noch keine Klarheit. Da die drei Tänzerinnen weder sprechen noch singen, jedoch ein Erzähler (juru tandak) die Handlung erklärt, vermutete Miguel Covarrubias, daß Legong vom Schattenspiel Wayang kulit abzuleiten sei.[18] Beryl de Zoete und Walter Spies dagegen meinten, daß dieser Tanz aus dem höfischen Tanztheater Gambuh herausgelöst und verselbständigt worden sei,[19] da gewisse Elemente des Legong im Gambuh enthalten sind. Soedarsono wiederum nimmt an, daß Legong ursprünglich ein eigenes Tanztheaterspiel auf eine alte balinesische Legende war, das sich erst im 19. Jahrhundert zu dem äußerst stilisierten Tanz entwickelt hat,[20] wie er heute in aller Welt bewundert wird. Es ist anzunehmen, daß Soedarsono aufgrund seiner neueren Kenntnisse der Geschichte Balis der historischen Wahrheit am nächsten kommt, doch ist auch nicht auszuschließen, daß Legong ursprünglich mit Gambuh verbunden war. Diese These wird durch die Tatsache erhärtet, daß eine ältere Form des Legong, *Nandir*, nur von Knaben getanzt wurde.

Legong bedeutet auf Bali im allgemeinen Mädchen- oder Frauentanz, seitdem jedoch das höfische Tanztheaterspiel große Verbreitung fand, wurde dieser Begriff nur auf diesen verfeinerten Tanz bezogen, während andere Legong-Tänze eigene Namen bekamen, wie der Schmetterlingstanz *Kupu-kupu Tarum*, der Reihertanz *Kuntul* und der Tanz spielender Äffchen *Jogbog*.

Während die Serimpi-Tänze in Yogyakarta nur jungen adligen Mädchen des Hofes vorbehalten blieben, haben die balinesischen Könige für den Legong schöne, begabte Mädchen im Alter von fünf bis sechs Jahren aus den Dörfern geholt und durch einen erfahrenen Lehrer ausbilden lassen. So wurde Legong nicht nur bei Hofe, sondern bei verschiedenen festlichen Gelegenheiten auch vor der Dorfgemeinschaft getanzt. Sobald die Legong-Tänzerinnen in das heiratsfähige Alter kommen, also etwa mit vierzehn oder fünfzehn Jahren, dürfen sie Legong nicht mehr ausführen. Da ihre Kunst gesellschaftlich hoch eingeschätzt wird, heiraten sie oft Männer höherer Kasten. Manche tanzen dann später im Jauk-Tanztheater oder auch im Baris Melampahan, in denen Elemente des Legong enthalten sind.

Durch die Jugend der Tänzerinnen wird die nur auf das Wesentliche beschränkte Handlung noch mehr abstrahiert, sie stellen fast ganz ohne Requisiten und ohne das Kostüm zu wechseln ganz unterschiedliche Figuren dar, Götter und Dämonen, Könige und Königinnen, die Affen des Ramayana oder auch phantastische Vögel. Obwohl in früheren Zeiten jeder Raja sein eigenes Legong-Tanzspiel aufführen ließ, dem Episoden der hinduistischen Mythologie oder legendarisierte historische Ereignisse zugrunde lagen, hat sich im Laufe der vergangenen Jahrzehnte eine bestimmte Handlung, die Geschichte um den König von Lasem, durchgesetzt. In dieser Fassung wird der Legong auch vor Touristen und bei Gastspielen im Ausland gezeigt.

Der König von Lasem wandert eines Tages durch den Wald. Dort findet er die wunderschöne Rangkesari mit ihren zwei Begleiterinnen, die sich im Wald verirrt haben. Er ist von Rangkesaris Schönheit so bezaubert, daß er sie heiraten will und an seinen Hof mitnimmt, dort übergibt er ihr ein steinernes Haus als Wohnsitz. Rangkesari ist die jüngere Schwester des mächtigen Königs von Daha, sie widersteht den Lockungen des Königs von Lasem und schließt das steinerne Haus von innen ab. Als der König von Daha vernimmt, daß seine Schwester vom König von Lasem geraubt worden ist, wird er böse und droht seinem Feind mit einem Krieg. Der König von Lasem fürchtet seine Niederlage, bereitet sich dennoch auf den Kampf vor und nimmt von seiner herzzerreißend weinenden Frau und seiner Tochter Abschied. Als er in den Krieg ziehen will, stürzt sich eine Krähe, ein Symbol des Todes, auf ihn und schlägt ihn mit dem Schnabel. Er geht in den Kampf und wird vom König von Daha vernichtend geschlagen.

Soweit die allen Balinesen wohlbekannte Geschichte. Im Legong werden jedoch nur wenige Teile daraus dargestellt: der Abschied des Königs von Lasem von der Königin und ihrer Tochter, die Liebeswerbung des Königs um Rangkesari, die Warnung seines Patih vor der drohenden Kriegskatastrophe und die Begegnung des Königs mit der Krähe. Neben dem Gamelan sitzt der Erzähler, der die auftretenden Figuren durch das Rezitieren in verschiedenen Stimmlagen charakterisiert. Eine Tänzerin ist Condong, die Begleiterin der Königin, die beiden anderen (Legong) stellen abwechselnd den König, die Königin, Rangkesari, den königlichen

Patih und die Krähe dar. Nur durch die Tanzbewegungen und die Worte des Erzählers wird deutlich, welche dieser Figuren von den beiden Legong gerade getanzt wird.

Die drei Tänzerinnen sind prächtig gekleidet und mit kostbarem Schmuck verziert (Abb. 75). Ihr Körper ist von einem eng gewickelten, langen, golddurchwirkten Rock umhüllt, darüber tragen sie eine Weste mit langen, eng anliegenden Ärmeln und einem breiten, bis über die Knie reichenden, schürzenartigen Tuch aus schönstem Brokat, das während des Tanzes hin und her bewegt oder über die Schulter geworfen wird. Ein um die Schultern bis in Brusthöhe gelegter, mit Edelsteinen verzierter Kragen und ein die Hüften umschließender breiter silberner, mit goldenen Garudaköpfen geschmückter Gürtel, von dem an den Seiten zwei schmale Schärpen herabhängen, ergänzen das Kostüm. Den Kopf schmückt eine halbrunde, mit den schönsten Blumen verzierte Goldkrone. In ihren engen Kleidern wirken die schmalen, jungen Tänzerinnen wie überirdische Wesen. Die Condong ist etwas schlichter gekleidet, ihre Krone nicht so blendend wie die der Legong.

Der Tanz beginnt mit dem Auftritt der drei Mädchen, sie setzen sich auf den Boden, die Condong in der Mitte. Zu ruhigen Gamelan-Klängen richtet sie sich langsam auf, flutet mit gebogenen, nach außen gedrehten Knien auf bloßen Füßen hin und her, die Zehen des Standbeins bei jedem Schritt etwas erhebend. Plötzlich ein scharfer Akzent des Gamelan, sie nimmt eine spannungsgeladene Haltung ein und beginnt lebhaft zu tanzen, rasche Drehungen, Kreisbewegungen und die verschiedensten Schritte folgen einander, die Arme und die sich drehenden Hände weich fließend. Bei jedem Akzent des Orchesters zuckt der ganze Körper, sie stampft mit dem Fuß, die Knie zittern leicht, die Vibration setzt sich über die Beine, Hüften und Schultern bis in die Fingerspitzen durch, der ganze Körper erbebt, die Blumen des Kopfschmucks wirbeln durcheinander. Während der Erzähler ihre Schönheit rühmt, sie mit einer Nymphe, dem Vollmond, einer Blume, einem Fisch vergleicht, bleibt sie ab und zu in graziöser Haltung stehen, nur ihre Schultern hebt und senkt sie leicht, die Blicke zur Seite gewandt. Dann gleitet sie in breitem Bogen mit schnellen Seitwärtsschritten, den Körper leicht schwingend, die Knie, Arme und Handgelenke beinahe rechtwinklig gebeugt, über die Tanzfläche, es folgen kleine Steigerungen und Minderungen des Tempos, nach einer weiten Spirale geht sie zur Ausgangsstellung zwischen den beiden Legong zurück und setzt sich nieder.

Der Erzähler berichtet über den König von Lasem und die Sorgen der Königin. Die Condong ergreift zwei bereitliegende Fächer, kniet demütig nieder und läßt die Fächer in breiten Kurven über ihrem Kopf schwingen. Sie blickt auf die Legong, die sich gleichzeitig mit einem neuen Akzent des Gamelan erheben und in kniender Stellung mit den Händen, Fingern und dem Kopf zu tanzen beginnen. Dann stehen sie auf und gleiten geräuschlos von einer zur anderen Seite. Die drei Tänzerinnen schweben in den verschiedensten Kombinationen aneinander vorbei, kreuzen sich, bewegen sich Rücken an Rücken, gehen spiralförmig tief in die Knie, breiten die Arme aus, lassen die weit zurückgebogenen Finger erzittern, sie sind jetzt die Königin, deren edle Eigenschaften der Erzähler besingt. Nach längerem Sichnähern und Wiederentfernen bilden sie eine Dreiecksformation, die Condong überreicht den Legong die beiden Fächer und zieht sich zurück. Zu kraftvoller Musik tanzen die Legong mit ungestümen Bewegungen und geöffneten Fächern, die Augen weit geöffnet, ihre Blicke gleiten in die Ferne und wieder nach vorn, ihr ganzer Körper vibriert, ruckartig wenden sie die Köpfe hin und her. Beide tanzen vollkommen kongruent, als seien sie eine Person. Dann bewegen sie sich symmetrisch im Kreis und setzen sich nieder.

Der Erzähler beschreibt die Liebe des Königs und der Königin. Die beiden Legong, nun als königliches Ehepaar, nähern sich einander, die Fächer in den sich drehenden Händen, legen als Liebesbezeugung ihre Wangen aneinander – Küsse in der Öffentlichkeit sind auf Bali verpönt –, entfernen sich drehend wieder voneinander, bleiben zeitweilig auf einem Bein mit gebeugtem Knie stehen, das andere auswärts gedreht erhoben, sinken beinahe zu Boden, richten sich wieder drehend empor mit plötzlichen weichen Akzenten einzelner Finger, einer Hand, Schulter oder Hüfte und lassen sich schließlich spiralförmig in Sitzstellung nieder – alles wiederum in perfekter Harmonie.

Jetzt erst beginnt die eigentliche Handlung. Während im Gamelan eine ruhige Melodie erklingt, berichtet der

Erzähler von der Entführung Rangkesaris durch den König von Lasem und der Kriegsdrohung des Königs von Daha. Die traurige Stimmung der Königin symbolisierend, neigen sich die beiden Legong so tief, daß ihre zitternde Goldkrone die Erde berührt. Die Musik wird wieder lebhafter, die beiden Tänzerinnen sind wieder König und Königin, tanzend nehmen sie voneinander Abschied, wieder berühren sich ihre Wangen, die Königin weint vor Schmerz, ihr ganzer Körper zittert. Dann wenden sie einander den Rücken zu, die Königin entfernt sich.

Der Erzähler berichtet nun von der Liebeswerbung des Königs um Rangkesari. Die eine Legong scheint verzweifelt hin und her zu irren, die Arme abwechselnd hebend, furchtsam neigt sie sich tief zu Boden. Die andere ist nun König von Lasem. Er streckt ihr die Hände entgegen, versucht sie zu berühren, sie zittert heftig, wendet ihm den Rücken zu und schlägt mit dem Fächer auf seine Hand. Zweimal weist sie ihn entschieden ab. Dann stehen sie einander gegenüber, schauen sich in die Augen, heben und senken sich, gleiten erregt hin und her. Er ergreift sie von hinten an der Hüfte, sie entgleitet ihm, er setzt ihr energisch nach. Das wiederholt sich mehrmals, bis der Erzähler Rangkesari in befehlendem Ton zuruft zu entfliehen. Sie geht ab, der König sinkt enttäuscht in die Knie.

Der Erzähler kündigt den Krieg an. Die andere Legong ist nun des Königs Patih, der ihn zum Kampf aufruft. Mit resoluten Schritten und Drehungen bereiten sie sich auf die Schlacht vor, der Patih kniet mehrmals vor dem König nieder. In einem kriegerischen Tanz werden die Fächer zum Sinnbild ihrer Krisse, mit denen sie gegen einen unsichtbaren Feind zu Felde ziehen. Der Patih geht zur Seite, die Tänzerin legt sich zwei große Flügel aus Leder um die Schulter. Sie ist nun die Krähe und schwingt lebhaft die Flügel. Ein erregter Zweitanz des Königs und des Vogels beginnt, die Krähe tanzt aktiver, aggressiver als der ruhigere König, der das Ende vorauszusehen scheint. Mit zunehmender Schnelligkeit, wie ein Vogel hüpfend, nähert sich die Krähe dem König, der sich mit dem Fächer als Kris verzweifelt wehrt. Mit immer höheren Sprüngen greift der Vogel den König an, bis er geschlagen zu Boden sinkt. Damit schließt die Handlung.

Die beiden Legong beenden das Tanzspiel mit der Condong wie zu Beginn, doch ihre Bewegungen sind jetzt weiter und tiefer, aber immer in vollkommener Übereinstimmung.

Der Lasem-Legong wird nicht in allen Gegenden Balis in gleicher Weise ausgeführt, es gibt zahlreiche Varianten (Abb. 72, 73). So ist mancherorts der Vogel nicht eine Krähe, sondern Garuda, manchmal folgt dem Kampftanz des Königs mit dem Vogel noch ein temperamentvoller Tanz des Königs mit seinem Patih. Ohne Zweifel ist der Legong einer der bewegendsten und eindrucksvollsten klassischen Tänze auf Bali. Die Vielfalt, Geschmeidigkeit und Exaktheit der Bewegungen vor allem der beiden jungen Legong in den unterschiedlichsten menschlichen Situationen ist trotz, oder vielleicht gerade wegen des hohen Abstraktionsgrades von unvergleichlicher Ausdruckskraft und Schönheit.

Neuere Tänze: Janger, Prembon, Kebyar

Die grausame Unterwerfung Balis durch die niederländische Kolonialmacht in den Jahren 1906 bis 1908 und das Erstarken der nationalen Befreiungsbewegung blieb auch auf die Tanzkunst der Insel nicht ohne Einfluß. Zwei einander scheinbar widersprechende Tendenzen machten sich bemerkbar, einerseits das stolze Festhalten an den eigenen Traditionen und Gebräuchen, so etwa die von der Wut und Verzweiflung gegenüber den fremdländischen Eindringlingen kündenden Aufführungen des Calonarang-Tanztheaters vor und nach dem gewaltsamen Tod der Könige von Badung und Klungkung mit vielen ihrer Gefolgsleute 1908, andererseits ein Säkularisierungsprozeß, in dessen Verlauf bisher rituelle Tänze ihres magischen Charakters entkleidet und zu gesellig-unterhaltsamen Zeremonien umfunktioniert wurden, wie beispielsweise die Verselbständigung des ursprünglich magischen Beschwörungstanzes *Kecak* aus dem Sanghyang-Ritual um 1930 zu einem faszinierenden Schautanz[21] oder die zunehmende Beliebtheit des zu Beginn unseres Jahrhunderts entstandenen, bereits an anderer Stelle behandelten geselligen Werbetanzes *Joged* und seiner Varianten.[22]

Zu den wichtigsten, vor 1945 entwickelten neueren Tänzen gehören der Janger, wie der Kecak ein von den Sanghyang-Zeremonien abgeleiteter Tanz, die Verbindung mehrerer Tanztheaterformen im Prembon und der völlig neu geschaffene virtuose Solomännertanz Kebyar.

Die Anregung zur Entstehung des *Janger* bot ein Tanztheaterensemble aus Malaya, das 1925 zum ersten Mal auf Bali ein Gastspiel gab. Janger bedeutet das Summen mit hoher Stimme der in Trance geratenen Mädchen während des exorzistischen Sanghyang-Rituals im Gegensatz zu den »cak«-Rufen der Jungen. Ähnlich wie der männliche Kecak-Tanz aus dem Ritus gelöst wurde, verselbständigten sich auch die Tanzbewegungen der Mädchen im Janger, kombiniert mit denen der rhythmisch »cak« rufenden Jungen.

Zunächst treten zwölf Jungen zur Gamelan-Musik lärmend im Gänsemarsch hinter einem Vorhang hervor, teilen sich in zwei Reihen zu sechs, tanzen mit pencak-artigen Bewegungen, Hüftwiegen, Armvibrationen, bisweilen auch in akrobatischen Pyramiden sehr heiter und lebhaft hin und her und setzen sich dann in zwei Reihen einander gegenüber mit gekreuzten Beinen auf den Boden. Sie tragen nur einen einfachen Lendenschurz und ein geknotetes Kopftuch. Dann erscheinen zwölf junge Mädchen in langem Rock, einem eng über der Brust bis zu den Hüften geschnürten Tuch, einem halbrunden, der balinesischen Hochzeitskrone ähnlichen Kopfschmuck und einer breiten Halskette mit langen bemalten Nadeln. Sie bewegen sich zierlich und langsam mit graziösem Arm- und Fingerspiel und hokken bei geschlossenen Knien auf ihren Füßen nieder (Abb. 79), ebenfalls in zwei Reihen zu sechs einander gegenüber. Jungen und Mädchen bilden nun ein Quadrat, in dessen Mitte ein Tanzmeister Platz nimmt. Ohne diese Position zu verlassen, tanzen die Jungen in Sitz-, die Mädchen in Hockstellung, sich hebend und senkend, nach rechts und links neigend, mit weichen, akzentuierten Arm- und Handgelenkdrehungen. Der Tanzmeister richtet sich, auf den Knien hockend, hoch auf, kriecht am Boden hin und her und schaut nach allen Seiten des Quadrats. Dabei stoßen die Jungen beinahe ununterbrochen rhythmische Rufe und einzelne Silben aus, die Mädchen stimmen einen lieblichen Gesang an. Zwischen den gesungenen Melodien und dem weichen Schwingen der Mädchen sowie den rhythmischen Lauten und Stoßbewegungen der Jungen entstehen stets wechselnde Kontrapunkte.

Während dieses unterhaltsamen Tanzes erheben sich zwei Mädchen und tanzen in dem Quadrat den Legong oder eine Episode im Arja-Stil. Sehr beliebt ist die Tanzszene mit Arjuna als Eremit. Um Arjunas edles Gemüt zu prüfen, läßt Gott Shiva zwei schöne Nymphen vor ihm erscheinen, die ihn verführen wollen, doch Arjuna bleibt standhaft. Da tritt Shiva selbst in Gestalt eines Jägers auf und zaubert einen Eber – in anderen Versionen einen Vogel – herbei, beide schießen auf das Tier. Dann läßt der Jäger Arjunas Bogen durch übernatürliche Kraft zersplittern. Beide streiten, wer das Tier zuerst getroffen habe. Nach heftigem Kampf enthüllt sich der Jäger als Gott Shiva. Arjuna kniet demütig nieder und bittet den Gott um Vergebung für seinen Irrtum. Manchmal wird dieser Kampf auch von zwei komischen Figuren getanzt. Nach dieser oder einer anderen Tanztheater-Episode wird der Janger fortgesetzt.

Anfang der vierziger Jahre, noch vor der Invasion der Japaner, entstand eine Kombination verschiedener Arten des Tanztheaters vom Wayang wong und Parwa bis zum Gambuh mit Handlungen aus den beiden Epen und historischen Geschichtslegenden. Diese recht freie, *Prembon* genannte Form des Tanztheaters konnte sich aber nicht durchsetzen. Dennoch ist sie kennzeichnend für das Streben nach ständiger Umwandlung und Erneuerung der balinesischen Tanzkunst.

Vor allem im Norden Balis entwickelten Musiker und Tänzer eine wahre Lust zum Experimentieren. Während der alljährlich stattfindenden Feste des Gamelans wurden schon seit langem immer wieder neue Instrumentenkombinationen und Tanzformen gefunden. So soll 1915 bei einem Wettbewerb mehrerer Gamelan-Gruppen ein Orchester zum ersten Mal nicht die übliche Aufstellung in parallelen Reihen, sondern im geschlossenen Quadrat gewählt haben, so daß sich die Spieler gegenseitig ansehen konnten. In der Mitte nahmen ein oder zwei Tänzer Platz, die in sitzender oder stehender Position die Musik in Tanzbewegungen umsetzten. Hier richtete sich also die Musik nicht nach dem Tanz, wie es sonst üblich ist, sondern der oder die Tänzer wandelten die Stimmungen, Rhythmen, Tempi und Klangfarben in Körperbewegungen um.

Diesen Tanz hat ein Meister seines Faches, *I Mario*, der schon als Kind 1906 im Calonarang Aufsehen erregt hatte, in Südbali zu einem außergewöhnlich virtuosen Sitztanz weiterentwickelt, dem ersten Solomännertanz auf Bali überhaupt, dessen Name, *Kebyar*, von dem ersten, starken, wie »byar« klingenden Einsatz der Musik abgeleitet ist.

Der Tänzer sitzt mit gekreuzten Beinen auf dem Boden. Er trägt einen langen Rock, darüber ein bis unter die Achselhöhlen eng gewickeltes goldfarbenes Gewand, ein schmales, vorn geknotetes Kopftuch und einen Fächer in der Hand. Der Kebyar erfordert eine enorme Beweglichkeit des ganzen Oberkörpers, der Hüften, Arme und Hände. Die gefalteten Beine wirken wie eine Art starker Feder, so daß auch kleine Sprünge in allen Richtungen möglich sind (Abb. 80). Der Tanz beginnt mit einem Fortissimo-Akzent des Orchesters, der Körper des Tänzers schnellt wie eine Kobra hoch empor. Dann folgen mehrmals ein rasches Heben und Senken des Körpers nach rechts und links, der Nacken zuckt leicht, der Fächer zittert wild. Plötzlich richtet der Tänzer seine Blicke gespannt auf einen Punkt, als ob er einen imaginären Feind beobachtet, wie zum Schutz hält er den Fächer über dem Kopf. Das Tempo steigert sich, der Tänzer beugt sich nach vorn, nach hinten und zu den Seiten, so daß sein Kopf die Erde berührt. Der ganze Körper ist in ständiger Bewegung im Einklang mit der Musik. Nach einem erregenden Höhepunkt erklingt im Orchester eine weiche Melodie, mit halb geschlossenen Augen, den Körper ganz entspannt, bewegt er sich weich, zart, geschmeidig, mit dem Fächer leicht spielend. Dann wieder folgen plötzliche Akzente, leichtes Hüpfen und ein Zusammenzucken des ganzen Körpers. Sehr schnelle Bewegungen und lyrische Kontraste wechseln einander ab. Alles ist in ständigem Fließen, es gibt keinen Stillstand oder gar eine Pause. Hüften, Oberkörper, Schultern, Hals, Arme, Hände und Finger bewegen sich immer in genauer Übereinstimmung mit der sehr differenzierten Musik. In ruhigen Passagen drückt schon das Zucken eines Fingers die innere Spannung aus. Faszinierende Stimmungswechsel, beschwörende Gebärden, furchtsames Sichducken, abwehrende Verteidigungsgesten, triumphierende Freude folgen einander. Dabei bleibt der Mund stets geschlossen, nur das Spiel der Augen und der Mundwinkel deutet mimisch die jeweilige Stimmung an.

I Mario hat den Kebyar zu erstaunlicher Perfektion entwickelt. Da er seit 1934 nach einer schweren Krankheit selbst nicht mehr tanzen konnte, eröffnete er in Tabanan eine Schule. Sein Nachfolger *Gusti Rakar* verlieh dem Kebyar grillige, humorvolle Züge mit vielen neuen Details. Auch *Rindi*, ein jüngerer Schüler Marios, interpretierte diesen Tanz in anderer, individueller Weise mit rhythmisch kontrastierenden Handgelenk- und Fingerbewegungen. Im Vergleich mit allen anderen balinesischen Tänzen kann der Kebyar als Solotanz ohne erzählende Fabel je nach der musikalischen Gestaltung sehr unterschiedlich ausgeführt werden.

Besondere Kennzeichen des klassischen balinesischen Tanzes

Im Gegensatz zum klassischen zentraljavanischen und Sunda-Tanz mit schriftlich fixierten stilistischen Eigenarten sind die Unterschiede der verschiedenen Arten des Tanztheaters auf Bali, etwa zwischen dem Gambuh und Baris Melampahan oder dem Legong und Kebyar, so groß, daß bisher noch kein eigenes, alle Stile umfassendes Ausbildungssystem entwickelt werden konnte. Bis zum heutigen Tage werden die Eigenarten jedes Stils mündlich vom Lehrer auf seine Schüler übertragen. Jedes Dorf hat seine eigenen Lehrer und Tanzschulen. Dennoch lassen sich die Gemeinsamkeiten der zahlreichen Stile auf Bali deutlich vom klassischen Tanz auf Java abgrenzen.

Soedarsono faßt die Besonderheiten des balinesischen Tanzes in vier Punkten zusammen.[23] Erstens seine Expressivität, die sich vor allem in der Mimik und den Bewegungen der Augen äußert. Die Bewegungen der Augäpfel können bei mehr oder weniger erhobenen Brauen sehr langsam, zeitweilig aber auch extrem schnell sein, sie können ruhig oder rasch rollen und eine starke Energie ausdrücken, auch der Glanz der Augen kann verschieden sein. Zweitens sind die meisten balinesischen Tänze sehr dynamisch. Wie die Gamelan-Musik auf Bali durch große Variabilität der Tempi, Rhythmen, Klangfarben und der Dynamik gekennzeichnet ist, so stimmen damit die Tanzbewegungen des ganzen Körpers, der Hüften und Schultern, der Gliedmaßen und des Kopfes exakt überein. Drittens ist die elementare Beinposition meist offen und tief gebeugt, sogar in Hockstellung weit nach außen gedreht. Nur in einigen Tänzen überwiegen gestreckte Beinhaltungen. Ebenso ist viertens die Armhaltung meist offen und leicht erhoben, so daß auch die Schultern scheinbar hochgezogen wirken. Nur im Wayang topeng werden die Schultern immer wirklich hochgezogen. Im übrigen unterscheidet man im balinesischen Tanz auch alus, verfeinert bei Frauen und Männern, von gagah, der männlich-kraftvollen Art.

Außerdem sind einige aus rituellen Zeremonien stammende Handhaltungen in manche Tänze eingegangen.[24] Wenn der Zeige- und der fünfte Finger gestreckt, der Ring- und Mittelfinger nach innen gebogen und der Daumen über den Nagel des Mittelfingers gelegt wird, so symbolisiert das eine Huldigung der Augen (Zeichn. 49). Eine starke Spreizung der Finger der einen, nach oben gewendeten Handfläche und deren Berührung durch den nach unten gekrümmten Ringfinger der geöffneten anderen Hand bedeutet das Eintauchen des Fingers in das heilige Pulver Condana (Zeichn. 50). Das Reiben der beiden Handflächen mit anschließendem Zupfen des Daumens und Zeigefingers der rechten Hand am Teller der linken, die Finger spreizenden Hand gilt als Sinnbild der Handreinigung (Zeichn. 51). Ferner wird rituell bedeutsames Händeklatschen nur mit den Handtellern bei abgespreizten Daumen ausgeführt (Zeichn. 52).

Diese besonderen Kennzeichen des balinesischen Tanzes ergeben sich aus dem Vergleich mit dem klassischen Tanz auf Java. Die Gründe für diese Unterschiede liegen auf der Hand. Im Gegensatz zu Java stand die Kultur der Höfe seit jeher in enger Wechselwirkung mit der Dorfkultur. Daher charakterisierten manche javanische Aristokraten die balinesischen Tänze als roh, laut, lärmend, bäurisch, und umgekehrt fanden balinesische Tänzer die javanischen Hoftänze langweilig, inhaltarm, ja steril. Solchen subjektiv überspitzten Meinungen begegnet man heute jedoch kaum mehr, seit der Gründung der Republik Indonesien haben das zunehmende Bewußtsein der nationalen Identität, der »Einheit in der Vielfalt«, und der Stolz auf die gemeinsamen Traditionen diese Urteile relativiert.

Die Unterschiede ergeben sich aus den differenzierten Charaktereigenschaften der Javaner und Balinesen sowie der ungleichartigen historischen Entwicklung.

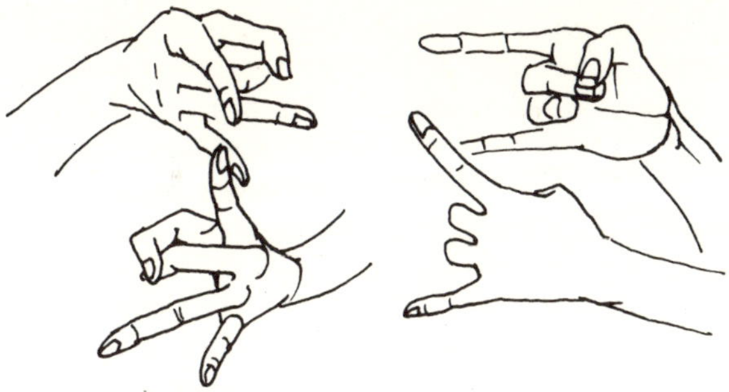

49 Handhaltung 1

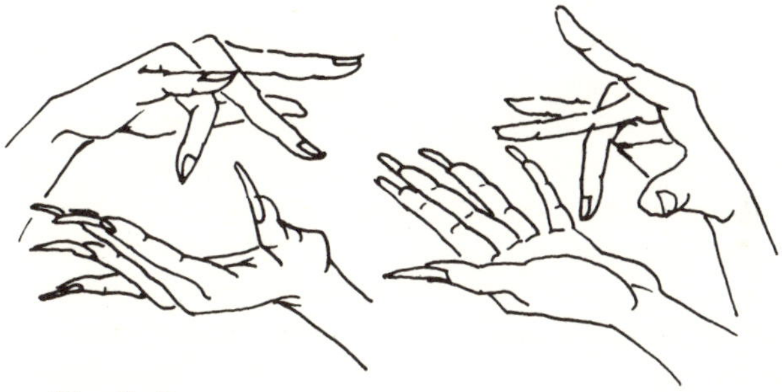

50 Handhaltung 2

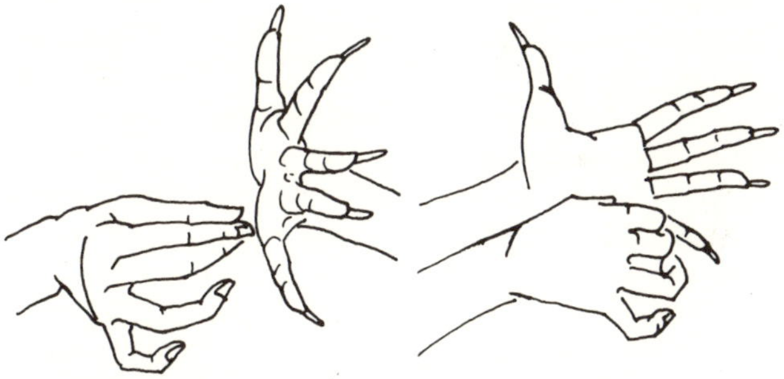

51 Handhaltung 3

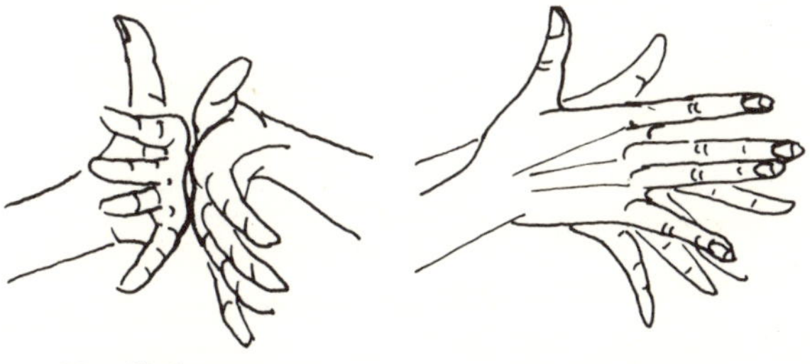

52 Handhaltung 4

Offensichtlich hat der Islam einen starken Einfluß auf die Javaner ausgeübt, insbesondere bezüglich strengerer Moralauffassungen und einer stärkeren emotionalen Beherrschtheit. Außerdem waren sie dreieinhalb Jahrhunderte lang der vielfältigen Infiltration des niederländischen Kolonialismus ausgesetzt. Daraus resultieren zweifellos ein nur wenig verändertes Festhalten an den eigenen kulturellen Traditionen, eine relativ geringe Weiterentwicklung der Inhalte und Formen, dafür aber eine außerordentliche Steigerung der tänzerischen Perfektion, eine ungewöhnliche Mäßigung emotioneller Expressionen ohne Beeinträchtigung der künstlerischen Ausstrahlung.

Auf Bali dagegen hat die Symbiose der emotionsstarken Sitten und Gebräuche gentilgesellschaftlichen Ursprungs mit dem sinnenfreudigen Hinduismus über die Jahrhunderte der insularen Abgeschiedenheit unvermindert weitergewirkt, zumal die koloniale Unterwerfung erst während der bereits erstarkenden nationalen Befreiungsbewegung zu Beginn unseres Jahrhunderts erfolgte. Daher gab es auf Bali eine ständige Weiterentwicklung der tänzerischen, vor allem tanztheatralischen Inhalte und Formen, eine starke Dynamik und unmittelbare Expressivität der Tänze, der Mimik, der Gamelan-Musik wie auch eine außerordentliche Vielfalt der Tanzmasken. So kommt es, daß die gleichen Tänze oftmals in nicht weit voneinander entfernten Dörfern verschieden ausgeführt werden. Diese Unterschiede zwischen Java und Bali haben so tiefe Wurzeln, daß sie auch nach dem Entscheidungsjahr 1945 bis heute weiterwirken.

Anmerkungen

1 Helmut Uhlig: Bali, Insel der lebenden Götter. München 1975, S. 47
2 Clara B. Pink-Wilpert: Das indonesische Schattentheater. Baden-Baden 1976, S. 18; Miguel Covarrubias: Island of Bali. New York 1937, S. 237
3 Miguel Covarrubias a. a. O. S. 242
4 Ausführliche Beschreibung dieser Topeng-Geschichten bei Beryl de Zoete und Walter Spies: Dance and Drama in Bali. London 1938, S. 294–311
5 Beryl de Zoete und Walter Spies a. a. O. S. 181 f.
6 Urs Ramseyer: Kultur und Volkskunst in Bali. Basel 1977, S. 224 f.
7 Beryl de Zoete und Walter Spies a. a. O. S. 176
8 Siehe S. 65
9 Th. B. van Lelyveld: De Javaansche Danskunst. Amsterdam 1931, S. 78
10 Soedarsono: Dances in Indonesia. Jakarta 1974, S. 178
11 Beryl de Zoete und Walter Spies a. a. O. S. 196
12 Siehe S. 52
13 Soedarsono a. a. O. S. 170 f.
14 Siehe S. 25
15 Siehe S. 49
16 Siehe S. 55
17 Beryl de Zoete und Walter Spies a. a. O. S. 165 ff.
18 Miguel Covarrubias a. a. O. S. 228
19 Beryl de Zoete und Walter Spies a. a. O. S. 218
20 Soedarsono a. a. O. S. 180 f.
21 Siehe S. 48
22 Siehe S. 60
23 Soedarsono a. a. O. S. 141 f.
24 P. de Kat Angelino: Mudra's op Bali, mit Zeichnungen von Tyra de Kleen. Den Haag 1922

V

Die Tanzkunst Indonesiens seit 1945

Mit dem Jahr 1945 begann auch für Indonesien ein neues Zeitalter. Mit der bedingungslosen Kapitulation Japans endete der zweite Weltkrieg, wurde der Archipel von der grausamen Okkupation befreit und der Weg für die Ausrufung der Unabhängigkeit des Archipels freigegeben. Zwar versuchten die alten Kolonialmächte Großbritannien und die Niederlande, ihre ehemalige Vormachtstellung durch kriegerische Invasionen noch einmal wiederzuerlangen, doch die neuen Kräfteverhältnisse in der Welt, die Autorität der UNO und vor allem der Befreiungskampf der Völker Indonesiens selbst erzwangen nach heftigen inneren Auseinandersetzungen fünf Jahre später die Bildung eines einheitlichen republikanischen Staates.

Wie die Menschen in vielen anderen Ländern Asiens erfaßte auch die Bevölkerung Indonesiens eine Welle der Euphorie, des revolutionären Elans, des Nationalstolzes, des Selbstbewußtseins, nach Jahrhunderten der Unterdrückung und Ausbeutung durch ausländische Mächte und einheimische Feudalherren endlich einer freien Zukunft entgegengehen zu können. Erst die ganz allmählich wirksam werdenden raffinierten Praktiken des Neokolonialismus vor allem durch die USA und die Machtübernahme durch das Militär nach dem gescheiterten Untung-Putsch 1965 bereiteten dieser ersten, revolutionären Phase der jungen Republik ein Ende.

In den Jahren 1950 bis 1965 vollzog sich ein enormer Aufschwung der Künste, auch des Tanzes. Nach dem Beispiel der sozialistischen Länder, vor allem Chinas, entstand eine gewaltige Bewegung, die vor allem von den Kulturorganisationen der Kommunistischen Partei und der Nationalpartei, LEKRA und LKN, intensiv gefördert wurde. Mit der Erneuerung und Erweiterung der Volkskunst wurden allenthalben Volkstanzgruppen, Chöre und Musikgruppen in den verschiedensten instrumentalen Besetzungen gegründet, die sich intensiv darum bemühten, die reichen Schätze des Volkstanzes zu erhalten, sie den neuen gesellschaftlichen Bedingungen entsprechend umzufunktionieren, sie mit dem revolutionären Elan und der neu hervorbrechenden Lebensfreude zu erfüllen und vor allem ganz neue Tänze zu schaffen. Dabei galt es, auch die reichen Traditionen der klassischen Tanzkunst einzubeziehen. Es wurden Treffen zwischen verschiedenen Gruppen, regionale und zentrale Volkskunstkongresse, Ausbildungskurse und Wettbewerbe verschiedenster Art organisiert.

Daneben strebte man nach einer Erweiterung und Erneuerung des klassischen Tanzes und seiner Anpassung an die neuen Möglichkeiten des Zugangs breitester Bevölkerungsschichten. So waren gerade die fünfziger und die erste Hälfte der sechziger Jahre erfüllt von einer beispiellosen Aktivität.

Die Volkstanzbewegung 1950 bis 1965

Am deutlichsten offenbart sich der historisch neue Charakter des indonesischen Volksschaffens in einer ganzen Reihe von Tänzen, die in jenen Jahren entstanden, von zahlreichen Laientanzgruppen aufgeführt wurden und sehr rasch in weit auseinanderliegenden Gebieten eine außerordentliche Popularität erlangten. Sie sind von sehr unterschiedlichen Stilelementen geprägt, regionalen Tänzen, vereinfachten klassischen Elementen, Arbeitsbewegungen, Gesten und Schritten des europäischen Ausdruckstanzes wie auch stilistischen Eigenarten der Agitprop-Bewegungen Europas und Nordamerikas.

Da sind zunächst einige Bauern- und Handwerkertänze zu nennen. Besonders beliebt war der *Tari tani*, ein Bauerntanz, den der junge Tänzer und Choreograph *Bagong Kusudiarja* aus Yogyakarta um 1960 kreierte. Während das Gamelan-Orchester einsetzt, ruft eine Stimme: »Warum ist der indonesische Bauer so arm?«. Dann treten sechs Mädchen in schlichten Bauerntrachten auf und stellen in verschiedenen Reihen-, Kreis- und S-Formationen die Tätigkeiten des Reispflanzens, des Beobachtens der wachsenden Pflanzen, des Wegjagens von Vögeln, der Reisernte und schließlich des Reisdreschens dar, dabei werden Körbe, Messer und Sicheln als Requisiten verwendet. Außer den stilisierten Arbeitsbewegungen sind während des Schreitens und Sichbückens eine Kombination klassischer javanischer und sundanesischer Tanzbewegungen für den Tari tani charakteristisch. Das javanische Gamelan-Orchester intoniert dazu sundanesische Melodien.[1] Dieser Tanz kann auch von einem einzelnen oder einer größeren Gruppe von Mädchen ausgeführt werden. Einen anderen, choreographisch abwechslungsreichen Arbeitstanz mit gleicher Thematik, den *Tari Srigayanti*, entwickelte eine Gruppe aus Bandung im klassischen Sunda-Stil.

Auf anderen Inseln entstanden zahlreiche Varianten. Schon 1957 schuf *Wayan Beratha* aus Denpasar einen ähnlichen Bauerntanz mit klassischen balinesischen Bewegungen zur Gamelan-Begleitung: Ein Bauer bearbeitet zunächst allein den Boden, dann kommen vier Mädchen, säen, ernten und stampfen den Reis, schließlich gehen alle in freudiger Stimmung mit dem Ertrag ihrer Arbeit ab. Eine Gruppe aus Makassar (Südsulawesi) tanzte den *Gendang tagayo* und benutzte zur Begleitung nur einer Trommel und eines Gong Strohhüte als Körbe für die Reiskörner zur Aussaat. Eine andere Gruppe aus Nordsumatra tanzte im *Tari Simalungun* ebenfalls die Reisproduktion, von zwei Trommeln und einem Akkordeon begleitet. Die Batak-Karo in Nordsumatra in einheimischen Trachten begannen ihren Arbeitstanz *Nuan page* mit einer stilisierten Zusammenkunft von vier Paaren, mit deutlichen Gesten appellierten sie, die Produktion durch konzentrierte Arbeit zu steigern, erst dann folgten die Arbeitstätigkeiten, und schließlich vereinigten sich alle nach der Ernte zu einem rasanten Freudentanz. Aus Südsumatra stammte der fröhliche Reistanz *Tari Batankayu*, je vier Mädchen und Jungen stampften den Rhythmus mit Stöcken, begleitet von zwei Gitarren, einem Gong, zwei Rasseln und einer Längstrommel. Auf den Molukken entstand der *Patak cengké*, in dem das Kultivieren, Ernten und Verarbeiten einer kleinen Pflanze zu Wein mit zarten, weichen Bewegungen geschildert wurde.

Bagong Kusudiarja in Yogyakarta schuf auch den beliebten *Tari batik*, den Batiktanz. Darin wurden die verschiedenen Arbeitsgänge der traditionellen Herstellung von Batiktüchern vom Glätten des Kambrik-Leinens über das Aufzeichnen der Motive, das Aufgießen heißen Wassers auf die Stellen, die zunächst beim Färben ausgespart bleiben, das Färben selbst, das Abkratzen des Wachses mit dem Spachtel, das erneute Einfärben bis zum Trocknen des fertigen Tuches mit stilisierten Bewegungen, elegantem Armschwingen, kräftigem Hochschleudern der Schärpen und bedächtigem Schreiten des Yogyakarta- und Surakarta-Stils zur Gamelan-Begleitung sehr anschaulich nachgebildet.

Von dem klassischen Tänzer und Choreographen *Soedarsono* stammte der *Tari tenun*, der ebenfalls von einem oder mehreren Mädchen ausgeführte Webertanz. Beginnend mit dem Aussäen der Baumwollsamen, wurde darin das Pflücken der aufgebrochenen Früchte, das Trocknen in der Sonne, das Spinnen der Wolle zu Fäden und schließlich das Weben der Stoffe sehr bildhaft, auch in einer Kombination der beiden klassischen javanischen Stile dargestellt (Abb. 81). Einen anderen Webertanz choreographierten *Wayan Likes* und *Nyoman Ridet* 1960 auf Bali, in dem vor allem das Auswerfen und Einholen der Spindeln mit brillanten kleinen Sprüngen und eleganten Handbewegungen im Stil des klassischen balinesischen Tanzes eindrucksvoll gestaltet wurde.

Ein anderer balinesischer Choreograph, *Ketut Merdana* aus Singaraja, schuf einen neuen Fischertanz mit Gamelan-Begleitung: *Tari nelayan.* Zunächst erscheinen zwei Fischer, von Mädchen getanzt, sie rudern, werfen Netze aus und ziehen mit plötzlichen Fallbewegungen die Beute ein. Doch sie zeigen sich enttäuscht über den Fang. Sie rufen andere Fischer herbei, Jungen und Mädchen, und verrichten nun in vier Gruppen je zu viert die Arbeit in verschiedenen choreographischen Kombinationen – je vier Kreisen, Reihen, im Quadrat usw. – und gehen mit reicher Beute in Schlangenlinie ab. Der Sinn dieses Tanzes, nur im Kollektiv lohnt sich die Arbeit, kommt in der Mimik und Gestik deutlich zum Ausdruck.

In zahlreichen anderen neuen Arbeitstänzen fand die Lebensfreude des Volkes, das nun die Früchte seiner Arbeit selbst zu ernten hoffte, ihren künstlerischen Niederschlag. Dazu gehören ein Tanz der *Teepflückerinnen*, ein Tanz der *Perlenfischer* aus Ambon mit stilisierten Schwimmbewegungen und der *Genjer-Genjer*-Tanz über die Ernte einer Getreideart, auf eine überaus beliebte Melodie des Komponisten *Arief* aus Banyuwangi, dessen Frau die Choreographie entworfen hatte.

Da sind ferner verschiedene neue Volkstänze, die an ältere Traditionen anknüpfen. Der heitere *Sonnenschirm*-Tanz, ein in ganz Indonesien beliebter lebhafter Werbetanz mehrerer Paare der Minangkabau in Westsumatra,[3] mag den erfahrenen Choreographen *Sudharso Pringgobroto* in Yogyakarta in den fünfziger Jahren angeregt haben, einen ähnlichen *Tari payung* zu entwikkeln, der aber nur von einem oder mehreren Mädchen ganz im klassischen javanischen Stil ausgeführt wird. Dieser Tanz zeichnet sich durch weiche, geschmeidige Bewegungen des ganzen Körpers und ein liebliches Spiel mit den Sonnenschirmen synchron mit der Gamelan-Begleitung aus. In Bali erhielt der von einer ganzen Gruppe junger Mädchen in Festkleidung getanzte *Pendet*, ursprünglich Teil eines ausgedehnten Opfer-Rituals, als Einleitungstanz zur Begrüßung hoher Gäste eine ganz neue Bedeutung (Abb. 82).

Auch die Volkstradition der Tiertänze erhielt neuen Aufschwung, nun jedoch ohne irgendeinen magischen oder totemistischen Hintergrund, sondern ausschließlich als Ausdruck der Freude an der Bewegung und der Verbundenheit mit der Natur. So schuf der fortschrittliche westjavanische, 1961 durch die indonesische Regierung mit der hohen Wijayakusuma-Urkunde ausgezeichnete Choreograph *Cece Somantri* einen Pfauen- und einen Schmetterlingstanz. In dem *Tari burung merak* tanzen zwei, vier oder noch mehr Paare mit den stilisierten Haltungen und Bewegungen balzender Pfauen. Der *Tari kupu-kupu* wird nur von Mädchenpaaren mit großen Schmetterlingsflügeln getanzt, sie nähern sich teils graziös und sanft, teils lebhaft und forsch einander, flattern umeinander, berühren sich nur kurz und entfernen sich wieder (Abb. 83). Auch *Bagong Kusudiarja* aus Yogyakarta choreographierte einen reizenden Vogeltanz *Tari burung*. Außerdem entwickelte er den bei Réog-Aufzügen üblichen alten, auf Initiationsriten zurückgehenden Kuda kepang mit Pferdeattrappen[4] zu dem heiteren Volkstanz *Kuda lumping*, in Bandung auch *Kuda kepang* genannt: Vier oder acht Männerpaare treten mit Pferdeattrappen auf, lernen zunächst ängstlich, aber zunehmend fröhlicher die Kunst des Trabens und Galoppierens, sie machen hohe Sprünge, schweben gleichsam über der Erde, bezwingen die sich hoch aufbäumenden Pferde und schließen sich in einer Art Apotheose zusammen. Seit den sechziger Jahren wird der Kuda kepang auch ohne Pferdeattrappen getanzt, die mit den Händen geschwungenen Schärpen symbolisieren die Bewegungen der Pferde (Abb. 84). Und aus Ambon verbreitete sich der reizende *Paradiesvogel*-Tanz über den ganzen Archipel, junge Mädchen treiben mit diesem bunten Vogel ein heiteres Spiel.

Auf Bali kreierte *I Mario*, der Schöpfer des Kebyar,[5] in den fünfziger Jahren den entzückenden Bienentanz *Tambulilingan* im klassischen Stil. Zunächst fliegt eine weibliche Biene herbei, wendet sich auf der Suche nach Blumen hin und her, bis sie einen wunderschönen Garten findet, in dem sie aus vielen Blüten begierig Nektar saugt. Dann tritt eine männliche Biene hinzu, die ebenfalls nach Blumen ausspäht. Die beiden schauen sich erstaunt an, jagen einander und beginnen einen lieblichen Flirt. Die männliche Biene erklärt der weiblichen ihre Liebe, diese ist erst ganz abweisend, doch mit einiger List wird sie umgarnt, bis sie sich dem Werben ergibt. In einem reizenden Liebestanz vereinigen sich die beiden Bienen (Abb. 85). Dieser entzückende Zweitanz wurde zu einem Standardwerk der neuen balinesischen Tanzkunst.

Durch die Volkstanzbewegung seit 1950 rückten zahlreiche zuvor nur regional verbreitete Tänze in das Licht der Öffentlichkeit des ganzen Inselreiches. Sie mußten jedoch als meist auf Plätzen und Auen in den Dörfern von vielen Teilnehmenden ausgeführte Volkstänze zu Bühnentänzen mit einer beschränkten Zahl von Mitwirkenden umgewandelt werden. Es ist einleuchtend, daß die Resultate unterschiedlich waren, denn die Darbietung auf einer Bühne erfordert eine Straffung, mehr Abwechslung und einen dramaturgischen Aufbau. Dennoch ist es erstaunlich, wie es vielen Gruppen aus verschiedensten Gebieten des Landes gelungen ist, diese Umgestaltung erfolgreich zu bewältigen und gleichzeitig den Tänzen einen Bezug zur Gegenwart jener Jahre zu verleihen. Dafür lassen sich zahlreiche Beispiele nennen.

Der Bambustanz *Gandrang bulo* und der Tanz mit einem Rotangball *Pakraga* aus Südsulawesi[6] erfordern ein hohes Maß an Geschicklichkeit, ja sogar akrobatisches Können. Das wurde von einer Volkstanzgruppe aus Makassar vortrefflich gemeistert und strahlte eine vom Aufbauwillen der fünfziger Jahre getragene Fröhlichkeit und Lebensfreude aus. Der kräftige Rhythmus des Bambustanzes wurde akustisch von der oboenartigen Serunai, dem Zupfinstrument Kecapi, den hohen Stimmen und dem metallenen Kastagnettengeklapper der acht jungen Tänzer stimuliert. Die rhythmische Begleitung des Pakraga beschränkte sich auf zwei Gendangs, einen kleineren und einen größeren Gong, jedoch eifrig unterstützt durch Händeklatschen des Publikums. In ähnlicher Weise erhielt der von den Minangkabau ursprünglich nur bei der Ernte gebräuchliche heitere *Galuah*, ein Tanz mit Kokosnußschalen, auf der Bühne eine neue Bedeutung: Zwölf Männer schlagen während des Hüpfens je zwei Kokosnußschalen in ständig wechselnden Kombinationen gegeneinander und spornen einander zu immer höheren Sprüngen, lebhafteren Rhythmen und zunehmender Ausgelassenheit an. Manchmal wird dieser Männertanz mit dem fröhlichen Geschicklichkeitstanz *Tari piring* kombiniert, in dem zwölf Minangkabau-Frauen in beiden Händen flache Teller mit brennenden Kerzen tragen.[7] Außerdem verwandelten zahlreiche Volkstanzgruppen traditionelle Kampftänze wie den *Cakalélé* aus Ambon, die *Seudati*-Tänze aus Aceh oder den *Tari perang* aus Flores in patriotische Bühnentänze, um die Kampfbereitschaft der Bauern und Arbeiter gegen die inneren und äußeren Feinde der jungen Demokratie zu demonstrieren.

Ferner entstand eine Vielzahl neuer Tänze und Tanzsuiten bewußt zeitgemäßen, teils sogar politisch-agitatorischen Charakters im klassischen Stil oder in Kombination mit Volkstanzelementen, Arbeitsbewegungen und ausländischen Einflüssen. Darin äußerte sich der unbändige Wille vieler Choreographen und Tanzgruppen, die Tanztraditionen weiterzuentwickeln und den Bedingungen des nachkolonialen Zeitalters im Kampf um Demokratie, nationale Unabhängigkeit und um die Überwindung von Armut und Ausbeutung entsprechend künstlerisch auszugestalten. Aus der großen Anzahl derartiger neuer Werke können hier nur die wichtigsten und erfolgreichsten genannt werden.

Ein Choreograph der älteren Generation, *Kusumo Kesawa*, schuf im klassischen Surakarta-Stil den *Tari Perjoangan*, je drei oder vier Frauen und Männer stellen stolze, selbstbewußte Patrioten dar, die bereit sind, jeder feindlichen Bedrohung der Unabhängigkeit Indonesiens entgegenzutreten.[8] Ein jüngerer Choreograph aus Yogyakarta, *Wisnu Wardhana*, der sich auch mit dem indischen Tanz intensiv beschäftigt hat, wollte mit dem Tanz *Yogaprana* dafür werben, durch intensives psychisches Training die glücklichsten wie auch die widrigsten Lebensumstände ertragen und bewältigen zu lernen.

Bagong Kusudiarja ging noch weit darüber hinaus. In dem *Tari derita*, Tanz des Leidens, schilderte er ganz realistisch die körperlichen und seelischen Torturen eines unter der japanischen Okkupation in Balikpapan (Ostkalimantan) zur Zwangsarbeit genötigten Indonesiers: Arbeitshetze, Schläge und Hunger führten schließlich zum Tod.[9] Dieser Anklage imperialistischer Gewaltherrschaft stellte er in der vierteiligen Tanzsuite *Sokoguru revolusi* eine Lobpreisung der nationalen Wiedergeburt gegenüber. Der Zyklus beginnt mit einem spannungsreichen Kampftanz *Tari perang* im klassischen Yogyakarta-Stil: Moderne Guerillas besiegen ihre bösen Widersacher. Ein Arbeitstanz *Tari tani* schließt sich an: Junge Mädchen mit kleinen Schlaginstrumenten, Kentongan, in der Hand sind mit klassischen Alus-Bewegungen auf dem Weg zur Arbeit, ihnen folgen die Jungen mit kraftvollen Gagah-Schritten und -Sprüngen, sie bearbeiten den Boden, die Mädchen pflanzen den Reis, alle erfreuen sich am reichen Ertrag ihrer Arbeit. Der folgende *Tari berdikari*, Tanz der Selbsthilfe, beginnt gleichfalls mit stilisierten Arbeitsbewegungen:

graben, einander Steine zuwerfen und bauen. Im gemeinsamen Tanz mit verschiedenen choreographischen Formationen symbolisieren dann Mädchen und Jungen die Industrialisierung des Landes durch harte Arbeit. Den Höhepunkt der Suite bildet der bereits genannte heitere Volkstanz *Kuda lumping* mit Pferdeattrappen, dessen Apotheose mit dem Hissen der indonesischen Flagge endet.

Eine Tanzgruppe aus Südsumatra stellte einen anderen agitatorischen Tanz vor, den *Tari ketahanan revolusi*, Tanz der Macht der Revolution. Zwölf weiß gekleidete Mädchen tanzen langsam und spannungsvoll schreitend in verschiedenen Kreis-, Halbkreis- und Bogenformationen, während sechs Jungen in weiten schwarzen Jacken und Hosen mit je einem Schwert bewaffnet jeweils in Zweiergruppen vor, neben oder hinter den Mädchen äußerst expressiv schützende Abwehrhaltungen einnehmen, sich dabei abwechselnd stolz aufrichtend, vorsichtig duckend, kampfbereit emporschnellend und siegesgewiß springend. Mit relativ einfachen künstlerischen Mitteln erreichte die Gruppe mit diesem kurzen Tanz eine starke Wirkung.

Die Agitprop-Bewegung im Tanz drang zu Beginn der sechziger Jahre bis in viele kleine Dörfer vor. Beispielsweise realisierte *Hadip Ginting*, der Leiter einer Tanzgruppe der Batak-Karo in dem Dorf Bunuraja Kabanjahé nahe der Stadt Brastagi in Nordsumatra, mit erstaunlicher Phantasie die Idee, in dem Tanzzyklus *Tari usdek* die fünf Prinzipien der nationaldemokratischen Revolution darzustellen: u = undang-undang dasar (Verfassung), s = socialisme, d = demokrasi, e = ekonomi terpimpin (Planwirtschaft) und k = kepercayaan pada diri sendiri (Selbstvertrauen). Das Bewegungsvokabular beruhte vor allem auf bekannten Volkstänzen der Batak-Karo wie dem Opfertanz Tor-tor im ersten, einem heiteren Taschentuchtanz im zweiten, kraftvollen Arbeitsbewegungen im vierten und einem traditionellen Kampftanz im letzten Teil der Suite. Die Umfunktionierung der Volkstänze zu Sinnbildern politischer Begriffe erreichte der Autor, indem er die Tänzer bei jedem Teil entsprechende Lieder in der Sprache der Batak-Karo singen ließ. Die lebhaft zustimmende Reaktion der Dorfbevölkerung dokumentierte, daß die agitatorische Absicht Hadip Gintings deutlich verstanden wurde. Eine andere Tanzgruppe aus einem Nachbardorf veranschaulichte in dem dreiteiligen Tanz *Tiga serangkai* ein ähnliches Bestreben: Anfangs trat eine Mädchengruppe mit Sicheln auf und schilderte mit stilisierten Arbeitsbewegungen das Einbringen der Ernte; eine Gruppe von lebhaft springenden Jungen folgte mit kräftigem Schwingen von Hämmern; dann vereinigten sich beide zu einem fröhlichen Rundtanz, um schließlich mit aneinander gelegten Handgelenken Sichel und Hammer zum Symbol der von Ausbeutung befreiten Arbeit zu formieren.

Nicht weit von diesen Dörfern, in Medan, der größten Stadt Nordsumatras, hat die indonesische Tänzerin *Asmaralda* mit einer kleinen Gruppe 1965 ein bemerkenswertes Experiment gewagt. Zum ersten Mal versuchte sie in einem Tanzspiel auf der Grundlage des klassischen javanischen Tanzes Bewegungsformen des europäischen klassischen Balletts und des Ausdruckstanzes einzubeziehen. Als Fabel ihres Spiels wählte sie die auch in Indonesien wohlbekannte Erzählung von *Saïdjah und Adinda* aus dem Roman »Max Havelaar« des niederländischen Schriftstellers Multatuli (eigentlich Eduards Douwes Dekker, 1820–1887), der als Kolonialbeamter die ungeheuerlichen Mißstände und die Ausbeutung in Niederländisch-Indien kennengelernt und danach in seinen damals aufsehenerregenden Schriften angeklagt hatte.

Saïdjah ist ein Junge aus dem Dorf Badur in Westjava, der schon als Kind miterleben muß, wie seinem Vater dreimal von Abgesandten des regionalen Regenten ein zur Pflege des Reisfeldes unersetzlicher Büffel gestohlen wird. Der dritte Büffel rettet den Jungen vor dem tödlichen Angriff eines Tigers. Da der Vater nach dem Verlust des dritten Büffels nicht mehr imstande ist, die von den Holländern gesetzlich festgelegten Grundabgaben zu zahlen, flieht er in eine andere Gegend und kommt um, auch Saïdjahs Mutter stirbt. Der fünfzehnjährige Jüngling ist nun allein und beschließt nach Batavia (heute Jakarta) zu gehen, um sich als Kutscherknecht zu verdingen. Ihm war noch von seinen Eltern das um drei Jahre jüngere Mädchen Adinda aus Badur als zukünftige Ehefrau versprochen worden. Beide waren zusammen aufgewachsen und liebten sich innig. Vor seinem Weggang verspricht Saïdjah seiner Verlobten, nach 36 Monden zurückzukehren, sie würden sich dann unter dem großen Ketapan-Baum wiedersehen, wo sie sich so oft getroffen hatten. Saïdjah geht nach Batavia, wird Kutscherknecht, lebt sehr einfach, spart Geld und Wertsachen, um bei seiner Rückkehr zwei Büffel kaufen zu können. Während der langen Jahre denkt er nur an das Wiedersehen mit Adinda. Zum vereinbarten Zeitpunkt kehrt er wirklich zurück, aber Adinda ist nicht mehr in dem Dorf. Auch ihrem Vater wurden die Büffel gestohlen, mit dem Mädchen und ihren Brüdern war er übers Meer zu den Bantamern nach dem Westen geflohen, die sich vor Verzweiflung gegen die Kolonialmacht erhoben. Saïdjah zieht gen Westen, um Adinda zu suchen. Nach langer Wanderschaft kommt er zu den Bantamern, findet Adindas Vater und Brüder ermordet auf, auch seine Geliebte ist gräßlich verstümmelt. Zornig widersetzt er sich den Kolonialsoldaten und wird niedergemetzelt. In Holland wurde die blutige Unterdrückung dieses Aufstandes als großer Sieg gefeiert. Asmaralda und ihrer Gruppe gelang es, diese ungemein poetische, dabei scharf anklagende Erzählung mit ungewöhnlicher Expressivität, ergreifender menschlicher Wärme und Intensität im Tanz nachzugestalten.

Eine andere Tanzgruppe aus Bukittinggi an der Westküste Zentralsumatras brachte in dem Spiel *Mayang terurai* nach einer Volkserzählung die rührende Geschichte einer Mutter und ihrer zwei Töchter im Stil des Volkstanzes der Minangkabau mit neuen pantomimischen Elementen auf die Bühne. Die eine Tochter ist blind, erhält aber durch die Fürsorge von Mutter und Schwester plötzlich ihr Augenlicht wieder und tanzt, überwältigt von Glück und Freude.

Neben der Umwandlung von magisch-rituellen Tänzen zu neuen Volkstänzen, wie zum Beispiel eines heroischen Baris-Rituals zu einem patriotischen Tanz mit aktuellem antikolonialistischem Bezug, gab es auch auf Bali in jenen Jahren zahlreiche interessante Versuche, neue, zeitgemäße Inhalte mit den vielfältigsten klassischen Bewegungsformen zu gestalten. So choreographierte *Ketut Merdana*, der Schöpfer des Fischertanzes Tari nelayan, nach einer alten Erzählung im klassischen Stil das dramatische Tanzspiel *Jayaprana* als eine Parabel des Kampfes gegen den Feudalismus.

Jayaprana, ein einfacher Bauernjunge, wird von seinem König zum Sklaven gemacht. Sobald er erwachsen ist, gestattet ihm der König, seine geliebte Layon Sari zu heiraten. Doch als der Herrscher das schöne Bauernmädchen sieht, verliebt er sich selbst in sie. Um Jayaprana loszuwerden, schickt er ihn unter dem Vorwand fort, seine von Maduresen entführten Büffel zurückzuholen. Jayaprana führt den Befehl aus, wird aber unterwegs im Auftrag des Königs von dessen Patih Sawunggaling ermordet. Obwohl dieser behauptet, Jayaprana sei im Kampf gefallen, können einige Bauern die Wahrheit bezeugen. Inzwischen wehrt sich Layon Sari gegen die Zudringlichkeiten des Königs und wird von Bauern entführt. Der König wird böse und versucht mit Gewalt, das schöne Mädchen zurückzugewinnen. Im Kampf mit den Bauern wird der König getötet. Im Gegensatz zu allen anderen klassischen Tanzspielen gestaltete Ketut Merdana hier zum ersten Mal ein Sujet des Klassenkampfes zwischen Bauern und Feudalherren.

Ein anderer Choreograph, *Suwirtha*, ehrte 1965 in einem Tanzspiel den 1946 im Widerstandskampf gegen die Niederländer gefallenen balinesischen Helden *Ngurah Rai*. In dramatischen Szenen des klassischen Baris-Stils mit etwa zwanzig Mitwirkenden gewann der Volkskampf der Balinesen gegen die erneuten Aggressionen und Spaltungsversuche der niederländischen Kolonialisten eine ungemein eindrucksvolle künstlerische Gestalt. Auch die begleitende Gamelan-Musik zeichnete sich durch eine starke Dynamik mit realistischen Klangeffekten aus.

Die große Volkskunstbewegung der Jahre bis 1965 erfaßte auch die volkstümlichen Tanztheater *Ketoprak* in Zentraljava und *Ludruk* in Ostjava. Mit zahlreichen Stücken zu aktuellen Themen wurde das Repertoire beträchtlich erweitert.

Gewiß war die künstlerische Qualität der genannten und anderer neuartiger Versuche unterschiedlich, vor allem wenn es sich um echte Experimente handelte, scheinbar unvereinbare Stilmittel miteinander zu verbinden. Daß jedoch vieles sehr gelungen war, bewies der starke Widerhall beim Publikum. Und das war ja erst ein Beginn, der allerdings wegen der politischen Ereignisse plötzlich nicht mehr fortgeführt werden konnte.

Mit der Machtübernahme des Militärs im Oktober 1965 fand der gewaltige Aufschwung der gesamten Volkskunstbewegung ein jähes Ende. Der entsetzlichen Hexenjagd auf alle Menschen, die auch nur im Verdacht standen, fortschrittliche, vor allem sozialistische Ideen zu vertreten, fielen auch Hunderte von Volkskünstlern – Choreographen, Tänzer, Komponisten, Musiker, Maler, Bildhauer, Maskenschnitzer, Schriftsteller, Filmemacher – zum Opfer. Sie wurden grausam ermordet wie der Komponist Arief und seine ganze Familie in Banyuwangi, »verschwanden« irgendwo auf Nimmerwiedersehen oder wurden viele Jahre lang auf die in ein riesiges Konzentrationslager verwandelte Molukken-Insel Buru verbannt wie der Komponist Subronto K. Admodjo. Gewiß, viele der politisch indifferenten Äußerungen dieser Volkskunstbewegung, zum Beispiel die populären Arbeits- und Tiertänze, leben weiter. Mit der »neuen Ordnung« der Militärregierung und dem amtlich geförderten Strom ausländischer Touristen, vor allem aus den USA, überschwemmte auch die amerikanische Vergnügungsindustrie ganz Indonesien und verhinderte bislang ein schöpferisches Wiederaufleben der reichen volkskünstlerischen Schätze des Landes.

Die klassische Tanzkunst seit 1945

Wie im Ketoprak und Ludruk gab es auch im Schattenspiel schon bald nach 1945 die verschiedensten Versuche, die revolutionären Ereignisse jener Jahre in indonesischer Sprache zu gestalten. Schon 1947 fand in Madiun die erste Aufführung des *Wayang Suluh* (= Fackel) statt, in dem die Befreiung von der japanischen Okkupation, die Proklamation der Unabhängigkeit Indonesiens und der Kampf gegen die britischen und niederländischen Invasoren in der traditionellen Form der Lederpuppentänze dargestellt wurden. Wenig später schuf *Hadi Harsana* das bald weit verbreitete *Wayang Pancasila*, ein überwiegend propagandistisches Spiel über die von Sukarno schon im Juni 1945 verkündeten fünf Grundprinzipien der indonesischen Republik: Gottesglaube (Ketuhanan Yang Maha Esa, Toleranz verschiedener Religionen), Nationalismus (Kebangsaan, Indonesien als nationale Einheit), Humanismus (Perikemanusiaan, Außenpolitik ohne Aggressivität und Chauvinismus), Demokratie (Mufakat, Mitspracherecht aller Schichten der Bevölkerung) und soziale Gerechtigkeit (Keadilan sosial, Recht auf Wohlfahrt). Diese aus bürgerlich-demokratischen, marxistischen, islamischen und eigenständig indonesischen Gedanken zusammengetragene antiimperialistische Ideologie wirkte bis in die sechziger Jahre außerordentlich stimulierend, erwies sich aber bei der Zuspitzung des Klassenkampfes als kleinbürgerliche Illusion, obwohl auch die Militärdiktatur nach 1965 daran festhielt.[10]

Die Puppen dieser und anderer moderner Schattenspiele tragen zwar noch Züge der traditionellen Figuren, sind aber den zeitgenössischen Gestalten angepaßt. Der göttliche Held erscheint jetzt mit einem Militärkäppi und einer Pistole als Symbolen der nationalen Unabhängigkeit. Aus Arjuna wird Nasantara putra, die Sonne des Landes. Er kämpft nun gegen den Riesenkönig als das Sinnbild der kolonialistisch-imperialistischen Mächte, um die schöne Merdekawati, die Verkörperung des Freiheitskampfes, zu gewinnen.[11] Andere Wayang-Figuren tragen die Gesichtszüge Sukarnos und Hattas oder die Uniformen britischer und holländischer Militärs. Doch diese Modernisierungen haben sich ebensowenig wie die Anpassung der Lieder und der Gamelan-Musik an die neuen Sujets auf die Dauer durchsetzen können. Auch ein islamisches *Wayang Marifat* oder ein christliches *Wayang katolik* auf Themen aus der Bibel fanden nur wenig Verbreitung. Bei der Gestaltung der Heldentaten des historischen Prinzen Diponegoro während des antikolonialistischen Volksaufstandes von 1825 bis 1830 im *Wayang Diponegoro* konnte dagegen auf diese Modernisierungen weitgehend verzichtet werden. Die alten Stücke des Wayang purwa bieten den Zuschauern von heute so viele Assoziationsmöglichkeiten, daß sie sich nach wie vor einer außerordentlichen Beliebtheit erfreuen. Hinzu kommt, daß sich unter den politischen Verhältnissen vor allem der Jahre 1945 bis 1965 die komischen Figuren mit ihren kritischen Anspielungen auf Zeitgeschehnisse viel weniger Zwänge auferlegen mußten als früher. Ihre Improvisationen im Wayang kulit und Wayang wong erhielten einen weitaus höheren Stellenwert, ja sie verselbständigten sich manchmal geradezu.

Seit den siebziger Jahren bemüht sich die Militärregierung, die Wayang-Spieler für ihre Politik zu gewinnen. Dies geschieht vor allem über die Tanzakademie in Yogyakarta, an der seit 1973 alle Formen des Wayang gelehrt werden, über viele andere Tanzschulen und die von Dalang-Vereinigungen organisierten Zweijahreskurse. Die politische Schulung gehört seitdem zum obligatorischen Ausbildungsprogramm. So wird versucht, die Dalang der Schattenspiele und die Darsteller der komischen Figuren des Wayang wong als Propagandisten für Regierungsprogramme einzusetzen. Auch die Probleme der Familienplanung, Geburtenregelung und der Umsiedlung, die besonders wegen der Überbevölkerung Javas dringlich sind, werden in die Spiele einbezogen. Ernsthafte Kritik an der Politik der Regierung ist dagegen nur in äußerst bescheidenem Maße möglich.

Die klassische Tanzkunst Javas erlebte seit den fünfziger Jahren einen enormen Aufschwung. Neben der staatlichen Tanzakademie entstanden zahlreiche private Schulen, die eigene Wayang-wong-Gruppen aufbauten, an Universitäten und Schulen bildeten sich Studenten- und Schülerensembles. Sie alle machten in Städten und Dörfern die ganze Bevölkerung mit den Erlebnissen Ramas und Sintas, den Kämpfen der Pandawa und Kaurawa, den Siegen der edlen Helden über die bösen Mächte der Riesen und Dämonen vertraut. Auch zahlreiche neue Stücke entstanden. So schuf in Westjava der junge Choreograph *Enoch Atmadibrata* aus Bandung Anfang der sechziger Jahre das Tanzspiel *Lutung kasarung* nach Volkserzählungen der Region Priangan im Sunda-Stil. Obwohl seit den schlimmen Ereignissen im Oktober 1965 zahlreiche der Kommunistischen Partei und der Nationalpartei Sukarnos nahestehende Schulen und Gruppen vernichtet oder aufgelöst wurden, erlahmte das Interesse an der traditionellen Tanzkunst keineswegs.

Eine neue Situation ergab sich erst, als seit dem Ende der sechziger Jahre eine sich ständig steigernde Invasion ausländischer Touristen über das Land ergoß, besonders auf Java und Bali. Sie kamen aus Australien, Japan, anderen asiatischen Staaten, vor allem aber aus den USA und Westeuropa und brachten Geld in das ökonomisch auf schwachen Füßen stehende Inselland. Überall schossen profitable Hotels aus dem Boden. Und selbstverständlich gehörten Aufführungen klassischer Tänze und Tanzspiele zu den Attraktionen der größten Hotels, für die in der ganzen Welt des Imperialismus die Reklametrommel gerührt wurde. So ergab sich für viele junge Tänzerinnen, Tänzer und Gamelan-Spieler eine neue Möglichkeit, ihre Kunst den Ausländern vorzuführen und damit etwas Geld zu verdienen. Gewiß gab und gibt es unter den Touristen manche Tanzbegeisterte, die sich ernsthaft für die klassische Kunst interessieren. Aber für die überwiegende Mehrzahl blieben diese Vorführungen nichts weiter als eine unterhaltsame exotische Zerstreuung. Daher mußten sich die Darbietungen auf eine oder anderthalb Stunden beschränken und so abwechslungsreich wie möglich sein. So konnten aus den Wayang-wong-Spielen nur einzelne, für Ausländer spektakuläre Szenen herausgelöst und mit anderen kürzeren Tänzen zu einem kurzweiligen Programm zusammengestellt werden. Ebenso wie die wunderbaren Holz-, Masken- und Elfenbeinschnitzereien wurde auch die klassische Tanzkunst vermarktet.

Das führte selbstverständlich zu Simplifizierungen, Verkürzungen und zur Prononcierung effektvoller Details. So kam es jetzt vor, daß die ganze Fabel des Ramayana in Aufführungen von einer oder gar einer halben Stunde Dauer zusammengedrängt wurde.[12] Von der tiefen Weisheit, den subtilen menschlichen Regungen, den Widersprüchlichkeiten einzelner Figuren, der außerordentlichen Differenziertheit des Tanzes blieb kaum mehr etwas übrig.

Zahlreiche Choreographen und Tänzer sind sich jedoch ihrer großen Verantwortung bewußt, die klassische Tanzkunst vor solchen Erscheinungen des Verfalls und der Entwertung zu schützen. Vor allem die Tanzakademie in Yogyakarta, aber auch andere kulturelle Institutionen und private Schulen sind ständig darum bemüht, ein hohes künstlerisches Niveau zu bewahren. In Surakarta, Semarang und Malang existieren große professionelle Ensembles, die das klassische Wayang wong mit Gesang und gesprochenem Text gewissenhaft pflegen und auf Gastspielreisen in vielen Teilen des Archipels verbreiten. Daneben gibt es eine Vielzahl semiprofessioneller Gruppen, Studenten-, Schüler- und anderer Laienensembles, die sich mit Begeisterung dem klassischen Tanztheater verschrieben haben.

Doch der allmähliche Übergang von den exklusiven Aufführungen vor einem kleinen Zuschauerkreis in den Kraton, den Fürstenhöfen, zu Vorstellungen in größeren Theater- und Kinosälen und vor allem das enorm wachsende Interesse der Bevölkerung während der fünfziger Jahre zwang verantwortungsbewußte Choreographen und Organisatoren dazu, nach neuen Formen der Darbietung vor Tausenden von Zuschauern zu suchen. Als 1953 der gewaltige Shiva-Tempel Lara Jonggrang in dem hinduistischen Tempelkomplex Prambanan unweit von Yogyakarta restauriert worden war, bot es sich an, auf dem Innenhof dieses Heiligtums große, spektakuläre Aufführungen zu veranstalten. Doch die Möglichkeit, das Singen und Sprechen der Aufführenden durch den Einsatz moderner Technik zu verstärken, hätte zu einer akustischen Vergröberung geführt. So kam man, einer Tendenz des europäischen Balletts folgend, auf die Idee, das klassische Wayang wong zu einem großen Tanztheater zu entwickeln, in dem die Darsteller nicht mehr sprechen und singen, sondern nur noch tanzen. Damit entfielen auch viele der komischen Intermezzi mit den nur Einheimischen verständlichen kritischen Bemerkungen und Witzen über aktuelle Ereignisse. Diese Form des Tanztheaters nannte man *Sendratari*, eine Abkürzung von Seni = Kunst, Drama = Schauspiel und Tari = Tanz.

Kusumo Kesawa aus Surakarta, der den bereits genannten patriotischen Tanz geschaffen hatte, war der erste Choreograph eines solchen großen Tanztheaterspiels, des *Sendratari Ramayana*, das im Juni 1961 im zu einem Amphitheater ausgebauten Innenhof des Prambanan aufgeführt wurde. Unter dem Tropenhimmel im Vollmondschein vor dem hell angestrahlten Lara Longgrang erhielt die künstlerisch vorzügliche Darstellung der dramatischen Geschichte Ramas und Sintas mit den spannenden Kämpfen gegen den bösen Riesendämon Rahwana und sein Gefolge eine ganz neue, großartige Dimension. Um sich nicht nur auf einzelne Episoden zu beschränken, wie das im Wayang kulit und Wayang wong üblich ist, sondern die ganze Ramayana-Fabel möglichst vollständig darstellen zu können, teilte man das Geschehen in vier Vorstellungen zu je zwei Stunden auf. Seit 1961 finden die Aufführungen alljährlich in den Monaten Juni bis Oktober an vier aufeinanderfolgenden Abenden unmittelbar vor und nach dem Vollmond statt.

Doch auch in dieser Version von insgesamt acht Stunden mußten beträchtliche Abstriche in der Handlung gemacht werden. So verzichtete man auf die ganze Vorgeschichte in Ayodhya mit der Hochzeit Ramas mit Sinta und der Intrige der Stiefmutter Ramas, Kekayi, die ihren Sohn, Ramas jüngeren Halbbruder Bharata, zum Thronfolger erkoren hat. Der erste Abend des Sendratari beginnt sogleich mit der Wanderung Ramas, Sintas und Ramas treuen Halbbruders Laksmana durch den Wald in die Verbannung. Der Kampf Ramas mit Rahwana, dem bösen Herrscher der Insel Langka, der sich in Gestalt eines goldenen Hirsches Sinta nähert, die Suche Laksmanas nach Rama, die Entführung Sintas durch Rahwana, der Flug beider nach Langka und der vergebliche Versuch des Vogels Jatayu, Sinta zu befreien, bilden die Höhepunkte der ersten Vorstellung. Am zweiten Abend finden Rama und Laksmana den sterbenden Jatayu, der ihnen vom Raub Sintas berichtet, sie machen sich auf den Weg, um Sinta zu finden, begegnen dem Affenheer und seinem König Sugriwa, Rama hilft Sugriwa, dessen bösen Bruder Subali zu töten, der mit magischer Kraft begabte Affenheld Hanuman fliegt mit einem Ring und einer Botschaft Ramas nach Langka, wo sich Sinta gegen die Aufdringlichkeiten Rahwanas wehrt. Sinta schöpft neuen Mut, und Hanuman kehrt nach einem Kampf gegen Rahwanas Sohn Indrajit zu Rama zurück. Im dritten Teil verweigert Rahwana eine Aufforderung Ramas, sich zu ergeben, und verjagt seinen jüngeren Bruder Kumbakarna aus seinem Palast. In dem nun folgenden Kampf werden Rahwanas Minister Prahasta, sein Sohn Indrajit, seine jüngere Schwester Saspakenaka und auch der heldenhafte Kumbakarna von Rama, Laksmana und dem Affenheer getötet. Am letzten Abend läßt Rahwana Sinta mitteilen, daß Rama und Laksmana im Kampf gefallen seien, doch Sinta bleibt standhaft, es kommt zu dem entscheidenden dramatischen Zweikampf zwischen Rahwana und Rama, der böse Riesendämon unterliegt und stirbt, doch als Rama seiner geliebten Sinta endlich wiederbegegnet, bezweifelt er ihre Treue, sie ist bereit, die Feuerprobe abzulegen, das Feuer wird entzündet, Sinta verbrennt nicht, erscheint sogar strahlender und schöner als zuvor, Rama ist tief gerührt, der Vereinigung des göttlichen Liebespaares steht nun nichts mehr im Weg, das ganze Affenheer und das Volk feiern den Triumph des Guten, Wahren, Edlen über das Böse.

Die kluge Einteilung der ganzen Handlung, der dramaturgische Aufbau des Ganzen und jedes einzelnen der vier Teile mit der abwechslungsreichen Folge von zart lyrischen Momenten, Szenen mit vielfältigen Intrigen und äußerst heftigen Kämpfen läßt den tiefen humanistischen Gehalt des Tanzepos, den Sieg der Liebe, des Edelmutes und der Schönheit über Haß, Machtmißbrauch, Heuchelei, Verlogenheit und Egoismus in vorbildlich klassischer Ausführung zu einem unvergeßlichen Erlebnis werden.

Der große Erfolg dieses ersten großen Sendratari bei der einheimischen Bevölkerung und der anfänglich noch geringen Zahl ausländischer Gäste führte bald dazu, daß auch anderenorts solche großen Tanzspiele entstanden. So schuf *Wayan Beratha* aus Denpasar 1965 ein *Sendratari Ramayana* ganz im Stil des balinesischen Wayang wong. Einige Jahre später, als der Strom ausländischer Touristen anschwoll, wurde das ostjavanische Pandaan-Amphitheater unweit des Tempelkomplexes Panataran, nördlich der Stadt Blitar, zum Schauplatz des *Sendratari Wilwatikta* mit Darstellungen legendarisierter historischer Ereignisse um Damarwulan, Gajah Mada und andere ostjavanische Helden aus der Zeit des Majapahit-Reiches.

Gajah Mada ist gewiß eine der markantesten Persönlichkeiten der javanischen Geschichte. Er war ein einfacher Bauernsohn, 1319 half er dem Majapahit-König Jayanagara bei der Niederschlagung einer Revolte, wurde deshalb zum Gouverneur von Kahuripan ernannt, stieg 1331 zum Ersten Minister Majapahits auf, dehnte die Macht und den Einfluß des Reiches systematisch aus, eroberte 1343 Bali und 1350 das westjavanische Sunda-Reich Pajajaran. Während er in balinesischen Topeng-Spielen als böser Tyrann dargestellt wird, gilt er besonders auf Java als einer der verehrungswürdigen historischen Helden, der die Einheit Indonesiens anstrebte.

Die Universität Yogyakarta trägt heute seinen Namen, und *Soedarsono*, der Direktor der dortigen Tanzakademie, choreographierte für ein Studentenensemble 1970 das *Sendratari Gajah Mada*. Darin werden einige Ereignisse der rasanten politischen und militärischen Karriere Gajah Madas geschildert: sein Kampf gegen die Revolte des Gouverneurs Ra Kuti, eine böse Intrige gegen König Jayanagara, der infolge der falschen Behandlung einer Krankheit stirbt, die Berufung von Jayanagaras Schwester Tribhuwana zur Königin, die Niederwerfung einer weiteren Revolte, der Verzicht des alten Arya Tadah auf das Amt des Ersten Ministers zugunsten Gajah Madas und schließlich die Einwilligung der Königin Tribhuwana zu dieser Ernennung.[13] Die Handlung dieses bewußt patriotischen Tanzspiels beschränkt sich auf die Revolten, Intrigen und siegreichen Kämpfe um die Macht Majapahits und verzichtet auf jegliche Liebesaffären. Die Tanztechnik basiert auf dem klassischen Yogyakarta-Stil in harmonischer Kombination mit Elementen des Surakarta-Stils – einige Männerrollen wurden von Frauen getanzt – und mehreren klassisch-balinesischen Bewegungsformen.

Ein anderes, sehr erfolgreiches, inhaltlich ungewöhnlich neues, von Soedarsono 1973 im Yogyakarta-Stil choreographiertes Tanzspiel ist das *Sendratari Rara Mendut dan Pranacitra*, eine Romeo-und-Julia-Tragödie, die sich nach einer Chronik des Mataram-Reiches während der Herrschaft Sultan Agungs (1613–1645) zugetragen haben soll.[14] Der Heerführer Tumenggung Wiraguna hat im Auftrag des Sultans das nördlichste Gebiet Zentraljavas um Pati erobert und bringt reiche Beute heim, darunter auch viele schöne Mädchen. Als Belohnung übergibt ihm der Sultan die schönste von allen, Rara Mendut. Doch Wiraguna, zwar noch von kräftiger Statur, hat schon graues Haar und nur noch zwei Oberzähne, außerdem ist er verheiratet und besitzt mehrere schöne Nebenfrauen. Er verliebt sich in Rara Mendut und will sie unbedingt heiraten. Aber das junge Mädchen weigert sich und will lieber sterben als seine Frau werden. Wiraguna wird wütend und verurteilt sie zu einer täglich zu entrichtenden hohen Geldstrafe. Rara Mendut willigt ein, bittet aber um Erlaubnis, dieses Geld durch den Verkauf von Zigaretten in einer Bude am Straßenrand verdienen zu dürfen. Wiraguna stimmt lächelnd zu in der Annahme, daß ihr das nie gelingen würde. Doch er täuscht sich, Rara Menduts Schönheit lockt viele Käufer an. Eines Tages kommt der edle junge Kaufmannssohn Pranacitra auf dem Weg zu einem Hahnenkampf in Begleitung zweier Diener bei Rara Menduts Bude vorbei. Als er das Mädchen sieht, entflammt sofort seine Liebe, auch Rara Mendut verliebt sich in den jungen Mann. Als er vom Hahnenkampf zurückkehrt, übergibt sie ihm einen Brief, in dem sie ihn bittet, in Wiragunas Dienst zu treten, falls er ihre Liebe erwidere, sie würde den alten Heerführer darum ersuchen. Pranacitra nimmt rührend Abschied von seiner Mutter, die ihn nur ungern gehen läßt. Als Rara Mendut erfährt, das Pranacitra ihren Willen erfüllt hat und wirklich in Wiragunas Dienst steht, willigt sie ein, Wiraguna zu heiraten, damit sie ihren Geliebten heimlich jederzeit treffen könne. Eines Tages muß Wiraguna im Palast des Sultans erscheinen, doch Pranacitra gibt vor, krank zu sein, und begleitet ihn nicht. Heimlich geht er mit Rara Mendut zum Dorfältesten, sie erklären ihm, daß sie sich trotz Wiragunas Rechten in Liebe verbinden wollen und erbitten seinen Segen. Wiraguna aber kehrt früher als erwartet zurück, vermißt Rara Mendut und schickt Truppen aus, um sie zu suchen. Pranacitra kann gerade noch fliehen, doch Rara Mendut wird gefangen. Wiraguna schlägt in besinnungsloser Wut Rara Mendut mit einer Peitsche bis zur Bewußtlosigkeit. In der nächsten Nacht gelingt es Pranacitra mit Hilfe einiger Freunde, seine Geliebte zu entführen. Sie fliehen und wollen gerade einen Fluß überqueren, da werden sie von Wiragunas Truppen übermannt. Beide werden vor den Heerführer gebracht, der in rasendem Zorn Pranacitra mehrmals mit seinem Kris sticht, bis er tot umfällt. Rara Mendut stürzt sich verzweifelt in den Kris, den Wiraguna noch in seiner Hand hält. Sie sinkt tot neben ihrem Geliebten zu Boden. Zu spät bereut Wiraguna seine Tat. Zur Buße läßt er die beiden Leichname in einem Grab bestatten, damit ihre Liebe ewig fortdauern kann.

Im Gegensatz zu diesem tragischen, die Gemüter der Zuschauer zutiefst aufwühlenden Tanzdrama bezaubern zwei verschiedene, auf der gleichen Legende aus dem 16. Jahrhundert basierende Tanzspiele durch ihren heiter-naiven lyrischen Grundton, das noch in den sechziger Jahren entstandene *Sendratari Jakatarub* im klassischen Yogyakarta-Stil und einige Jahre später das rein balinesische *Sendratari Rajapala.*[15] Die Fabel beider Stücke ist schlicht. Eines Tages fliegen einige Nymphen vom Himmel herab und lassen sich am Ufer eines Sees inmitten eines Waldes nieder. Sie legen ihre Kleider ab und tummeln sich fröhlich planschend im Wasser. Da kommt ein schöner, im Wald jagender junger Mann daher – in Zentraljava Jakatarub, auf Bali Rajapala genannt – und erblickt klopfenden Herzens die Mädchen im Wasser. Er verliebt sich schnurstracks in die schönste Nymphe – namens Devi Nawangwulan auf javanisch, Suprabha auf balinesisch – und will sie unbedingt heiraten. Er geht zum Ufer, raubt die Kleider seiner Angebeteten und versteckt sie in einem Reisschober. Die Mädchen beenden ihr Bad und wollen sich wieder anziehen. Zu ihrem Entsetzen merken sie, daß die Kleider der einen Nymphe verschwunden sind. Sie suchen vergeblich, doch da ihre Zeit gekommen ist, fliegen alle wieder gen Himmel, nur Devi Nawangwulan – Suprabha muß zurückbleiben. Da tritt der junge Mann hervor und verspricht ihr die Kleider zurückzugeben, sobald sie ihr Einverständnis zur Heirat gegeben hat. Nach einigem Zögern willigt sie ein.

Der Schluß des Tanzspiels ist in beiden Versionen verschieden. Im balinesischen Sendratari endet das Stück mit einem zauberhaften Liebestanz Rajapalas und Suprabhas. In der javanischen Fassung gibt Jakatarub seiner Geliebten die Kleider nicht zurück, er nimmt vielmehr Devi Nawangwulan in sein Haus auf, sie heiraten und bekommen ein Kind, das dazu bestimmt ist, König des Mataram-Reiches zu werden. Erst nach einigen Monaten entdeckt Devi Nawangwulan ihre Nymphenkleider im Reisschober, zieht sie an, nimmt traurig und freudig zugleich Abschied und fliegt davon, Rajapala bleibt tiefbetrübt mit dem Kind zurück. Auch in der Erzählweise, der Tanztechnik, in den Kostümen und der Gamelan-Musik unterscheiden sich beide Stücke deutlich voneinander. In Yogyakarta ist der Duktus trotz aller Lieblichkeit und Differenziertheit strenger, verhaltener, auf Bali überwiegen expressivere, dynamischere Abläufe und eine ausgeprägte Mimik. Die gleiche Fabel wie auf Bali liegt übrigens auch dem Tanzspiel *Mak inang pulau kampai* zugrunde, das in Nordsumatra als hochkultivierter Zweitanz sehr beliebt ist.

Neben diesen großen Sendratari entstanden vor allem in Westjava und auf Bali verschiedene Solotänze im klassischen Stil, von denen hier nur noch zwei erwähnt werden sollen.

Da ist die merkwürdige javanische Geschichte um einen Krebskönig in dem Solomännertanz *Kendit Birayung* im Sunda-Stil. Eines Tages begegnet der König der Krebse am Ufer eines Flusses sieben jungen Mädchen, die am anderen Ufer ihren Weg zu einem schönen, charaktervollen jungen Mann fortsetzen wollen. Der König Kendit Birayung ist bereit, sie sicher über den Fluß zu bringen, wenn ihm jedes von ihnen einen

Kuß gibt. Sechs sind einverstanden, die er ans andere Ufer trägt. Doch die jüngste, am wenigsten festlich gekleidete Jungfrau bleibt zurück, sie will dem Krebskönig keinen Kuß geben. Sie wird zornig und schlägt mit ihrer magischen Waffe, einer Palmblattrippe, auf das Wasser. Der Fluß teilt sich, sie erreicht trocken das andere Ufer und läßt das Wasser wieder fließen. Kendit Birayung bleibt enttäuscht allein zurück. In dem Tanz tritt nur der Krebskönig im stilisierten Tierkostüm mit Maske auf. Mit vielen Seitwärts- und Rückwärtsgängen, charakteristischen Kopf und Armbewegungen erweckt er die Illusion, daß die Mädchen leibhaftig erscheinen und das siebente seine magische Kraft beweist.

Der andere neue Solotanz *Panji Semirang* stammt aus Bali und wird meist von einem Mädchen ausgeführt. Die schöne Tochter des Königs von Daha, Candrakirana, ist seit langem mit Panji, dem Königssohn aus Janggala, verlobt, aber ihrer Heirat stellen sich immer wieder andere Hindernisse in den Weg. Candrakirana bleibt trotz aller Prüfungen ihrem Geliebten treu, verwandelt sich mit Hilfe der Götter in den stattlichen, agilen Kämpfer Panji Semirang und findet schließlich ihren Verlobten. In diesem Tanz bereitet sie sich sorgfältig auf die Begegnung mit ihrem Geliebten vor und offenbart – in Anlehnung an die klassischen Baris-Tänze – ihren unbezwingbaren Kampfeswillen und ihre Gewandtheit im Niederringen ihrer Gegner. Es steht außer Frage, daß gerade dieser Tanz bei den Zuschauern starke Assoziationen mit den innenpolitischen Auseinandersetzungen der Gegenwart hervorruft.

Die rasante Entwicklung der indonesischen Tanzkunst in den letzten vierzig Jahren demonstriert trotz der tragischen Ereignisse des Jahres 1965 und der großen Gefahren einer Überflutung des Volkstanzschaffens mit amerikanischem Pop und Rock sowie der Vermarktung und damit einer unkünstlerischen Simplifizierung und Verflachung der klassischen Tanzkunst jene Bhinneka tunggal ika, jene Vielfalt in der Einheit, auf die sich die Bewohner des Archipels zu Recht immer wieder berufen. Indonesien nimmt unbestreitbar einen bedeutenden Platz in der Weltkultur des Tanzes ein. Diese vielfältige, an humanistischen Werten so reiche Kunst zu erhalten, zu pflegen, vor gefährlicher Verwässerung zu schützen, durch mutige Neuerungen weiterzuentwickeln und zu bereichern, ist eine gewaltige Aufgabe für die Zukunft. Sie kann nur gelöst werden, wenn auch Indonesien wie alle anderen ehemals kolonial ausgebeuteten Staaten langfristig seiner enormen ökonomischen, politischen und auch demographischen Probleme im gesicherten Weltfrieden Herr wird und seiner Kultur und Kunst die unbedingt notwendige ideelle und materielle staatliche Unterstützung angedeihen läßt.

Anmerkungen

1 Soedarsono: Dances in Indonesia. Jakarta 1974, S. 118
2 Soedarsono a. a. O. S. 119
3 Siehe S. 58
4 Siehe S. 45
5 Siehe S. 124
6 Siehe S. 59
7 Siehe S. 41
8 Soedarsono a. a. O. S. 119
9 R. O. Simatupang: Dances in Indonesia, Jakarta o. J. (1965), S. 26
10 Hans Dieter Kubitschek und Ingrid Wessel: Geschichte Indonesiens. Berlin 1981, S. 158
11 Moerdowo: Reflections on Indonesian Arts and Culture. Surabaya 1963, S. 183 f.
12 Soedarsono a. a. O. S. 81
13 Soedarsono a. a. O. S. 115 ff.
14 Soedarsono a. a. O. S. 94 ff.
15 Soedarsono a. a. O. S. 114 f. und 186 f.

Anhang

Erklärung indonesischer Begriffe

Adat: Sitten, Gebräuche und die regional unterschiedliche, noch auf gentilgesellschaftlicher Grundlage fußende Rechtsprechung

Adipati: Vasall eines Königs oder Fürsten

Agem: Rhombische Grundposition der nach außen gedrehten Beine im balinesischen Maskentanz

Alus: Verfeinerte, elegante, weiche Art dcs klassischen Tanzes

Angklung: Eintöniges Schüttel-Musikinstrument aus Bambus, nur gruppenweise verwendbar

Apsara: In der indischen Götterwelt verführerische Tänzerinnen

Babad: Altjavanische, auf Palmblättern geschriebene Chronik

Badik: Bei den Orang Badung in Südsumatra beidseitig scharf geschliffenes Messer

Bedaya: Javanische Hoftänzerin

Barong: Auf Bali ursprünglich Waldgeist oder Totemtier, Repräsentant des Guten, des Lichts und der Sonne; Barongfiguren mit verschiedenen Tiermasken dienen rituellen Zwecken; im Barong-Tanztheater ist Barong keket ein phantastisches, vierbeiniges, von zwei Tänzern dargestelltes Fabelwesen

Batik: Traditionelle mehrfarbige, in mehreren Arbeitsgängen herzustellende Tücher mit kunstvollen Ornamenten und stilisierten Figuren

Bhinneka tunggal ika: Vielfalt in der Einheit indonesischer Kultur

Bissu: Schamane oder Priester bei den Buginesen an der Ostküste Kalimantans

Bonang: Im Gamelan-Orchester Metallophone mit einer doppelten Reihe von je fünf (pelog) oder sieben (slendro) gongartigen Kupferkesseln, meist in zwei Ausführungen im Oktavabstand

Budo Utomo (Edles Streben): Erste bedeutende, 1908 gegründete Reformbewegung für die nationale Befreiung vom Kolonialismus

Celempung: Im Gamelan-Orchester mit den Fingern gezupfte sechs- bis zwanzigsaitige Zither

Condong: Hofdame, Begleiterin der Königin

Dalang: Im Schattenspiel Wayang kulit der ausführende Spieler, er spricht oder singt alle Texte, führt alle auftretenden Schattenfiguren und dirigiert das begleitende Gamelan-Orchester

Datu: Priester bei den Batak in Nordsumatra

Dedari: Himmlischer guter Geist

Dukun: Schamanen oder Tänzerinnen, die im Trancezustand der Magie fähig sind und übersinnliche Kräfte besitzen

Gagah: Kraftvolle, energische, starke Art des klassischen Tanzes

Gamelan: Seit dem 14. Jahrhundert nachweisbares Orchester, das aus verschiedensten größeren und kleineren Gongs, Metallophonen, Xylophonen, einer Flöte und einem Streichinstrument, insgesamt zwanzig bis fünfundzwanzig Instrumenten zusammengesetzt ist

Gambang: Xylophone im Gamelan-Orchester

Garuda: Phantastischer mythischer Vogel

Gedrug: Im klassischen javanischen Tanz das Treten mit beiden Füßen

Gendang: Konisch geformte, beidseitig mit den Fingern bespielte Faßtrommel größeren (gending) oder kleineren (ciblon) Formats

Gendér: Im Gamelan-Orchester dünne, mit wattierten Schlegeln bespielte Bronzeplatten, die an Schnüren über Bambusröhren als Resonanzkörper aufgehängt sind, meist in zwei Ausführungen im Oktavabstand

Gending: Im Gamelan-Spiel die Grundmelodie

Gupak: Balinesischer Name für Gendang, die konisch geformte Faßtrommel

Hasta: Indische Bezeichnung für Handhaltung, auch Mudra

Ibing: Im klassischen Sunda-Tanz die verfeinerte, weiche Art des Tanzes

Igel wajah: Auf Bali alte Tänze

Jinjit: Im klassischen javanischen Tanz das Vorwärtsschreiten auf Zehen

Joged: Auf Bali beliebter Werbetanz; im klassischen Sunda-Tanz die kraftvolle, energische Art des Tanzes

Kain: Auf Java und Bali von Männern und Frauen getragenes, um die Hüfte gewundenes Batiktuch

Kecapi: Zither im sundanesischen Gamelan-Orchester

Kempul: Im Gamelan-Orchester der große Gong in verschiedenen Ausführungen

Kendang: Javanischer Name für Gendang, die konisch geformte Faßtrommel

Kenong: Im Gamelan-Orchester hell klingender, mittelgroßer Gong

Ketuk: Im Gamelan-Orchester dunkel, gedämpft klingender gongartiger Kupferkessel

Kicat: Im klassischen javanischen Tanz das vorsichtige Vorwärtsgehen mit kurzem Berühren des Fußbodens

Kraton: Hof eines Königs oder Fürsten

Kris: Kunstvoll verzierter Dolch

Lakon: Einzelnes Tanztheaterstück

LEKRA: Lembaga Kebudayaan Rakyat, Institut für Volkskultur, der PKI nahestehende Kulturorganisation

Lesung: Bambusstab zum Stampfen des Reises

Leyak: Kleiner böser Geist in Südbali

LKN: Lembaga Kebudayaan Nasional, Institut für Nationalkultur, der PNI nahestehende Kulturorganisation

Lontar: Palmblattinschrift

Mudra: Indische Bezeichnung für Handhaltung, auch Hasta

Naga: Die Schlange als Schutzgeist und Dämon

Nasakom: Abkürzung für Nasionalis, Agama, Komunis, die von Sukarno angestrebte Einheit nationalistischer, religiöser und kommunistischer Kräfte

Natyashastra: Komplexes Lehrbuch der klassischen indischen Theaterkunst aus dem 1. bis 4. Jahrhundert

Ngèlmu: Magisches »Wissen«

Ngojog: Im klassischen javanischen Tanz das Ausfallen eines Beines mit dem Kopf in der Ausfallrichtung

Ngunus: Im klassischen javanischen Tanz das leichte Heben und langsame Zurückziehen eines Fußes

Nyabet: Im klassischen javanischen Tanz das Hochwerfen der Schärpe

Noleh: Im klassischen javanischen Tanz das Umsehen nach beiden Seiten

Panakawan: Diener eines Königs, Fürsten oder Prinzen

Pancak jonggo: Im klassischen javanischen Tanz die Seitwärtsbewegung des Kopfes

Pancasila: Die von Sukarno 1945 proklamierten fünf Grundprinzipien des indonesischen Staates: Gottesglaube, Nationalismus, Humanismus, gelenkte Demokratie und soziale Gerechtigkeit

Parekan: Spaßmacher im Theater

Patih: Minister, auch Magier

Pelog: Fünftöniges Tonsystem

Pemangku: Dorfpriester, Tempelwächter auf Bali

Pencak: Indonesisches tänzerisch-sportliches Kampfspiel

Pesinden taledek: Berufstänzerinnen an javanischen Königs- und Fürstenhöfen, auch Ronggeng

Petilan: Teil, Fragment, Einzeltanz aus einem Tanztheaterstück

PKI: Partai Komunis Indonesia

PNI: Partai Nasional Indonesia

Pui-pui: Oboenartiges Musikinstrument

Rabana: Tamburinartiges Musikinstrument

Raket: Im 14. Jahrhundert in Ostjava Tanztheaterspiel vermutlich ohne Masken

Rangda: Auf Bali Witwe, als Frau eines Geistes wird sie als Hexe, Personifizierung des Bösen oder gar als Todesgöttin aufgefaßt, im Tanztheater Gegenspielerin des Barong

Rebab: Zweisaitiges Streichinstrument arabischen Ursprungs

Ronggeng: Berufstänzerinnen an javanischen Königs- oder Fürstenhöfen, auch Pesinden taledek

Sampur: Um die Hüfte gewundene, an beiden Seiten lang herabfallende Schärpe

Sanghyang: Auf Bali vielgestaltige Gottheit, die durch spezielle rituelle Tänze beeinflußbar ist

Saron: Im Gamelan-Orchester Gruppe von Metallophonen, die die Grundmelodie (Gending) spielen; gerundete Metallplatten verschiedener Tonhöhe sind mit einem Metallstift auf einem verzierten Holzgestell befestigt, meist in zwei Ausführungen, barung und demung, im Abstand einer Oktave

Sawah: Terrassenförmiger Reisanbau mit Bewässerungssystem

Sedahan: Fürstlicher Beamter für Bewässerung

Sembah: Begrüßung mit traditionellen Körper- und Handhaltungen

Sendratari: Neues künstlerisches Tanztheater ohne gesungene oder gesprochene Dialoge, eine Wortverbindung von Seni = Kunst, Drama und Tari = Tanz

Serimpi: Javanische Hoftänzerin

Sila: Sitzhaltung im klassischen javanischen Tanz

Slendro: Siebentöniges Tonsystem

SOBSI: Sentral Organisasi Buruh Seluruh Indonesia, Zentralindonesischer Arbeiterverband

Stupa: Buddhistischer Sakralbautyp

Subak: Anbau- und Bewässerungssystem von Reisfeldern auf Bali

Suling: Flöte

Susuhunan, auch Sunan: Fürst, Herrscher

Tahuri: Seemuschel als Musikinstrument

Topeng: Maske

Usdek: Die fünf Prinzipien der nationaldemokratischen Revolution, Abkürzung von u = undang-undang dasar (Verfassung), s = sosialisme, d = demokrasi, e = ekonomi terpimpin (gelenkte Wirtschaft), k = kepercayaan pada diri sentiri (Selbstvertrauen)

Wayang: Theaterspiel in verschiedenen Formen

Wayang beber: Auf einem langen Papier- oder Stoffstreifen gemalte Szenen werden abgerollt

Wayang gedok: Schattentheater in Ostjava mit Liebesgeschichten des Prinzen Panji

Wayang golek: Spiel mit plastischen Holzpuppen

Wayang klitik: Spiel mit flachen Holzpuppen

Wayang kulit: Schattenspiel mit Lederpuppen

Wayang madya: Schattenspiel mit Ereignissen aus der javanischen Geschichte

Wayang purwa: Schattenspiel mit Sujets aus den klassischen Epen Ramayana und Mahabharata

Wayang topeng: Maskenspiel

Wayang wong, auch orang: Spiel maskenloser Tänzer-Schauspieler

Literaturverzeichnis

Aidit, D. N.: Die indonesische Gesellschaft und die indonesische Revolution. Berlin 1959

Aidit, D. N.: Problems of the Indonesian Revolution. Jakarta 1963

Alexander, Howard, Quintin Chambers, Donn F. Draeger: Pentjak-Silat, the Indonesian Fighting Art. New York 1970

Bernet Kempers, A. J.: Ancient Indonesian Art. Amsterdam 1959

Bernet Kempers, A. J.: Ageless Borobudur. Wassenaar 1976

Boas, Franz: Primitive Art. New York 1955

Bodrogi, Tibor: Kunst in Indonesien. Leipzig-Budapest 1972

Bose, Fritz: Musikalische Völkerkunde. Freiburg/Breisgau 1953

Bothas, D.: Indonesien, Tropische Inselwelt. Leipzig 1959

Brandon, James R.: Theatre in Southeast Asia. Cambridge, Mass. 1967

Brentjes, Burchard: Die orientalische Welt. Berlin 1970

Brunet, Jacques: Tänze auf Bali. Berlin (West) 1972

Cartier-Bresson, Henri: Les danses à Bali. Paris 1954

Coast, John: Dancing out of Bali. London o. J.

Coedès, Georges: Les Etats hindouisés d'Indochine et d'Indonésie. Paris 1964

Collaer, Paul: Musikgeschichte in Bildern, Band I/3, Südostasien. Leipzig 1979

Coomaraswamy, Ananda K.: Geschichte der indischen und indonesischen Kunst. Stuttgart 1965

Covarrubias, Miguel: Island of Bali. New York 1937

Douwes Dekker, N. A.: Tanah Air Kita. Den Haag–Bandung o. J.

Engels, Friedrich: Der Ursprung der Familie, des Privateigentums und des Staates, Marx-Engels Werke, Band 21

Forman, Bedřich: Das buddhistische Heiligtum Borobudur. Prag 1980

Frederic, Louis: Südost-Asien, Tempel und Skulpturen. Essen 1968

Funke, Friedrich W.: Orang Abung, Volkstum Südsumatras im Wandel, 2 Bände. Leiden 1958 und 1961

Günther, Robert: Musikkulturen Asiens, Afrikas und Ozeaniens im 19. Jahrhundert. Regensburg 1973

Gielen, Claartje, Renée Heijnen, Anneke Sapultej: Musik en dans, spelletjes en kinderliedjes van de Molukken. Hoevelaken 1984

Härtel, Herbert, und Jeannine Auboyer: Indien und Südostasien, Propyläen Kunstgeschichte, Band 16. Berlin (West) 1971

Hazeu, G. A. H.: Bijdrage tot de kennis van het Javaansche Toneel. Leiden 1897

Heekeren, H. R. von: The Bronze-iron Age of Indonesia. Den Haag 1958

Heekeren, H. R. von: The Stone Age of Indonesia. Den Haag 1972

Heine-Geldern, Robert von: The Archaeology and Art of Sumatra. Wien 1935

Heine-Geldern, Robert von: Die kulturgeschichtliche Bedeutung Südostasiens. Wien 1957

Heins, Ernst: Wayang kulit – Het Schimmenspel van Java, in Indonesia. Amsterdam 1973

Helfritz, H.: Indonesien. Köln 1977

Helbig, Karl: Urwaldwildnis Borneo. Leipzig 1957

Holt, Claire: Dance Quest in Celebes. Paris 1939

Holt, Claire: Art in Indonesia. Ithaca, N. Y. 1967

Hood, Mantle: The Enduring Tradition, Music and Theatre in Java and Bali, in Indonesia. New Haven, Conn. 1967

Imber, Walter: Indonesien. Bern 1973
Indonesia Handbook. Jakarta 1976

Kartom, Margaret Joy: Music and Trance in Central Java, in Ethnomusicology XVII, 2, 1973
Kat Angelino, P. de: Mudra's op Bali. Den Haag 1922
Kielich, Wolf: Volken en Stammen van Indonesie. Amsterdam 1976
Koesoemadinade, R. Machjar: Een en ander over Pelog en Slendro. Weltevreden 1930
Krause, Gregor: Bali – Volk, Land, Tänze, Feste, Tempel. München 1926
Krom, N. J.: Inleiding tot de Hindoe-Javaansche Kunst, 2 Bände. Den Haag 1932
Kruijt, J. und J. A.: Het Animisme in den Indischen Archipel. Den Haag 1926
Kubitschek, Hans Dieter, und Ingrid Wessel: Geschichte Indonesiens. Berlin 1981
Kunst, Jaap: Een en ander over de Muziek en den Dans op de Kei-Eilanden. Amsterdam 1945
Kunst, Jaap: Muziek en Dans in de Buitengewesten. Leiden 1946
Kunst, Jaap: Music in Java, 2 Bände. Den Haag 1949
Kunst, Jaap: De inheemsche Muziek in westelijk Nieuw-Guinea, in Koninklijke Vereniging Indisch Instituut Amsterdam, Mededeling No. XCIII, 1950

Lachmann, Robert: Musik des Orients. Breslau 1929
Leeman, Albert: Bali, Insel der Götter. Innsbruck-Frankfurt/M. 1979
Lelyveld, Th. B.: De Javaansche Danskunst. Amsterdam 1931
Loeb, E. M.: Sumatra, its History and Peoples. Wien 1935
Lucas, Heinz: Java-Masken. Kassel 1973

Macdonald, Malcolm: Borneo People. New York 1958
Maretin, V.: Indian Influences on Bali Culture. Moskau 1974
Meier, Theo: Bali, Insel der Götter, Geister und Dämonen. Zürich 1975
Mirimanow, Wil B.: Kunst der Urgesellschaft. Dresden 1973
Mode, Heinz: Kunst in Süd- und Südostasien. Dresden 1979
Moerdowo, R.: Reflections on Indonesian Arts and Culture. Surabaya 1963
Moerdowo, R.: Balinese Arts and Culture. Surabaya 1963
Musik in Geschichte und Gegenwart (MGG): Artikel Asiatische Musik, Bali, Flores, Gamelan, Gong, Hindu-javanische Musik, Indonesische Musik u. a., Kassel-Basel ab 1949

New Grove Dictionary of Music and Musicians, The: Band 3 Bronzedrum, Band 9 Indonesia, Band 17 South-East Asia u. a. London 1980
Nieuwenhuis, G. J.: Über den Tanz in Niederländisch-Indien, in Beiträge zur Ethnologie des Malaiischen Archipels. Leiden 1916
Nieuwenkamp, W. O. J.: Bouwkunst van Bali. Den Haag 1926

Pigeaud, Th.: Javaansche Volksvertoningen. Batavia 1938
Pink-Wilpert, Clara B.: Das indonesische Schattentheater. Baden-Baden 1976

Ramseyer, Urs: Kultur und Volkskultur in Bali. Basel 1977
Rassers, W. H.: Over de Oorsprong van het Javaansche Toneel, in Bijdragen tot de Taal-, Land- en Volkenkunde van Nederlandsch-Indie 88. Den Haag 1931
Resink-Wilkens, A. J.: De Klana-Dans, in Djawa 4, 1924
Rhodius, Hans: Walter Spies. Den Haag o. J. (1965)
Rutgers, S. J., und A. Huber: Indonesie, 2 Bände. Amsterdam 1937 und 1946

Sachs, Curt: Real-Lexikon der Musikinstrumente, Berlin 1913, Neuausgabe Hildesheim 1962
Sachs, Curt: Die Musikinstrumente Indiens und Indonesiens. Berlin 1915
Sachs, Curt: Geist und Werden der Musikinstrumente. Berlin 1928
Sachs, Curt: Eine Weltgeschichte des Tanzes. Berlin 1933
Sachs, Curt: The Rise of Music in the Ancient World East and West. New York 1943; deutsche Ausgabe: Die Musik der alten Welt in Ost und West. Berlin 1968
Schefold, Reimar: Spielzeug für die Seelen, Kunst und Kultur der Mentawai-Inseln. Zürich 1980
Schrieke, B.: Batak's, Dayak's en Toradja's, Primitieve Kunst en Kultuur, Arnhem 1940
Simatupang, R. O.: Dances in Indonesia. Jakarta o. J. (um 1965)
Soedarsono: Classical Javanese Dance – History and Characterization, in Ethnomusicology XIII, 1969
Soedarsono: Dances in Indonesia. Jakarta 1974
Soeriadiradja, M., und I. Adiwidjaja: Tari Djawa dan Sunda. Jakarta 1949
Soerjadiningrat, P. A.: De Javaansche Dans, in Djawa 3, 1923, und 4, 1924
Spies, Walter, siehe Zoete, Beryl de, und Rhodius, Hans
Stöhr, Waldemar: Die Religionen Indonesiens. Stuttgart 1965
Stutterheim, W. F.: Rama-Legenden und Rama-Reliefs in Indonesien. München 1925
Stutterheim, W. F.: Het Hinduisme in den Archipel. Groningen 1932

Stutterheim, W. F.: Indian Influences in old Balinese Art. London 1935
Stutterheim, W. F.: Studies in Indonesian Archaeology. Den Haag 1965

Tokarew, S. A.: Die Religionen in der Geschichte der Völker. Berlin 1968

Uhlig, Helmut: Indonesien hat viele Gesichter. Berlin (West) 1976
Uhlig, Helmut: Bali, Insel der lebenden Götter. München 1979

Vlekke, B. H. M.: Nusantara – A History of Indonesia. Den Haag 1965

Wagner, Fritz A.: Indonesien. Die Kunst eines Inselreiches. Baden-Baden 1959
Weidemann, Diethelm: Die Entstehung unabhängiger Staaten in Süd- und Südostasien. Berlin 1969
Wertheim, W. F.: Indonesian Society in Transition. Den Haag 1956
Wertheim, W. F.: Indonesie. De Waarheid omtrent 1965. Amsterdam 1985
Winkler, J.: Die Toba-Batak. Stuttgart 1925
Wirz, Paul: Der Totenkult auf Bali. Stuttgart 1925
With, Karl: Brahmanische, buddhistische und eigenlebige Architektur und Plastik auf Java. Hagen/Westf. 1920

Zoete, Beryl de, und Walter Spies: Dance and Drama in Bali. London 1938

Personenregister

Sachregister

Sarpakenaka, die Riesin

Sembodro

Arjuna Java

Arjuna Bali